Udo Schroeter

Jahrtausende haben wir aus der Kraft der Jäger gelebt,
bis wir zu Gejagten unserer Zeit wurden.

Bis ans Meer.

Eine Erzählung für Männer.

adeo

Für Mats und Marius

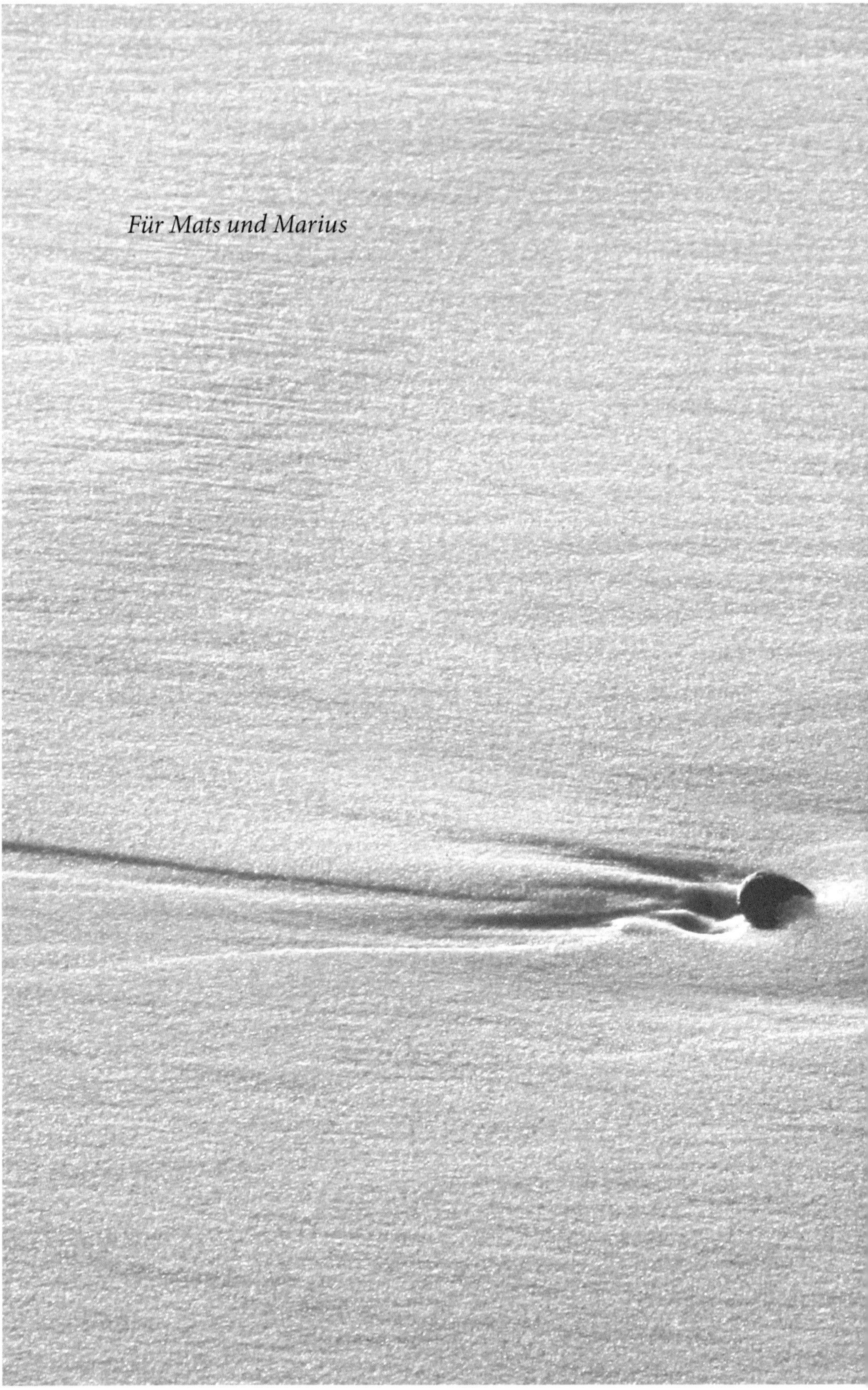

„Wir alle tragen in uns die Sehnsucht nach Wildnis,
nach reiner, unverfälschter Natur,
nach einem Platz weit weg von den Zwängen der Gesellschaft.
Wir stellen uns vor, dort Lebenskraft und Lebendigkeit
zu begegnen. Aber wir kennen die alten magischen Zauberworte,
die alten heiligen Regeln nicht mehr, die uns den Mantel der
Wildnis umlegen könnten und uns so ganz eins mit der Natur
werden lassen. Doch es gibt Pfade, die uns dorthin führen,
wo wir tiefe Verbundenheit mit der Natur erleben.“

Aus „Mit der Wildnis verbunden“,[1]
Susanne Fischer-Rizzi

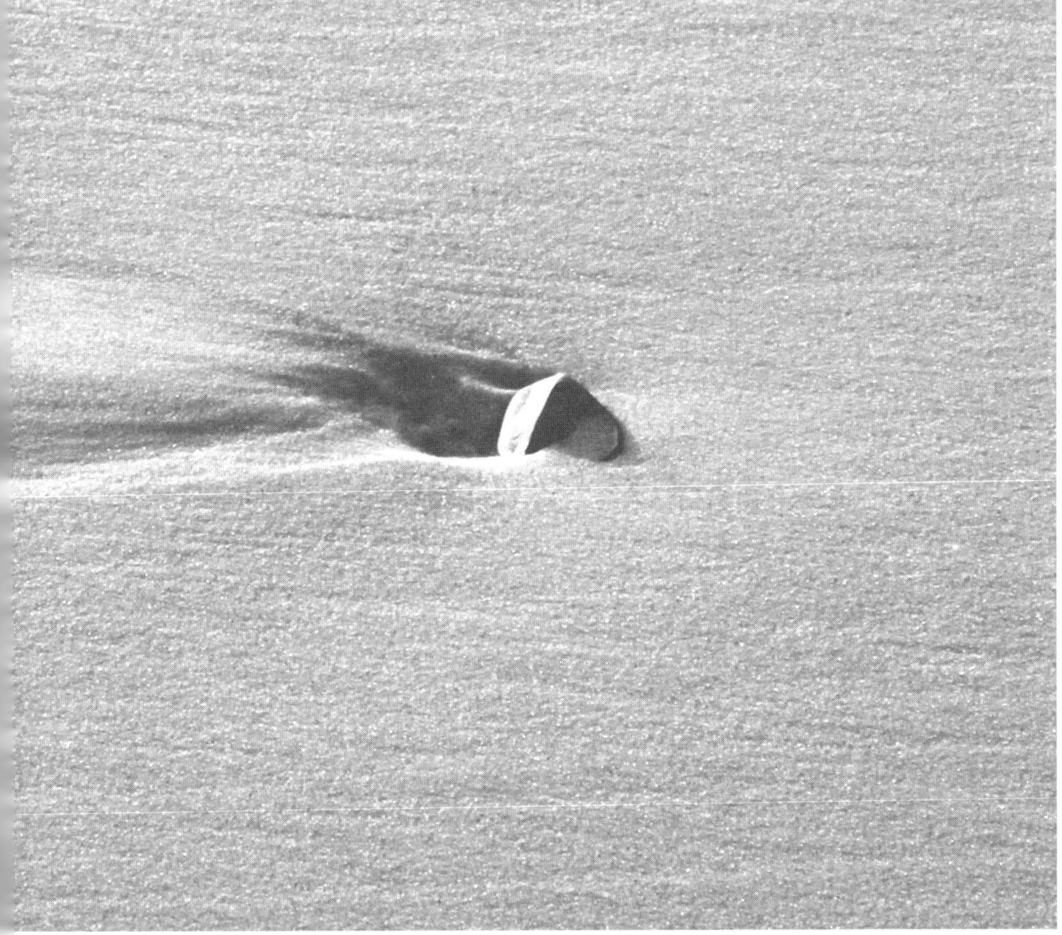

Inhalt

Die Ankunft

Die wichtigste Reise in deinem Leben
ist die Reise zu dir selbst.

Die Fähre legte pünktlich um 11:00 Uhr im Hafen der kleinen Ostseeinsel an. Nur hier und da blinzelte die Sonne durch den wolkenverhangenen Himmel auf das graue Meer. Der Wind türmte die Wellen vor sich auf, bis sie schließlich unter lautem Getöse an den Hafenmolen zerbarsten. Dazu die eisigen Temperaturen – der Winter gab jetzt, Anfang März, eine grandiose Abschiedsvorstellung.

Mir war das egal. Ich war gekommen, um eine Woche am Meer zu angeln, und kein Wetter dieser Welt würde mich davon abhalten. Das war *meine* Woche, und statt wie der „Jever-Mann" mit der Bierflasche im Trenchcoat rückwärts in die Sanddüne zu fallen (und wahrscheinlich eine Woche liegen zu bleiben), wollte ich mit meiner Wathose im Meer stehen und meine erste Meerforelle fangen.

Seit zwei Jahren hatte ich mich auf diese Tour gefreut. Es gab nicht viele Auszeiten in meinem Leben, das hauptsächlich aus Arbeit und immer kürzeren Restzeiten für die Familie bestand. Ich fand eigentlich gar nicht statt. Nur mein innerer „Geschichtenerzähler" hielt mich über Wasser. Er säuselte mir ständig Sätze ins Ohr wie: „Bald wird alles besser", oder: „Sei froh, dass du überhaupt einen Job hast!" Der Geschichtenerzähler war die personifizierte Unehrlichkeit mir selbst gegenüber, und ich hatte nicht den Arsch in der Hose, um mich von diesem Typen zu befreien. Außerdem fehlte mir jegliches Handwerkszeug, um mein Leben anders und selbstbestimmter zu gestalten, das dachte ich jedenfalls.

Dass sich das in der Woche am Meer auf eindrucksvolle Weise ändern sollte, wusste ich zu diesem Zeitpunkt noch nicht.

Im Moment wurde die Luft jedenfalls immer dünner … Ich mied mittlerweile die Zeitschriftenregale in Bahnhöfen und Buchläden, denn zu oft tauchten dort neuerdings die Begriffe „ Burn-out" und „Depression" auf. Ich wusste: Einmal hineingelesen, wartete auf mich die bittere Erkenntnis, dass sich eigentlich nichts in meinem Leben in einer gesunden Balance befand. Meinen Schlaf erkaufte ich mir mittlerweile mit Schlaftabletten. Der Geschichtenerzähler war ein „Schlauschnacker". Aus einem mutigen, verantwortungsvollen und selbstbestimmten Mann war im Laufe der Jahre ein fremdbestimmter und ängstlicher Schlappschwanz geworden. Genau genommen hatte ich mich in 85 Kilo Wohlgefallen aufgelöst, die nur darauf warteten, durch eine Krankheit aus ihrer Situation befreit zu werden. Eine Reha ist im modernen Leben doch fast schon eine Selbstverständlichkeit.

Würden wir noch in Stämmen leben und Indianernamen tragen, hieße ich wahrscheinlich „Der von der Angst gejagt wird" oder „Der ständig über seine Grenzen geht". Wie schön klingt dagegen doch „Der mit dem Wolf tanzt" …

≈

Die Fahrt zum Ferienhaus dauerte eine halbe Stunde, und während die Landschaft so an mir vorbeiflog, war ich mit meinen Gedanken schon längst beim Angeln am Meer.

Wie so oft in den letzten zwei Jahren. Doch nun war ich tatsächlich nur noch einen Steinwurf davon entfernt.

Das Ferienhaus lag direkt an einem breiten Sandstrand. Die Brandung hatte einige große Stücke Treibholz angespült, skurrile Skulpturen, deren lange Seereise hier ein abruptes Ende fand. Möwen kreischten aufgeregt über den brechenden Wellen, um im richtigen Augenblick in das aufgewühlte Wasser zu stürzen und nach Sandaalen zu tauchen. Sie waren geduldige und effektive Jäger, die ohne viel Aufwand an ihre Beute kamen. Der Blick zum Horizont war endlos. Ein Ort, der auch dem „Jever-Mann" gefallen würde.

Keine Stunde später wählte ich die Nummer von Leif, der mein Guide sein würde. Ich wollte in dieser Woche unbedingt meine erste Meerforelle fangen und nicht sinnlos Zeit damit verplempern, zuerst Strände auszukundschaften oder diverse Angeltechniken auszuprobieren. Also hatte ich für sechs Tage Leifs orts- und fachkundige Dienste gebucht.

„Die Wildnis ist nicht ein Ort, den wir besuchen – sie ist unsere Heimat." Dieser Satz von Gary Snyder hatte über Leifs Anzeige in einer Outdoorzeitschrift gestanden. Das hatte gereicht, um meine Neugier zu wecken und nach einem kurzen Telefonat unsere gemeinsame Angelzeit zu verabreden. Leifs Stimme klang am Telefon so ruhig und weise, dass ich es kaum abwarten konnte, ihn kennenzulernen und mit ihm gemeinsam zu angeln.

„Heute gehen wir nicht mehr angeln!" Leifs Stimme klang jetzt auch freundlich, aber bestimmt. „Heute ist der Tag deiner Anreise, nimm dir also die Zeit, erst einmal auf der Insel anzukommen! Morgen um sieben hole ich dich an deinem Ferienhaus ab. Denk bitte daran, dass dies, wie versprochen, dein letztes Telefonat in dieser Woche ist."

Stimmt ja. Ich hatte Leif bereits bei der Buchung das Versprechen gegeben, mich eine Woche von allen „elektronischen und digitalen Nabelschnüren" zu trennen. Er wollte keine, wie er es nannte, „Stand-by-Menschen" mit an den Strand nehmen. Seine Tonlage ließ ahnen, dass er in der Frage auch keinen Spaß verstand.

„Ich muss am Montag noch mal kurz mit meinem Büro telefonieren, dann schalte ich mein Handy aus", warb ich um ein letztes Telefonat für die Woche.

„Dann kannst du allein angeln gehen", kam die prompte Reaktion. „Mittlerweile ist es für viele Menschen eine Frage des Selbstrespekts geworden, ob sie noch in der Lage sind, sich eine balsamische Zeit ohne Verbindung zur Außenwelt zu schenken ... oder eben nicht. Diese ständige Erreichbarkeit, das ständige Checken und Versenden von Nachrichten – die elektronischen Nabelschnüre machen die Menschen krank. Sie versinken in einem Meer von Belanglosigkeiten. Es ist eigentlich die moderne Form der Selbstversklavung. Also, entscheide dich. Entweder regelst du vor unserem Treffen morgen früh die letzten Angelegenheiten oder ich werde nicht mit dir angeln gehen. Die Welt des Jägers ist eine stille Welt. Ich bin um sieben bei dir!"

Noch bevor ich etwas sagen konnte, hatte er bereits aufgelegt. Die Klarheit, mit der Leif mir im Telefonat begegnet war, ging mir im Ferienhaus noch eine ganze Zeit nach. Wäre es nach mir gegangen, stünden wir längst im Wasser, und wahrscheinlich hätte ich zwischenzeitlich auch schon drei Telefonate geführt oder mal schnell die eingegangenen Nachrichten gecheckt.

Für einen Moment überlegte ich, vielleicht noch allein einen ersten Angelversuch zu starten. Schließlich war ich ein erfahrener Angler, nur mit dem Fang einer Meerforelle hatte es bisher nicht klappen wollen ... Da war sie wieder, diese Zerrissenheit, die ich nur allzu gut kannte. Der eine Teil in mir strotzte vor Abenteuerlust und Entdeckergeist, und der andere Teil sehnte sich nach Stille, einem innerlichen Zur-Ruhe-Kommen und dem Gefühl, einfach nur da zu sein.

„Komm erst einmal auf der Insel an!", hatte Leif gesagt. Ich spürte innerlich, dass ich gut beraten war, seinem Hinweis zu folgen. Seltsam – ich hatte diesen Mann noch nie gesehen, und trotzdem war da ein tiefes Urvertrauen, das ich nicht in Worte fassen, aber tief fühlen konnte.

Statt also in die Wathose zu springen und irgendeinen Strand aufzusuchen, den ich sowieso nicht kannte, richtete ich mich in meinem Ferienhaus ein und kümmerte mich um ein gemütliches Feuer in dem kleinen Holzofen.

Das Knistern und Knacken der brennenden Holzscheite im Ofen, der Blick aus dem großen Fenster des Ferienhauses auf das Meer und die beruhigende Stille – langsam begann ich zu spüren, wie das Tempo und die Hektik der Anreise von mir wichen.

„Warum ist es so schwer für dich, eine Woche lang auf dein Telefon zu verzichten?", hatte Leif mich während unseres Gesprächs vorhin gefragt.

Eine gute Frage.

Nun hatte ich mich entschieden – gegen mein iPhone und dafür, eine Woche mit Leif angeln zu gehen.

Es sollte sich als die beste Entscheidung meines Lebens herausstellen.

Der erste Tag

Wir müssen lernen, uns nicht mit unwesentlichen Aktivitäten und Beschäftigungen zu überfordern, sondern unser Leben mehr und mehr zu vereinfachen. Der Schlüssel zu einer glücklichen Ausgewogenheit im modernen Leben ist Einfachheit.

Sogyal Rinpoche

Der Wind hatte in der Nacht auf nordöstliche Richtung gedreht und noch etwas zugelegt. Das Wasser schwappte bis an die Dünen und der vollkommen überspülte Strand war längst zum Jagdgebiet der Möwen geworden. Die kräftige Uferströmung hatte die Treibhölzer mit auf eine neue Reise genommen.

„Wir fahren an die Südküste", waren Leifs erste Worte nach einer kurzen und herzlichen Begrüßung. Mir fiel ein Stein vom Herzen, denn die Brandung vor dem Ferienhaus überstieg bei Weitem meine anglerischen Fähigkeiten. „Dort war die letzten drei Tage auflandiger Wind und es ist viel Nahrung freigespült worden. Die Fische werden zum Fressen an die Riffe kommen. Wir nennen das *Angeln in den alten Wellen*. Sie brechen nicht so hart wie die Wellen im Seewind. Das macht das Angeln einfacher und effektiver", erklärte Leif seine Platzwahl.

Wir stiegen in seinen alten Landrover und fuhren Richtung Südküste.

Leif erinnerte mich vom Aussehen her ein wenig an Spencer Tracy in dem Film „Der alte Mann und das Meer", aber er hatte eine Vitalität an sich, die selbst die Haie vertrieben hätte. Man spürte förmlich seine Lebensfreude und die Lust darauf, jetzt ans Meer zu fahren und Fische zu fangen. „Das Meer ist der letzte freie Ort der Welt", hatte Ernest Hemingway einmal in einem Interview zu dem Film gesagt. Und wer diesen Mann sah, verstand genau, was er meinte.

„Und? Hast du einen guten Abend im Ferienhaus gehabt?", fragte Leif mich mit einem aufmunternden Klaps auf meinen Oberschenkel.

„Am Ende schon!", lachte ich. „Zuerst stand ich mir selbst ein wenig im Weg. Ich hätte schon Lust gehabt, gleich mit dir an den Strand zu fahren. Nachdem du mir dann gesagt hast, dass wir erst heute starten, wusste ich zunächst nicht so recht, was ich mit mir anfangen sollte. Es hat eine ganze Zeit gedauert, den inneren Widerstand loszulassen und mich wirklich auf das Ankommen im Ferienhaus einzulassen", gab ich zu. „Aber dann war es ein wunderbares Gefühl, einfach nur auf der Couch zu liegen und auf das Meer zu schauen!"

„Einfach ist manchmal eben richtig schwer!", lachte Leif. „Toll, dass du diesen Abend genießen konntest. Damit hast du auch den ersten Schritt zum Fang deiner ersten Meerforelle gemacht!"

„Wie meinst du das denn?", fragte ich etwas erstaunt. Was hatte der Abend im Ferienhaus mit dem Fang meiner ersten Meerforelle zu tun?

„Die Kunst, einen Fisch zu fangen, beginnt damit, den Übergang aus deinem Alltag in die Jägerwelt zu meistern. Du kehrst in den Rhythmus der Natur zurück, und da herrscht ein anderes Tempo als auf der Überholspur der Autobahn oder in deinem Büro, von dem du mir erzählt hast", antwortete Leif. „Für diesen Übergang benötigt man Zeit und die hast du dir gestern genommen! Ich sehe hier so viele Männer, die bereits am Anreisetag raus zum Angeln gehen. Die meisten von ihnen fallen ins Wasser. Sie haben verlernt, ihre Geschwindigkeit achtsam an die Bedingungen anzupassen. Ein Riff im Meer ist eben keine Autobahn! Und mit der Energie, mit der die Männer am Strand aufschlagen, schaffen sie es in kürzester Zeit, den Strand völlig fischleer zu poltern. Die wenigsten Fische werden am Anreisetag gefangen! Deshalb bist du deinem Fisch einen Schritt näher gekommen." Leif sah mich mit einem verschmitzten Lächeln an.

Ich war sprachlos. Noch nie hatte ich mir über das Ankommen am Strand Gedanken gemacht. Oft genug war ich ohne Fang nach Hause gegangen, und die Vorstellung, die Nummer vielleicht schon beim Betreten des Strandes vergeigt zu haben, war mir ein wenig unangenehm.

Es war das erste Mal in meinem Leben, dass ich mich wirklich bewusst einem Strand näherte und wahrnahm, wie viele Wasservögel das Revier mit uns teilten. Wir erreichten den Strand, ohne dass ein Vogel aufgeregt die Flucht ergriffen hätte. Gemächlich schwammen die Enten, der Strömung folgend, am Strand entlang. Zwei Kormorane, die nach kleinen Fischen tauchten, wichen auf die nächste Landspitze aus, um dort nach der Jagd ihr Gefieder im Wind zu trocknen.

Wir hatten uns nicht nur langsam, sondern auch in völliger Stille dem Strand genähert. Seit langer Zeit machte sich bei mir erstmals wieder ein Gefühl von Zufriedenheit breit.

Leif holte eine Thermoskanne mit Kaffee und zwei Becher aus dem Rucksack. „Es gibt eine alte Tradition bei uns auf der Insel", verriet er und reichte mir einen Becher. „Bevor wir mit dem Angeln beginnen, trinken wir erst einmal in Ruhe einen Kaffee am Strand. Wenn du es so ausdrücken willst, gehört dieses Ritual mit zu dem Übergang von der alltäglichen in die Jägerwelt. Ist der Becher geleert, sind wir bereit zur Jagd. Das ist übrigens auch eine der wichtigen Übungen für das Leben. Die Menschen schaffen sich so oft keine Übergänge mehr. Zwischen Büro und Familie, zwischen Familie und eigener Zeit, zwischen An- und Entspannung. Viele nehmen die Energie und das Tempo vom Arbeitsplatz mit in die Familie. Dabei ist es so viel besser, sich vorher zu entschleunigen und sich ein Ritual zu überlegen, um von der einen in die andere Welt zu gehen. Sonst passiert das Gleiche wie hier am Strand: Die Energie, mit der die Männer zu Hause aufschlagen, löst im Rest der Familie nur noch Fluchtinstinkte aus. Statt Nähe entsteht Distanz, und es braucht anschließend viel Zeit, bis sich die Wogen wieder geglättet haben. Die Achtsamkeit und Entschleunigung, die man als guter Jäger nutzt, um dem Fang ein Stück näher zu kommen, ist auch ein gutes Handwerkszeug für die Übergänge im alltäglichen Leben."

Er lehnte sich gegen eine angespülte Wurzel. „Der ‚Becher Kaffee' kann dabei ein Spaziergang durch den Park sein, ein paar Seiten in einem guten Buch oder etwas ganz anderes, das dir hilft, den Übergang gut hinzubekommen. Du wirst in jedem Fall mit besseren ‚Fängen' belohnt." Dabei grinste Leif mich an.

Ich sah mich um, während ich meinen Kaffee trank. Der Sandstrand wurde immer wieder von kleineren Landspitzen durchbrochen. Dort lagen größere Steine am Ufer und im Wasser. Der Wind der letzten Tage hatte viel frisches Seegras an den Strand gespült. Im Wasser konnte ich einzelne Sandbänke erkennen, auf denen die „alten Wellen" immer noch kräftig ausrollten. Das Wasser war leicht angetrübt und es wimmelte darin sicher von Kleintieren: Flohkrebse, Garnelen, Tangläufer – die Brandung der letzten Tage hatte den Tisch für die Meerforellen reich gedeckt.

Als wir den Kaffee ausgetrunken hatten, nahm ich meine Angel und machte mich auf zur nächsten Landspitze. Vorsichtig watete ich über kleinere Steine hinaus auf eine vorgelagerte Sandbank. Hier fand ich einen sicheren Stand im hüfttiefen Wasser. Die Wellen brachen an meinem Körper, und immer wieder musste ich etwas hochspringen, um nicht ein Vollbad zu nehmen.

Das Meer war ein kraftvoller Ort, eine starke, positive Energie erfüllte mich.

Ich hatte mich lange nicht mehr so lebendig gefühlt. Und wie hatte Leif mir noch mit einem breiten Grinsen hinterhergerufen? „Denk dran, die Wellen wollen dich nicht umwerfen, sie wollen dich nur lehren, stark zu sein!"

Ich warf meinen Blinker weit hinter die brechenden Wellen in das tiefere Wasser. Meerforellenangeln ist eigentlich einfach: Man wirft einen Blinker (ein Stück Blech in Form eines Fischs) so weit wie möglich in das Meer hinaus. Dann dreht man den künstlichen Verführer mit der Angel so schnell wieder heran, dass die Meerforelle denkt, im Wasser sei ein Beutefisch unterwegs. Sie schnappt nach dem Stück Blech und der Kampf beginnt.

Da das Wasser im Strandbereich nicht sehr tief ist, wird der Blinker eher etwas schneller als zu langsam geführt. Zum einen verhindert man so, dass der Blinker am Grund hängen bleibt, zum anderen ist der Köder besser im Blickfeld der Fische, die ihre Beute gern von unten attackieren.

Es lässt sich vortrefflich darüber streiten, welche Farbe, welche Form und welches Gewicht so ein Blinker haben sollte. Die Hauptbeutefische der Meerforelle sind Sandaale und Heringe. Die Farbe dieser Beutefische im Wasser ist grünlich silbern. Das Wurfgewicht, das so ein Blinker haben sollte, liegt idealerweise zwischen 15 und 25 Gramm. Die volle Palette aller käuflich zu erwerbenden Blinker umfasst, zieht man alle Gewichte und Farben mit in Betracht, geschätzte 20.000 Modelle. 20.000 Modelle für die Jagd auf einen Fisch, der sich hauptsächlich von Heringen und Sandaalen ernährt. Die PR- und Werbeagenturen müssen ganze Arbeit leisten, um die vielen Dinger an den Mann zu bringen!

Ich hatte die zweijährige Vorbereitungszeit auf meine Reise auch zu kleineren, mittleren und großen Kaufräuschen genutzt. War der Druck besonders groß und schien die Reise besonders fern, glich ich das Gefühl gern mit meiner Kreditkarte aus. Also war ich in Sachen

Köder bestens ausgestattet. In meinen Boxen tummelten sich rund 250 verschiedene Modelle. Selbst so außergewöhnliche Farben wie Pink, Gold und Neongrün fanden sich in meiner Auswahl. Natürlich gibt es keine pinken Heringe, aber man weiß ja nie ...

An diesem Morgen fiel meine Wahl zunächst auf einen rot-schwarzen Blinker mit 20 Gramm. Eigentlich gab es ja auch keine rot-schwarzen Heringe, aber in der Fachpresse war dieses Modell immer wieder hochgejubelt worden.

Das war die andere Leidenschaft, mit der ich mein Erlebnisloch stopfte: Ich hatte in den letzten zwei Jahren alles gelesen, was auch nur im Entferntesten mit dem Thema „Meerforellenangeln" zu tun hatte, und meine Köderbox hatte sich analog zu den Empfehlungen und Berichten der selbst ernannten Küstenexperten gefüllt.

Wurf für Wurf schleuderte ich also meinen Köder in die anbrandenden Wellen.

Inzwischen war etwa eine halbe Stunde ohne jeglichen Fischkontakt vergangen. Langsam kamen Zweifel in mir hoch, ob ich wirklich den richtigen Köder gewählt hatte, denn schließlich gab es ja tatsächlich keine rot-schwarzen Heringe. In meiner Watjacke hatte ich, über vier Köderboxen verteilt, eine Auswahl meiner illustren Blinkersammlung verstaut, und so wechselte ich kurze Zeit später auf ein Modell in Gelb-Rot, 18 Gramm schwer und etwas schlanker in der Form.

Ich begann, die Einholgeschwindigkeit zu variieren. Nach ein paar schnellen Kurbelumdrehungen ließ ich den Blinker kurz Richtung Grund durchtaumeln. Ich wollte den Meerforellen einen kränkelnden Fisch vorgaukeln – eine für sie vermeintlich leichte Beute. Doch das Vertrauen auf meine Strategie und den Köder schwand nach einer weiteren halben Stunde ohne Fischkontakt.

In Gedanken kramte ich bereits den nächsten Expertentipp aus meiner Köderbox hervor. Kurze Zeit später hatte ich den kupferfarbenen Blinker montiert.

Er war etwas schwerer und bewegte sich im Wasser eher wie ein Toaster als wie ein geschmeidiger Sandaal. Aber vielleicht war es ja genau das, worauf die Meerforellen standen?

Doch auch die „Toaster-Strategie“ verlief ohne den ersehnten Fischkontakt. Vielleicht hätte ich den rot-schwarzen Blinker doch weiterverwenden sollen?

Nachdem ich in den ersten zwei Stunden unzählige Modelle aus meiner Köderbox im Salzwasser getauft hatte, ging ich zurück an den Strand, um mich ein wenig aufzuwärmen.

Leif hatte in der Zwischenzeit ein einladendes Lagerfeuer am Strand entfacht.

„Verflixt kompliziert mit so einer großen Auswahl an Ködern, was?“ Leif konnte sich ein schelmisches Grinsen nicht verkneifen. „Statt dich auf das Angeln zu konzentrieren, warst du mit deinen Gedanken und deinem Fokus nur in deiner Köderbox unterwegs.“

Irgendwie fühlte ich mich in diesem Moment ein wenig ertappt, denn Leif hatte meine Verstrickungen mit der Köderauswahl und die daraus entstehende Unruhe sehr wohl bemerkt.

„Hast du Lust, eine Geschichte über das Meerforellenangeln zu hören? Genauer gesagt ist es eine Geschichte über die Köderwahl.“

Ich nickte. Was sollte ich auch sonst machen?

„Im letzten April angelten zwei Männer aus Norddeutschland an diesem Strand. Sie hatten sich beide für den gleichen Blinker mit demselben Wurfgewicht entschieden – nur in unterschiedlichen Farben. Der eine fischte mit dem Modell in Kupfer, der andere in Grün-Silber. Sie standen nur rund drei Meter auseinander und warfen beide ihre Blinker in die Strömungskante direkt hinter den brechenden Wellen. Es dauerte nur ein paar Minuten und der Angler mit dem kupferfarbenen Blinker fing seine erste Meerforelle. Kurze Zeit später hatte er die zweite und noch etwas später die dritte. Der Angler mit dem grün-silbernen Blinker fing in der ganzen Zeit nichts.

Nach dem dritten Fisch fragte der Nichtfänger seinen Freund, ob er noch einen zweiten kupferfarbenen Blinker dabeihätte. Da holte der erfolgreiche Angler einen Blinker aus der Box und schenkte ihn seinem Freund. Zwei Würfe später fing auch er seine erste Meerforelle."

„Na ja, kein Wunder", bemerkte ich, „die Farbe war ja wohl wirklich der Erfolgsgarant schlechthin!"

Leif legte ein Stück Holz nach, schenkte sich einen Becher Kaffee ein und sagte: „Nachdem der Mann mit dem kupferfarbenen Blinker seinen ersten Fisch gefangen hatte, verlor der Mann mit dem grünsilbernen Blinker komplett das Vertrauen auf seinen Köder – deshalb hat er keine Fische gefangen. Das Vertrauen kam erst mit dem geschenkten Blinker zurück. Fische zu fangen ist nicht nur eine Frage der Köderwahl, sondern entscheidet sich auch daran, ob du hundertprozentig auf deine Wahl vertraust. Du hast deinem rot-schwarzen Blinker nicht vertraut, deshalb hast du keine Fische gefangen!"

Ich starrte etwas hilflos und stumm in das Lagerfeuer, und in diesem Moment fielen mir meine 250 Blinker ein, die in unzähligen Boxen im Rucksack und in meiner Watjacke verstaut waren.

Noch bevor ich mir richtig leidtun konnte, sagte Leif: „Schütte sie alle auf einen Haufen hier am Strand und entscheide dich für einen Blinker. Wähle ein Modell, von dem du zwei, drei Stück gekauft hast, dann kannst du bei einem Abriss mit dem gleichen Modell weiterfischen."

Da lag er nun im Strandsand – ein riesiger, bunter Blinkerberg. Ich hatte keine Kosten und Mühen gescheut, alle Blinker auch noch mit neuen Haken auszustatten. Es waren gut 2.500 Euro, die da lagen, und ich sollte mich für ein Modell entscheiden. Für diesen Berg hatte ich mindestens einen halben Monat gearbeitet!

„Wenn du dich für ein Modell entschieden hast, packst du die anderen zurück in die Boxen und legst sie zu deinem Handy. Du wirst sie diese Woche auch nicht mehr brauchen." Leif grinste mich freundlich an und nahm einen kräftigen Schluck Kaffee aus seinem Becher.

Eine Zeit lang saßen wir still am Strand. Das Feuer wärmte meine klammen Finger und der Blick auf das Meer mein Herz. Die Wellen brachen immer noch an den vorgelagerten Sandbänken und die Luft roch nach Salz und Seetang. Mir kam noch einmal der Satz von Ernest Hemingway in den Sinn: „Das Meer ist der letzte freie Ort auf der Welt."

Ich fühlte mich frei in diesem Moment, und diese Freiheit reichte bis in meine Köderbox, denn dort gab es jetzt nichts mehr zu entscheiden. Freiheit durch Reduktion.

≈

„Es ist Zeit, wieder angeln zu gehen!" Leif gab mir einen aufmunternden Klaps auf den Rücken, nahm seine Rute und ging auf die Landspitze in südlicher Richtung von unserem Lagerfeuerplatz zu.

„Ja, Zeit wieder angeln zu gehen", murmelte ich seine Worte nach und machte mich erneut zu der Landspitze auf, die ich schon am Morgen beangelt hatte.

Der Wasserstand war in der Zwischenzeit etwas gestiegen und das Wasser sah trüber aus. Beim Hinauswaten auf die Sandbank konnte ich meine Füße nicht mehr sehen. Vorsichtig tastete ich mich Schritt für Schritt über die kleinen Steine hinaus, bis ich endlich feinen Sand unter den Füßen spürte. Hier draußen auf der Sandbank und im anschließenden tieferen Bereich war das Wasser wesentlich klarer. Ich nahm einen von meinen drei rot-schwarzen Blinkern aus der Box und fing an zu angeln.

Für kurze Zeit hingen meine Gedanken noch der zweiten Geschichte nach, die Leif mir am Lagerfeuer erzählt hatte. Eine Geschichte über Anfängerglück und Intuition.

„Ich bin oft mit Menschen angeln gegangen, die noch nie am Meer geangelt haben und nichts über das Meerforellenangeln wussten", hatte er seine Geschichte begonnen. „Zu Beginn unseres Angeltages bekamen die Greenhorns die Aufgabe, sich aus einer Box mit vielen unterschiedlichen Ködern einen auszusuchen, mit dem sie fischen wollten. Sie hatten wie gesagt alle keine Erfahrung mit dem Meeresangeln, und ich gab ihnen keine Informationen, die ihre Wahl in irgendeiner Weise beeinflusst hätte. Sie mussten ihrer Intuition vertrauen. Sie war das einzige Handwerkszeug, das die Anfänger bei ihrer Wahl zur Verfügung hatten. Die meisten von ihnen haben mit ihren ausgewählten Blinkern Fische gefangen. So etwas wird ja gern etwas abwertend als Anfängerglück bezeichnet. Doch damit hatte das nichts zu tun – sie hatten einfach nur ihrer Intuition vertraut!"

Der Biss kam urplötzlich und mit einer Heftigkeit, die mich ruckartig aus meinen Gedanken riss. Sofort nahm die Meerforelle 20 Meter Schnur von der Rolle und flüchtete in tieferes Wasser. Die Rute bog sich im Halbkreis, und als ich zum ersten Mal versuchte, Druck über die Rute aufzubauen, sprang der Fisch mit einem riesigen Satz aus dem Wasser.

Was für ein großer Fisch!

Einen Augenblick später hingen ein paar Meter lose Schnur in der Luft. Der Fisch hatte seine Strategie geändert und schwamm nun schnurstracks auf mich zu. Blitzschnell versuchte ich, die lose Schnur auf die Rolle zu spulen und wieder den Kontakt zum Fisch herzustellen. In diesem Moment sprang er ein zweites Mal aus dem Wasser – keine fünf Meter vor mir!

Der Rest verlief wie in Zeitlupe. Im Sprung schüttelte der Fisch mit weit aufgerissenem Maul kräftig den Kopf hin und her. Und dann geschah das Unfassbare: Als der Fisch zurück ins Wasser fiel, flog mein Blinker für gefühlte 15 Restsekunden immer noch durch die Luft. Die Meerforelle hatte sich von dem Haken befreit!

So ungefähr muss es sich anfühlen, wenn man einen Sechser im Lotto hat und dann feststellt, dass man vergessen hat, den Tippschein abzugeben.

„Wow, was für ein Fisch!“, zeigte sich auch Leif beeindruckt. Er stand längst hinter mir und hatte mir helfen wollen, den Fisch sicher an Land zu bringen.

„Das war der Hammer! Dieser Biss, diese Sprünge – was für ein fantastischer Fisch“, antwortete ich immer noch total perplex.

„Er hat eben seine Chance genutzt. Ein großer Kämpfer ist zurück in der Freiheit!“, lächelte Leif mich an. „Komm, wir setzen uns ans Feuer und stärken uns ein wenig!“

Er legte ein paar kleinere Stücke Holz nach und schnell wurde aus der lodernden Glut wieder ein ansehnliches Lagerfeuer.

„Ich weiß nicht, was ich verkehrt gemacht habe ... In den Sprüngen habe ich die Rute nach unten gehalten, damit kein zu großer Schnurbogen entsteht. Als der Fisch auf mich zugeschwommen kam, habe ich in rasendem Tempo die Spannung wieder aufgebaut. Ich hatte meine Angelrolle so eingestellt, dass der Fisch jederzeit Schnur nehmen konnte, ohne dass der Druck auf die Schnur so stark wird, dass sie reißt. Ich habe mich auch nicht von der Stelle bewegt, sondern mich voll und ganz auf den Kampf mit dem Fisch konzentriert. Warum um alles in der Welt habe ich diesen tollen Fisch verloren?“ Ich schaute Leif fragend an.

Er legte ein weiteres Stück Holz auf das Feuer, nahm seinen Kaffeebecher, machte es sich im Sand bequem und sagte: „Es kamen einmal ein paar Suchende zu einem alten Weisen. ‚Meister, was tust du, um glücklich und zufrieden zu sein? Wir wären auch gern so glücklich wie du.‘ Der Alte antwortete mit mildem Lächeln: ‚Wenn ich liege, dann liege ich. Wenn ich aufstehe, dann stehe ich auf. Wenn ich gehe, dann gehe ich, und wenn ich esse, dann esse ich.‘ Die Fragenden schauten etwas betreten in die Runde. Einer platzte heraus: ‚Bitte treib keinen Spott mit uns. Was du sagst, tun wir auch. Wir schlafen, essen und gehen. Aber wir sind nicht glücklich. Was ist also dein Geheimnis?' Es kam die gleiche Antwort: ‚Wenn ich liege, dann liege ich. Wenn ich aufstehe, dann stehe ich auf. Wenn ich gehe, dann gehe ich, und wenn ich esse, dann esse ich.' Die Unruhe und den Unmut der Suchenden spürend fügte der Meister nach einer Weile hinzu: ‚Sicher liegt auch ihr, und ihr geht auch und ihr esst. Aber während ihr liegt, denkt ihr schon ans Aufstehen. Während ihr aufsteht, überlegt ihr, wohin ihr gehen werdet, und während ihr geht, fragt ihr euch, was ihr essen werdet. So sind eure Gedanken ständig woanders und nicht da, wo ihr gerade seid. Doch nur in dem Schnittpunkt zwischen Vergangenheit und Zukunft findet das eigentliche Leben statt. Lasst euch auf diesen nicht messbaren Augenblick ganz ein, und ihr habt die Chance, wirklich glücklich und zufrieden zu sein.'"

„Eine schöne Geschichte", seufzte ich.

„Es ist eine Geschichte über die Achtsamkeit", fuhr Leif fort. „Ein Plädoyer für das Leben im Hier und Jetzt. Das ist die wichtigste Übung für den Jäger! Nur wer diese Übung beherrscht, nur wer mit seiner ganzen Achtsamkeit und seiner vollen Konzentration im Hier und Jetzt ist, wird gute Fänge machen. Es ist der gelebte Unterschied zwischen einem Becher Kaffee am Lagerfeuer und einem *Coffee to go*."

≈

Nach einer kurzen Pause fragte Leif mich. „Und, wo warst du mit deinen Gedanken, als der Fisch gebissen hat?" Ich zuckte die Achseln. „Du hast die Meerforelle verloren, weil du in dem Moment, als der Fisch den Blinker gepackt hat, nicht mit Gegendruck den Haken im Fischmaul fixiert hast. Du hast schlicht und einfach den Biss verschlafen, weil du mit deinen Gedanken woanders warst! Die Jagd nach Wissen ist ganz ähnlich wie die Jagd nach dem Fisch. Dieser Fisch wollte dich etwas lehren. Und wenn du schlau bist, hast du ihm gut zugehört!“

Das war der Moment, in dem ich wirklich zum ersten Mal fühlen konnte, dass die Jagd ein Spiegel für mein alltägliches Leben war. Sie war eine einzige Metapher! Still starrte ich zum endlosen Horizont, zutiefst ergriffen von dieser neuen Erkenntnis.

Die Jagd war ein Spiegel für das Leben, und ich war ans Meer gekommen, um für mein Leben zu lernen.

Die Stille trug diese neuen Erkenntnisse tief in mein Herz. Und es brauchte eine ganze Zeit, bis ich meine Sprache wiederfand.

„Immerhin stimmte die Köderwahl!“, lachte ich Leif an.

„Das ist richtig! Du bist auf einem guten Weg! Und deshalb gehen wir am besten schnell wieder ins Wasser!“

Bevor wir das Lagerfeuer verließen, legten wir noch zwei dicke, trockene Stücke Treibholz auf die Flammen. Wir tranken unseren Kaffee aus, nahmen unsere Angelruten und gingen wieder fischen. Für heute würde es die letzte Angelrunde sein. Die Tage waren jetzt, Anfang März, noch kurz, und das Tageslicht begann bereits zu schwinden.

Mittlerweile war auch meine Zuversicht zurückgekehrt. Ich entschied mich ein drittes Mal an diesem Tag dazu, auf die Landspitze nördlich von unserem Lagerplatz zu gehen. Dort gab es schließlich einen großen Fisch!

Etwas weiter draußen sah ich Enten im Meer tauchen. Sie waren auf Fischjagd. Über ihnen kreisten in sicherer, aber doch kontrollierter Entfernung große Raubmöwen. Hatte eine der Enten Erfolg gehabt und tauchte mit einem Fisch im Schnabel an die Wasseroberfläche, wurde sie sofort von den Möwen attackiert. Es dauerte meistens nur Sekundenbruchteile und der erfolgreiche Jäger war seinen Fang wieder los.

Die Möwen hatten ihre „Angestellten" und die waren ihnen hoffnungslos ausgeliefert! Drei Enten beteiligten sich allerdings nicht an dem Spektakel. Sie ruhten auf einem riesigen flachen Stein hinter der Sandbank.

Während ich den Vögeln zusah, hielt ich meine Rute einfach nur in den Händen, ohne sie auszuwerfen. Die Erfahrung mit dem verlorenen Fisch war mir eine große Lehre. Ich weiß nicht, wie lange ich die Vögel beobachtete, aber das Naturschauspiel zog mich eine ganze Zeit lang in seinen Bann. Am liebsten hätte ich die Möwen verjagt, aber die Natur hat ihre eigenen Gesetze – so viel hatte ich inzwischen kapiert. Und eigentlich waren die Raubritter der Lüfte ja auch wieder eindrucksvolle Lehrer für mich: Sie waren zur richtigen Zeit am richtigen Ort. Dank ihrer Aufmerksamkeit ging ihnen kein Fang durch die Lappen – zumindest dem Großteil der Möwen.

Angelockt von dem wilden Gekreische und den Kämpfen um die Futterfische tauchten eine ganze Zeit später zwei weitere Möwen über dem Wasser auf. Sie gingen leer aus. In der Natur gibt es nur ein Gesetz: *Survival of the fittest.*

Nach einer gefühlten Ewigkeit war das Spektakel beendet.

Wahrscheinlich hatten die Enten einfach keine Lust mehr, für die Möwen die Fische nach oben zu holen. Ich warf meine Angel aus, und insgeheim hoffte ich, den Fisch vom Vormittag erneut zu überlisten. Schließlich schwamm er ja noch irgendwo da draußen herum.

Ich war völlig auf die Rute und die Köderführung fokussiert, aber bis zum Einbruch der Dunkelheit hatte ich keinen Fischkontakt mehr. Der Fisch wollte mir wohl keine zweite Chance geben.

Schließlich kehrte ich zu unserem Lagerfeuerplatz zurück.

Leif saß bereits am Feuer. „Nimm dir die Zeit, am Feuer zur Ruhe zu kommen. Jetzt ist der Übergang von der An- in die Entspannung dran. Wenn du bereit bist, brechen wir zu deiner Hütte auf."

Es tat gut, einfach eine Weile dazusitzen und in die lodernden Flammen zu schauen. Die Stille wurde nur von dem immer gleichen Rhythmus der auflaufenden Wellen untermalt. Ein Augenblick für die Ewigkeit!

Nach einiger Zeit richtete ich mich auf. „Wir können gehen! Danke für einen wunderbaren Tag voller neuer Erkenntnisse."

Ich hatte lange gebraucht, um wirklich loszulassen und mich innerlich von der Jagd, dem Strand und dem Lagerfeuer zu verabschieden.

Nur noch einmal durchbrach Leif die Stille, in der wir den Strand verließen. „Hast du die drei Enten auf dem Stein vor der Sandbank gesehen? Sie sind jetzt erst zum Jagen rausgeschwommen. In der Dunkelheit werden sie von den Möwen nicht gesehen."

Tja – survival of the fittest, dachte ich im Stillen.

Ich schlief tief und fest. Im Traum traf ich den großen Fisch wieder.

Der zweite Tag

Unser tägliches Brot gib uns heute.

Matthäus 6,11

Leif war pünktlich um 7:00 Uhr am Ferienhaus. „Wir fahren noch mal an den Strand von gestern", schlug er vor. „Du willst doch heute bestimmt deine erste Meerforelle fangen, oder?"

Das wollte ich. Deswegen war ich auf die Insel gekommen. Ich wollte meine erste Meerforelle fangen! „Aber können wir nicht einen neuen Strand entdecken?", fragte ich. „Den von gestern kenne ich doch schon!"

Leif konnte sich ein Lachen nicht verkneifen. „So, so, den Strand von gestern kennst du schon … Wenn wir nachher am Strand sitzen und unseren Becher Kaffee trinken, werde ich dir eine Geschichte von einem Angler auf der Nachbarinsel erzählen. Eine ganz wunderbare Geschichte! Komm, lass uns gehen!"

Mit unseren Polarisations-Sonnenbrillen, den Stetson-Anglerhüten – zugegebenermaßen hatte der Hut von Leif etwas mehr Patina als meiner; man konnte ihm förmlich abspüren, wie viele Meerforellen er schon gesehen hatte – und unseren Watjacken sahen wir aus wie die Strandversion der „Blues Brothers". Jake und Elwood waren in dem Kultfilm „im Namen des Herrn unterwegs", um die Schließung eines Waisenhauses zu verhindern. Wir wollten schlicht und einfach mir zu meiner ersten Meerforelle verhelfen. Unser Cadillac war ein alter Landrover.

Wir erreichten den Strand in völliger Stille. Der Lagerfeuerplatz war noch genauso einladend wie am Tag zuvor. Ein Gefühl von „nach Hause kommen“ machte sich in mir breit. Der Wind hatte auf südöstliche Richtung gedreht und an Kraft verloren. Die Wellen liefen fast friedlich auf den vorgelagerten Sandbänken aus und der Wasserstand war deutlich gefallen.

Am Ufersaum pickten Strandläufer aufgeregt nach Sandflöhen. Etwas weiter draußen tauchten zwei Kormorane nach Sandaalen. Nur von den Enten fehlte jede Spur. Sie waren wahrscheinlich auf der Suche nach einem Strand, an dem es keine Möwen gab.

„Der Angler, von dem ich dir jetzt erzählen werde, hieß Thomas“, begann Leif mit der versprochenen Geschichte. „Er war ein armer Mann und gehörte zu den wenigen auf der Insel, die sich lange Zeit kein Auto leisten konnten. Sein Fortbewegungsmittel war ein altes Fahrrad, das er sich als junger Mann bei einem Händler auf dem Festland gekauft hatte. Thomas war Schreiner – und er war ein leidenschaftlicher Angler. Mit seinem Fahrrad brauchte er fast eine Stunde von seiner Werkstatt zum nächsten Strand. Er nannte ihn liebevoll seinen ‚Hausstrand‘. Es war der einzige Strand, an dem er angelte. Alle anderen Angelstrände der Insel lagen außerhalb einer für ihn erträglichen Reichweite. Er wollte schließlich Fische fangen und nicht Fahrrad fahren. Es gab viele Meerforellenangler auf der Insel, aber keiner fing so viele und so große Fische wie er. Dreiundvierzig Jahre lang angelte er nur an seinem Hausstrand. Als Thomas in Pension ging, bekam er das Geld aus einem Sparvertrag ausgezahlt, in den er trotz seines kargen Einkommens über viele Jahre Geld einbezahlt hatte. Er kaufte sich ein Auto. Nun konnte er an all den Stränden fischen, von denen er vorher nur gehört hatte. Doch für den Rest seines Lebens fing er nie wieder so viele und so große Fische wie zu den Zeiten als Fahrradfahrer.“

„Das ist irgendwie eine sehr traurige Geschichte“, warf ich ein, „und sie erinnert mich in gewisser Weise an die Sache mit meiner Köderbox von gestern. Mit dem Autokauf quoll seine ‚Strandbox' plötzlich so über, dass er wahrscheinlich meist nicht zur richtigen Zeit am richtigen Ort war. Der alte Mann hatte sich genauso überladen wie ich."

„Da hast du recht. Seinen Hausstrand kannte er wie seine Westentasche. Da wusste er genau, wann es Zeit war, die Schreinerei zu verlassen und zum Fischen aufzubrechen", antwortete Leif. „Er hatte den Strand bei jedem Wetter, zu jeder Tages- und Jahreszeit befischt. Er kannte jeden Stein, wusste, wo die tieferen Rinnen verliefen und bei welchem Wind sich welche Strömung aufbaute. Wann die Sandaale und Heringe dort auftauchten und wie lange sie blieben. Er kannte den idealen Wasserstand, und er wusste, bei welchem Wind er am besten auf die Sandbänke waten konnte. Er hatte dreiundvierzig Jahre lang einen Strand studiert. Er kannte den Strand. Fülle birgt die Gefahr der Oberflächlichkeit. Und du hast heute die Möglichkeit, diesen Strand noch tiefer kennenzulernen und zu begreifen. Die Erfahrungen von gestern sind die Basis für den nächsten Schritt. Wir fahren sozusagen Fahrrad und nicht Auto!" Leif ahmte während seiner Ausführungen einen Fahrradfahrer nach.

„Der Gedanke gefällt mir!", sagte ich. „Jetzt verstehe ich, warum du heute Morgen so über meine Bemerkung gelacht hast! Also los – ich freue mich darauf, den Strand näher kennenzulernen!"

≈

Ich hatte eine Verabredung auf der Landspitze von gestern und war gespannt, ob der Fisch sich an diese Verabredung hielt.

Das Wasser war heute deutlich klarer und durch den gefallenen Wasserstand reichte es mir auf der Sandbank gerade einmal bis zu den Knien. Da auch die Wellen an Kraft verloren hatten, beschloss ich, noch ein Stück weiter hinauszuwaten. Auf der Seeseite der Sandbank angekommen stand ich bis zum Bauchnabel im Wasser.

Vor mir sah ich zwei einladende, flachere Steine unter Wasser, auf die ich mich stellen konnte. Sie hatten gestern noch völlig im Verborgenen gelegen, versteckt unter den anrollenden Wellen. Der Strand zeigte sich von einer völlig neuen Seite – und ich hatte doch noch vor zwei Stunden behauptet, den Strand zu kennen.

„So ungefähr muss sich Reinhold Messner bei der Erstbesteigung des Nanga Parbat gefühlt haben", dachte ich im Stillen, als ich den größeren der beiden Stehsteine erklommen hatte.

Ich stand jetzt also auf einem riesigen Stein mitten im Meer. Gerade wollte ich meinen ersten Wurf machen, da sah ich im Augenwinkel, wie Leif einen großen, glänzenden Fisch an Land trug. Er hatte eine Meerforelle gefangen! Am Strand angekommen beugte er sich über den Fisch und schlug mit einem Stein kräftig zwei, drei Mal auf den Kopf des Fisches. Dann drehte er das Tier auf den Rücken und stach mit seinem Messer zwischen den Brustflossen in das Herz. Der Fisch begann sofort auszubluten.

In diesem Moment hielt mich nichts mehr auf meinem gerade eroberten Stein. Diesen Fang wollte ich aus der Nähe sehen!

„Eine Meerforelle!", begrüßte Leif mich an unserem Lagerfeuerplatz. Der Fisch war so lang wie sein Unterarm und er war schön, wunderschön! Sein silbriges Schuppenkleid glänzte in der Vormittagssonne. Der Fisch sah kräftig und wohlgenährt aus.

„Was für eine tolle Meerforelle!", sagte ich voller Bewunderung. Für einen Augenblick glaubte ich die Schönheit wiederzuerkennen, verwarf den Gedanken aber schnell wieder.

„Wir werden ihn gemeinsam am Lagerfeuer essen. Ein wilder Fisch, der sein Leben lang in Freiheit durch das Meer geschwommen ist, ist voller Leben und guter Energie – in jeder Zelle. Wenn wir diesen Fisch essen, essen wir pures Leben! Das ist der Unterschied zu einem gezüchteten Fisch oder zu anderen Tieren, die aus Massenhaltung stammen. Wer sie isst, nährt sich mit ihrer Angst und ihrer Unfreiheit.

Ein weiser Mann aus Grönland, sein Name ist Angaangaq, hat einmal gesagt, die Menschen in Europa und Nordamerika sind deshalb so ängstlich, weil sie die Angst der Tiere essen, die diese beim Schlachten erleben. Sie steckt in jeder Zelle des Fleisches. Ein selbst gefangener Fisch dagegen stirbt einen schnellen und ehrlichen Tod."

Ich schaute Leif mit hochgezogenen Augenbrauen an, und er ahnte wohl, was ich meinte, denn gleich erklärte er: „Mit ehrlich meine ich, dass du ihm in die Augen schaust, dich bei ihm bedankst und ihm dann das Leben aushauchst. Der Fisch stirbt, damit du leben kannst! Der Dank ist das Wichtigste. So zollst du dem gefangenen Fisch deinen Respekt und du machst dir das Wunder des Lebens bewusst. Das Leben ist ein ewiger Kreislauf, in dem alles miteinander im Gleichgewicht ist. Diese Meerforelle hier war selbst jeden Tag auf Jagd und hat in ihrem vielleicht fünfjährigen Leben rund hunderttausend Tiere erbeutet: Heringe, Sandaale, Flohkrebse, Tangläufer, Stichlinge, Garnelen und Aalmuttern. Wenn wir diesen Fisch essen, nehmen wir sozusagen die kraftvolle Energie von hunderttausend Wildtieren in uns auf! Das macht jeden einzelnen Fisch in unseren Meeren so wertvoll."

So hatte ich das noch nie betrachtet. Die Kraft von 100.000 Wildtieren, das klang ganz wunderbar!

„Wie anders ist es dagegen, mit einem Einkaufswagen durch einen riesigen Supermarkt zu fahren, am Kühlregal stehen zu bleiben und eine Packung tiefgekühlten, eingeschweißten Farmfisch zu kaufen … Wir sollten wirklich anfangen zu fragen, wo unsere Nahrung herkommt und wie sie produziert wird. Das ist der Respekt, den du als Verbraucher den Tieren erweisen kannst. Mit deinem Kauf entscheidest du mit, unter welchen Umständen die Tiere, die du isst, gelebt haben und wie sie getötet wurden, obwohl du ihnen dabei nicht selbst in die Augen geschaut hast. Und du entscheidest auch darüber, ob du dich mit guter oder schlechter Energie nährst."

Ich nickte, entschlossen, diesen Rat in meinem Herzen mit nach Hause zu nehmen.

„Komm, wir wollen mal sehen, was der Fisch gefressen hat!“ Leif holte sein Messer aus der Watjacke und ging mit dem Fisch an das Wasser. Mit einem langen Schnitt öffnete er die Bauchdecke des Fisches und mit einem weiteren den Magen, der prall gefüllt hervorragte.

„Ah, schau. Der Fisch hat die letzten zwei Tage Heringe gefressen.“ Leif nahm Fisch für Fisch aus dem Magensack und am Ende lagen acht Heringe im Sand. „Die Meerforelle ist wohl heute erst zum Fressen näher ans Ufer geschwommen, denn die Heringe ziehen im Moment weiter draußen im tieferen Wasser.“

In diesem Moment war ich froh, dass ich nicht beim ersten Anblick des Fisches mit der Behauptung herausgeplatzt war, das sei genau der Fisch, den ich bereits gestern am Haken gehabt hatte!

Leif legte die Meerforelle auf ein angespültes Holzbrett und mit ein paar gekonnten Schnitten war der Fisch filetiert. Das rötlich schimmernde Fleisch sah kräftig und energiereich aus. „Die beiden Filets werden wir nachher über dem Lagerfeuer grillen und den Rest geben wir zurück in den Kreislauf des Lebens.“

Er nahm die Reste des Fisches, ging damit ein Stück in das Wasser und legte sie auf die Wasseroberfläche. Langsam sanken sie auf den Meeresgrund. „Das ist gute Nahrung für die Krebstiere, die dann eines Tages selbst wieder einer Meerforelle oder einem anderen Fisch als Nahrungstier dienen. Alles Geschehen gehört zum großen Kreislauf des Lebens!“

Leif legte das Brett mit den beiden Fischfilets auf einen Stein in die Nähe des Lagerfeuers. „Der Wind treibt die Feuchtigkeit aus dem Fleisch, dann lässt es sich anschließend besser grillen. Ich werde mich jetzt um das Feuerholz kümmern. Heute gehe ich nicht mehr fischen.“

Leif nahm seine Angelrute, montierte den Blinker ab und legte ihn in seine Köderbox. Er setzte sich an den Lagerfeuerplatz und goss sich einen Becher Kaffee ein.

Mir ließ das keine Ruhe. „Warum gehst du heute nicht mehr fischen? Du hast beim zweiten Wurf diesen herrlichen Fisch gefangen. Vielleicht fängst du beim nächsten noch so ein Prachtexemplar, und wenn du den Tag durchangelst, vielleicht drei, vier oder fünf weitere Fische!" Ich schaute Leif mit verständnislosem Blick an. „Wer weiß, wann du wieder die Chance bekommst, so viele Fische an einem Tag zu fangen?"

Stille.

Natürlich hatte Leif mir zugehört, aber es dauerte eine ganze Zeit, bis er mir antwortete. „Es gibt ein Gebet, das viele Menschen kennen, und viele haben es auch schon gesprochen. Vielleicht einmal, vielleicht hundertmal, vielleicht auch tausendmal. In diesem Gebet gibt es einen Satz, eine Bitte. Das Gebet ist das Vaterunser und die Bitte lautet: *Unser tägliches Brot gib uns heute*. Da auf dem Brett liegt mein tägliches Brot", nickte Leif. „Jetzt habe ich Zeit für andere Dinge. Ich kann Bernsteine sammeln, verträumt auf das Meer schauen oder ein gemütliches Nickerchen am Lagerfeuer halten. Den nächsten Fisch gibt es immer, egal, ob du einen, zwei oder fünf Fische gefangen hast. Die Frage ist: Wann ist es für dich genug? Welchen Wert, welchen Respekt würdest du noch einem fünften Fisch beimessen?"

Leif sah mich fragend an. Dann legte er sich in die nächste Sanddüne, schob sich seinen großen Hut ins Gesicht und war innerhalb kürzester Zeit eingeschlafen. Der alte Mann hatte sich schlafen gelegt und da draußen an seinem Angelplatz schwammen wahrscheinlich die dicksten Meerforellen der gesamten westlichen Ostsee.

Eigentlich hatte ich ja eine Verabredung auf der Sandbank. Aber es war so viel passiert in der letzten halben Stunde, und das Bild des entspannten alten Mannes in der Sanddüne berührte mich innerlich so sehr, dass ich mich im Moment nie und nimmer auf das Angeln hätte konzentrieren können. Ich fasste den Entschluss, einen Strandspaziergang zu machen.

„*Wann ist es genug für dich?*", hatte Leif mich gefragt.

Für mich war es nie genug!

Ich musste mir eingestehen, dass es in meinem Leben kein verträumtes Auf-das-Meer-Schauen und kein gemütliches Nickerchen am Lagerfeuer gab. An Leifs Stelle stünde ich längst wieder da draußen auf dem Riff! Ich war das fleischgewordene „Höher-schneller-weiter-Prinzip" im Wathosenformat – fremdbestimmt und gefangen vom großen „nie genug".

Wenn ich meine Schulfreunde nach 25 Jahren wiederträfe, hätte mit Sicherheit ich das größte Haus, das schnellste Auto und das schönste Boot! Ich konnte zwar nicht mehr durchschlafen, fühlte mich jeden Tag unfrei und gehetzt, meine Ehe stand genauso auf dem Spiel wie meine Gesundheit, und meine Kinder verbrachten mehr Zeit mit ihren Nintendos als mit mir – aber ich hatte das größte Haus und das schnellste Auto!

Wie bescheuert kann man eigentlich sein?

Wenn ich wenigstens noch wie Jake und Elwood für ein Waisenhaus schuften würde ... aber in meinem Leben ging es nur um mich: um mein Haus, mein Auto – um meinen Status. Eigentlich sah es in mir aus wie in meinen Blinkerboxen: Viel zu vollgestopft, und mit jedem neuen Stück geht mehr innere Klarheit verloren.

Ich weiß nicht, wie lange ich am Strand unterwegs war. Mich beschlich ein Zustand wie nach der Einnahme von homöopathischen Kügelchen: Ich litt unter einer extremen Erstverschlimmerung. Ich war dabei, mich von meinem inneren Geschichtenerzähler zu verabschieden, und das tat erst einmal weh, sehr weh.

Vieles in meinem Leben war nur Dekoration, und jetzt ging es ans Eingemachte, an das, was wirklich zählt im Leben. Mir war tief gefühlt klar, dass sich nach dieser Reise Grundlegendes bei mir ändern würde. Ein schlafender alter Mann hatte mich aufgeweckt.

≈

Bei meiner Rückkehr zum Lagerfeuerplatz saß Leif bereits am Feuer und trank Kaffee. Der Wind war im Laufe des Tages mehr und mehr eingeschlafen, sodass der Rauch des Feuers fast senkrecht nach oben stieg.

„Gut, dass du kommst!“, freute sich Leif. „Langsam wird es Zeit, dass wir den Fisch zubereiten!“

Mich wunderte es schon ein wenig, dass er mich nicht fragte, warum ich es vorzog, einen Strandspaziergang zu machen, statt angeln zu gehen. – Vielleicht, weil er ein gutes Gespür dafür hatte, die Dinge dort zu lassen, wo sie für den Augenblick hingehörten.

Alles, was wir für die Zubereitung des Fisches benötigten, hatte er im Rucksack mit an den Strand genommen: einen Grillrost, Salz und Pfeffer, ein kleines Fläschchen mit Olivenöl, einen Ölpinsel, eine Zitrone und zu guter Letzt ein frisch gebackenes Brot.

„Meine Frau backt für ihr Leben gern!“, verriet er mit einem breiten Grinsen.

Es herrschte eine unbeschreibliche Atmosphäre. Die Windstille ließ nicht nur den Rauch des Feuers senkrecht aufsteigen, sie hatte auch die Wellen gezähmt. Das Meer lag still und glatt vor uns. Das Blau des Himmels spiegelte sich bis in die endlosen Weiten des Horizonts. Einige Bachstelzen tänzelten aufgeregt am Strand hin und her.

Mit jedem weiteren Augenblick wich die Erstverschlimmerung Stück für Stück aus meinen Gedanken und Gefühlen.

Ich war da. Im Hier und Jetzt.

„Nimm bitte den Pinsel und bestreich die Filets von beiden Seiten mit dem Öl“, holte Leif mich aus meinen Gedanken, „und dann würz sie anschließend mit etwas Salz." Er schob mit einem Stock die Glut in die Mitte der Feuerstelle und baute aus flachen Steinen einen sicheren Unterbau für den Rost. „Die fertigen Filets kannst du dann auf den Rost legen!"

Leif wartete, bis auch die letzten kleinen Flammen in Glut übergingen, und legte dann den Rost mit den Filets über die Feuerstelle.

Nach kurzer Zeit waren die Fischstücke fertig gegrillt. Wir aßen sie schweigend. Wilder Fisch, zubereitet auf einem offenen Feuer am Strand. Dazu das frisch gebackene Brot und der Blick über das Meer zum Horizont …

„Das ist, glaube ich, das stärkendste *tägliche Brot*, das ich je gegessen habe", seufzte ich nach dem Essen glücklich und schaute zu Leif hinüber. „Danke!"

„Ja, es hat ganz wunderbar geschmeckt. Wie gesagt, die Kraft von vierzigtausend Wildtieren – die gibt dir die Energie für deine nächsten Aufgaben. Nimm dir nachher im Ferienhaus die Zeit, die Gedanken von deinem Spaziergang aufzuschreiben. Schreiben ist ein Weg, um dein Inneres nach außen zu kehren. Es ist ein Weg der Erkenntnis."

Natürlich hatte der Mann alles mitbekommen.

Wir verließen den Strand in Stille.

≈

Ich saß an diesem Abend noch lange Zeit vor dem kleinen Holzofen des Ferienhauses und schrieb mir den Geschichtenerzähler aus dem Leib. Zwischenzeitlich wusste ich nicht, ob ich lachen oder weinen sollte.

Statt wie ein Jäger kam ich mir vor wie ein Gejagter. Gejagt von meinem Streben nach Status, verbunden mit der existenziellen Angst, alles wieder zu verlieren. Meine eigenen Bedürfnisse trieben mich vor sich her – und ich ließ mich jagen. Ich wusste genau, wenn ich stehen blieb, mich umdrehte und ihnen ins Gesicht lachte, wären sie entzaubert. Warum fiel es mir bloß so schwer, das zu tun? Ihr bester Kompagnon war mein innerer Geschichtenerzähler. Eigentlich hatte ich gedacht, er sei mein Verbündeter, doch in Wirklichkeit spielte er meinen Jägern in die Karten. „Bald wird alles besser", behauptete er, oder: „Sei froh, dass du überhaupt einen Job hast!" Und das bedeutete letztendlich nichts anderes als: „Mach weiter so!", „Stell dich nicht so an!" Je größer mein Besitz wurde, desto größer wurde auch die Angst, das alles zu verlieren. Und es war nie genug!

Eines wusste ich seit diesem Tag auf jeden Fall: Zukünftig sollte es in meinem Leben ein Genug geben. Ich wollte wie der alte Mann ein Nickerchen am Lagerfeuer machen und verträumt auf das Meer schauen!

Entschlossen jagte ich den Geschichtenerzähler von der nächsten Klippe.

Der dritte Tag

Die reinste Form des Wahnsinns ist es,
alles beim Alten zu lassen und trotzdem zu hoffen,
dass sich etwas ändert.

Albert Einstein

Der Landrover war schon von Weitem zu hören, und kurze Zeit später begrüßte Leif mich mit einem aufmunternden: „Heute ist dein Tag, Daniel! Der Wind ist absolut perfekt für die Südküste!“

Ich ersparte mir an diesem Morgen die Frage nach dem Strand. Schließlich wusste ich genau, wohin mich der Mann mit seinem Landrover fahren würde.

Ich stieg ein, und noch bevor ich mich richtig angeschnallt hatte, dröhnte aus dem vorsintflutlichen Kassettenrekorder „It's a man's world“ von Van Morrison.

„I love it!“, sagte Leif mit einem schelmischen Lachen und fuhr los.

Wie gern hätte ich diesen Moment gefilmt, aber mein Handy lag ja für sechs Tage in meiner Nachttischschublade …

Auf dem Weg zum Strand kamen wir durch einen kleineren Küstenort, in dem es einen Supermarkt gab. Leif stoppte dort, verschwand etwa fünf Minuten in dem Markt und kam dann mit drei Bündeln Dill wieder zurück zum Auto. „Das werden wir heute brauchen!“, grinste er, drückte die Kassette wieder in den Rekorder, und Van Morrison sang seine dritte Strophe.

Kurze Zeit später saßen wir an unserem Lagerfeuerplatz und tranken unseren Morgenkaffee.

„Und, hast du dir gestern Abend die Zeit genommen, noch ein paar Dinge aufzuschreiben?", wollte Leif wissen.

Ich erzählte ihm alles. Von meinem Geschichtenerzähler, davon, dass nichts in meinem Leben sich im Gleichgewicht befand und davon, dass ich ein Getriebener meines Statusdenkens und meiner Existenzangst war.

„Der Geschichtenerzähler und seine Macht – das ist wirklich eine sehr treffende Erklärung für das, was in vielen Männern vorgeht", sagte Leif, nachdem er mir die ganze Zeit schweigend zugehört hatte. „Der Geschichtenerzähler verkörpert die Unehrlichkeit mit sich selbst, und wie du jetzt gemerkt hast, kann nur die Ehrlichkeit mit dir selbst dich zurück in deine eigene Kraft bringen. Ein guter Freund von mir hat einmal etwas sehr Schönes gesagt: Die ehrlichsten zehn Minuten des Tages hat der Mensch beim Einschlafen. Wenn er den Tag Revue passieren lässt und kurz Ausschau auf den nächsten hält. Dann schleichen sich ein paar ehrliche Gedanken am Geschichtenerzähler vorbei. Es ist eine gute Idee, ihnen Gehör zu schenken."

„Ich habe jetzt riesige Lust, angeln zu gehen!", sagte ich. „Schließlich wartet da draußen vielleicht noch meine erste Meerforelle!"

„Hast du Zweifel?", wollte Leif wissen. „Denn dann können wir gleich am Strand sitzen bleiben!", schmunzelte er.

„Nein, ich habe ein gutes Gefühl!", lachte ich. „Und du hast sicherlich nicht umsonst drei Bündel Dill gekauft, oder?"

„Absolut nicht! Lass uns gehen, komm, ich möchte dir etwas zeigen!"

Wir nahmen unsere Angelruten und gingen zu der Landspitze mit dem Nanga-Parbat-Stein. Der leicht auflandige Wind trieb kleinere Wellen auf die vorgelagerte Sandbank. Der Wasserstand hatte sich im Vergleich zum gestrigen Tag kaum verändert und so erreichten wir ohne viel Mühe die Rückseite der Sandbank.

Leif ging aber nicht schnurstracks geradeaus zu den beiden Stehsteinen, sondern bog auf der Sandbank nach rechts ab und folgte ihrem Verlauf. Wir gingen ein ganzes Stück auf der Sandbank entlang – immer parallel zum Uferverlauf.

„Solltest du versuchen, von hier aus direkt ans Ufer zu waten", sagte Leif, der plötzlich stehen geblieben war, „würdest du dich versenken! Das Wasser ist in der Rinne mehr als zwei Meter tief!"

„Das heißt, der Zugang zur Sandbank gelingt nur über die Landspitze?", wollte ich wissen.

„Genau! Siehst du da vorne den Stein?" Leif zeigte auf einen größeren Findling, der vor uns auf der Sandbank lag. „Dort beginnt ein Riff, das sich fast zweihundert Meter weit ins Meer erstreckt, und nur über die Landspitze hat man einen Zugang dazu!"

„Das ist ja fantastisch!", rief ich und konnte jetzt auch an den brechenden Wellen den Verlauf des Riffs erkennen. „Es streckt sich wirklich weit hinaus", sagte ich. „Kann man ganz bis zum Ende rauslaufen?"

„Man kann!", grinste Leif. „Am Ende liegt ein Stein, so groß wie mein Landrover, und der nächste Schritt führt dich in über fünf Meter tiefes Wasser!"

Es war unbeschreiblich: Wir standen mitten im Meer, und vor uns erstreckte sich ein Riff, das es uns erlaubte, weitere 200 Meter ins Wasser hinauszugehen! Links und rechts vom Riff brachen keine Wellen – ein sicheres Zeichen, dass das Wasser dort schnell tiefer wurde. Das Riff selbst war vielleicht 20 Meter breit. Das Wasser reichte uns gerade einmal bis zur Wade. Wir liefen auf einem Untergrund aus kleinen Steinen, einzelnen Sandflächen und Seegrasfeldern. Ich entschied mich dazu, auf der Seite zu fischen, wo die Wellen auf das Riff liefen. Hier sammelte sich doch vermutlich die meiste Nahrung.

Leif schaute auf das Meer, und eigentlich wusste ich, dass er nur mitgekommen war, um mir den Platz zu zeigen und vielleicht beim Landen eines Fisches zu helfen.

Ich begann sofort mit dem Angeln. „One step – one cast“ (ein Schritt – ein Wurf), so hatte ich es mal in einem Artikel in einem Angelmagazin gelesen. Geschrieben hatte den Artikel ein erfahrener Fliegenfischer, und es war seine Empfehlung, wie man sich Gewässern näherte, die man nicht kannte. Ich wollte das Riff von Beginn an gründlich abfischen. Ich brauchte genau vier Würfe, und in dem Moment, in dem der Fisch sich meinen Blinker packte, sprang er auch schon aus dem Wasser. Diesmal hatte ich den Biss nicht verschlafen und konnte gleich spüren, dass der Haken sicher im Fischmaul saß.

Die Meerforelle unternahm zwei, drei Fluchtversuche in das tiefere Wasser, bis ihre Kräfte merklich nachließen. Kurze Zeit später konnte ich den Fisch an der Schwanzwurzel greifen und aus dem Wasser heben.

Stolz und Dankbarkeit erfüllten mich – ich hatte meine erste Meerforelle gefangen!

Eine ganze Weile schaute ich mir den Fisch einfach nur an. Er war genauso kräftig wie der von Leif gestern. Ganz vorsichtig löste ich dann den Haken aus dem Fischmaul, setzte den Fisch zurück ins Wasser und schenkte ihm die Freiheit.

Das war ein großer Moment für mich!

Ich hatte schon vor der Reise für mich beschlossen, meiner ersten Meerforelle, egal, wie groß sie sein würde, auf jeden Fall die Freiheit zu schenken. An diese Abmachung hatte ich mich gehalten und das war ein gutes Gefühl!

„Petri Heil!“, rief Leif. „Das war wirklich eine klasse Meerforelle! Warum hast du sie zurückgesetzt?“

„Weil es so für mich stimmig ist!“, antwortete ich mit nach oben gestrecktem Daumen.

„Das kann ich gut verstehen!“, nickte Leif, und statt auch mit dem Angeln anzufangen, machte er sich auf den Rückweg zum Strand. Er hatte mir wirklich nur den Platz zeigen wollen!

„Ich kümmere mich mal um ein Lagerfeuer und du dich um die Fische“, sagte er, drehte sich noch einmal kurz um und bog dann auf die Sandbank ab.

Ich genoss noch einen Augenblick das Gefühl, gerade meine erste Meerforelle gefangen zu haben, und ging dann ein kleines Stück weiter in Richtung des „Landrover-Steins“, um weiterzuangeln.

≈

Eine ganze Zeit lang passierte nichts, fast so, als müsse nach dem Kampf zwischen dem Fisch und mir erst einmal wieder Ruhe unter Wasser einkehren.

Vielleicht hatte der Fisch seine Freiheit auch genutzt, um alle anderen Meerforellen zu warnen. Es schien so, als hätten sie ihm gut zugehört …

Mittlerweile waren vielleicht zwei Stunden vergangen, und ich hatte die Hälfte der Strecke bis zum Riffende abgeangelt, als urplötzlich direkt über dem Riff in Wurfweite eine Meerforelle aus dem Wasser sprang. Schnell drehte ich meinen Blinker herein und warf ihn in Richtung der Sprungstelle.

Und tatsächlich! Einen Augenblick später packte der Räuber sich den Blinker.

Der Fisch zog mit aller Kraft in das tiefere Wasser. Die Rute im Halbkreis gespannt, versuchte ich, den Fisch zur Umkehr zu bewegen. Er wich dem Druck aus und schwamm zurück Richtung Riff. In einem gewaltigen Sprung versuchte er, den Haken abzuschütteln – vergeblich. Ein paar Augenblicke später konnte ich den Fisch an der Schwanzwurzel greifen. Ich steckte die Rute unter meine rechte Schulter und hob den Fisch mit beiden Händen aus dem Wasser.

Eine silbern glänzende, kräftige Meerforelle von vielleicht 60 Zentimetern Länge lag in meinen Händen. Was für ein Traumfisch!

Im Stillen bedankte ich mich bei dem Fisch, betäubte ihn mit drei kräftigen Schlägen auf den Kopf, drehte ihn auf den Rücken und löschte mit einem Herzstich sein Leben aus. Der Fisch starb einen schnellen Tod.

Ein tiefes Glücksgefühl erfüllte mich. Das Glück, mein „tägliches Brot“ selbst gefangen und voll tiefen Respekts getötet zu haben. Ich spürte eine tiefe Verbundenheit mit dem Fisch. Ich befand mich im Einklang mit mir selbst und der Natur, die mich umgab. Zu diesem Einklang gehörte vielleicht zum ersten Mal in meinem Leben auch das beglückende Gefühl, dass es *genug* war.

Ich machte mich auf den Weg zurück zum Strand.

≈

Leif saß am Lagerfeuer, und als er mich mit meiner prachtvollen Beute kommen sah, stand er auf, kam auf mich zu und umarmte mich mit den Worten: „Fantastisch, was für ein schöner Fisch!“

„Ja, und was für ein spektakulärer Angelplatz! So etwas habe ich noch nie erlebt!“

„Und was für ein guter Jäger!“, freute sich Leif. „Du hast den Platz genau richtig beangelt!“

„Ja, ich habe mich für die Riffseite entschieden, auf der die Wellen die Nahrung konzentriert haben. Das war eine gute Entscheidung!“

„Und was mindestens genauso wichtig ist: Du hast das Riff von Beginn an beangelt!“, sagte Leif.

„Wie meinst du das?“, fragte ich etwas irritiert.

„Na ja, viele Angler waten direkt zum Landrover-Stein hinaus und beginnen erst dort mit dem Angeln."

„Du meinst, sie laufen an den Fischen vorbei?"

„Richtig – sie laufen im wahrsten Sinne des Wortes an den Fischen vorbei, weil sie glauben, je weiter sie rauslaufen, desto größer ist ihre Chance, einen Fisch zu fangen!", schmunzelte Leif.

„Ich bin gerade einmal bis zur Hälfte der Strecke gekommen und habe zwei Fische gefangen! Der Weg ist anscheinend wirklich das Ziel!", lachte ich und musste in diesem Augenblick auch ein wenig über mich selbst grinsen. Mir fielen auf Anhieb zwei Situationen aus der letzten Zeit ein, in denen ich, statt nach dem „One cast – one step"-Prinzip vorzugehen, auch gleich zum Landrover-Stein gerannt war.

Die Idee, sofort eine eigene Beraterfirma zu gründen, war eine dieser Situationen. Statt mich erst einmal auf den Weg zu machen, erste Erfahrungen zu sammeln und das Unternehmen wirklich Schritt für Schritt aufzubauen, halte ich mich gleich für die „Komplett-pauschal-alles-sofort-Lösung" entschieden: neues Logo, neuer Internetauftritt, Flyer, Visitenkarten, PR-Beratung, Werbekampagnen in Print- und Online-Medien, größeres Büro, zusätzliche Telefonnummer mit zusätzlichem Handy, Facebook-Seite, Twitter-Konto, Xing-Mitgliedschaft und das Gefühl, alle Mitbewerber seien auch direkt zum Landrover-Stein durchgestartet. Was dabei auf der Strecke blieb, waren die Authentizität und die Glaubwürdigkeit meines Tuns durch echte Erfahrungen. Ich möchte gar nicht wissen, wie viele Visitenkarten auf dieser Welt schon umsonst gedruckt worden sind …

Ich ging mit dem Fisch ans Wasser und reinigte ihn. Er hatte zwei Tangläufer und einen kleinen Stichling im Magen.

„Was hast du eigentlich mit dem Dill vor?", fragte ich Leif, der damit beschäftigt war, den angespülten Plastikmüll am Strand aufzusammeln.

„Hast du schon mal was von *Graved Meerforelle* gehört?“, fragte er mich.

„Nein, nur von *Graved Lachs*. Der Fisch wird filetiert, mit einem Salz-Zucker-Gemisch und frischem Dill gebeizt und anschließend zwei Tage in den Kühlschrank gelegt. Dabei muss der Fisch etwas beschwert werden, damit die Beize besser die Feuchtigkeit aus dem Fleisch zieht.“

„Genau!“, antwortete Leif. „Und so machen wir das auch mit deiner Meerforelle. Nur: Statt sie in den Kühlschrank zu legen und mit einer Milchtüte zu beschweren, graben wir den Fisch hier am Strand ein. Wir machen *Graved Meerforelle* in der ursprünglichsten Form!“

„Das ist eine sehr gute Idee!“, fand ich. „Dann haben wir übermorgen ein richtig tolles Essen!“

Leif legte den Sack mit dem gesammelten Plastikabfall beiseite und holte alle Zutaten für die *Graved Meerforelle* aus seinem Rucksack. Auf die beiden Filethälften streuten wir das Salz-Zucker-Gemisch und legten anschließend den klein gehackten Dill obendrauf. Nun klappten wir die beiden Fischhälften zusammen und wickelten sie eng in zwei Lagen Butterbrotpapier. Es folgten zwei Lagen Alufolie und zum Schluss kam das Paket in einen Jute-Beutel.

Wir gruben den Fisch einen halben Meter tief in den Strandsand ein und versiegelten die Stelle mit einem schweren Stein.

„So finden wir den Fisch schnell wieder und kein Tier kann ihn ausgraben“, sagte Leif sichtlich zufrieden.

Eine halbe Stunde zuvor war dieser Fisch noch fröhlich durch das Meer geschwommen und jetzt lag er mit einer dicken Schicht Dill belegt einen halben Meter tief im Strandsand begraben.

„Das Gute an diesem Begräbnis ist, dass es nach zwei Tagen wieder rückgängig gemacht wird“, grinste ich Leif an.

„Stimmt, und du wirst überwältigt sein von dem unvergleichlichen Geschmack!", strahlte er über das ganze Gesicht.

„Apropos Geschmack, was ist mit unserem täglichen Brot heute? Nach der langen Rifftour bin ich jetzt richtig hungrig!"

„In meinem Rucksack ist frisches Gemüse und die andere Hälfte des Brotlaibes von gestern. Was hältst du von gegrillten Gemüsespießen mit Röstbrot?"

„Das klingt sehr verlockend! Und dazu noch einen Becher Kaffee – besser geht es nicht, oder?"

„Doch!" Leif griff in seinen Rucksack und holte eine Knoblauchzehe und das Olivenöl von gestern hervor. „Wir bestreichen das geröstete Brot mit Olivenöl und reiben es anschließend mit Knoblauch ein!"

„Das ist wirklich Fünf-Sterne-Lagerfeuerküche", lachte ich und begann, das Gemüse in Stücke zu schneiden.

Leif kümmerte sich um die Feuerstelle. Er schob die Glut auf einen Haufen und nutzte die Steine vom Vortag wieder als Unterlage für den Rost.

„Hattest du keine Angst, auf das Riff hinauszuwaten?", fragte mich Leif, während er den Rost in eine stabile Lage brachte.

„Nein, überhaupt nicht!", antwortete ich etwas überrascht. „Wie kommst du darauf?"

„Na ja, du bist nicht der erste Angler, mit dem ich auf dieses Riff hinausgegangen bin, und ich bin immer wieder überrascht, wie unterschiedlich die Reaktionen der Männer auf das Riff sind. Du bist gleich mutig hinausgewatet. Anderen hat das Riff Angst gemacht – sie sind lieber wieder zum Strand zurückgegangen. Wieder andere sind nur ein kleines Stück hinausgegangen, und es gab auch Männer, die sich das Riff erst einmal eine Zeit lang ansehen wollten, bevor sie sich trauten, weiter hinauszugehen. Es war immer das gleiche Riff und es löst doch so unterschiedliche Reaktionen aus!"

Leif war offensichtlich von dieser Tatsache tief beeindruckt. „Das zeigt, wie unterschiedlich wir die Welt wahrnehmen – jeder auf seine Art und Weise und mit seiner Lebensgeschichte!"

≈

Die Gemüsespieße schmeckten fantastisch, und während wir sie aßen, schauten wir auf das Meer und schwiegen. Die Stille war Balsam für meine Seele, und das war der Moment, in dem ich fühlen konnte, warum Leif keinen „Stand-by-Menschen" mit an den Strand nehmen wollte. Ein einziger Handy-Klingelton hätte gereicht, diese balsamische Zeit zu zerstören …

Kein Klingelton, sondern Leif war es, der mich nach einiger Zeit aus meiner Versunkenheit weckte. „Bevor wir den Strand verlassen, möchte ich dir noch etwas zeigen", sagte er und machte sich auf den Weg zu dem Platz, wo er gestern seine Meerforelle gefangen hatte.

Wir gingen noch ein Stück weiter, und er deutete auf einen kleinen Bachlauf, der versteckt hinter einigen großen Steinen über den Strand ins Meer lief. „Das ist ein Meerforellenaufstiegsbach. Die Fische, die in dem Bach geboren wurden, kommen nach drei, vier oder mehr Jahren wieder hierher zurück, um für die nächste Generation Meerforellen zu sorgen. Sie schwimmen ihren Geburtsbach hinauf, um zu laichen. Es gibt Fische, die unternehmen diese Reise mehrmals im Leben, denn im Gegensatz zu Lachsen schwimmen die Meerforellen nach dem Laichen wieder zurück ins Meer", sagte Leif mit einem anerkennenden Nicken. „Die Fische wählen für den Aufstieg das Winterhalbjahr. Dann führt der Bach genügend Wasser. Vielleicht werden wir in den nächsten Tage miterleben dürfen, wie die Fische in den Bach aufsteigen, denn der Winter war bisher sehr trocken, und erst in den letzten vierzehn Tagen hat es so viel geregnet, dass der Bach genügend Wasser für den Aufstieg führt."

„Und dann schwimmen die Meerforellen hier über den Strand?" Ich konnte mir dieses Spektakel im Moment kaum vorstellen.

„Ja, sie schwimmen über den Strand in den Bach! Und die schlauen Fische warten auf die perfekten Bedingungen! Hast du schon einmal was vom *Gesetz der Widerstandslosigkeit* gehört?", fragte Leif mich. „Es ist in der Natur weit verbreitet!"

Ich schüttelte den Kopf, und Leif zeigte mit seiner rechten Hand auf die Strandkiefern, die hinter den Dünen wuchsen. „Schau dir die Kiefern an!", sagte er. „Sie wachsen mit dem Wind! Das ist das Gesetz der Widerstandslosigkeit. Sie verschwenden keine unnötige Energie damit, in eine Richtung zu wachsen, in die das Wachstum ungleich kraftaufwendiger wäre. Die Meerforellen machen es beim Aufstieg in die Bäche ähnlich. Sie warten nicht nur, bis die Bäche genügend Wasser führen. Sie warten auch auf einen auflandigen Wind und einen höheren Wasserstand im Meer, sodass sie möglichst schadlos über den Strand kommen. Und erst, wenn alle Bedingungen perfekt sind, beginnen sie ihre Reise in ihren Geburtsbach. Eine Reise mit dem geringsten Kraftaufwand, weil sie das Gesetz der Widerstandslosigkeit verinnerlicht haben – jedenfalls die meisten Fische."

„Wie meinst du das, *jedenfalls die meisten Fische?*", wollte ich wissen.

„Na ja, nicht alle folgen diesem Gesetz. Jedes Jahr gibt es ein paar Fische, die frühzeitig versuchen, in den Bach zu gelangen, obwohl der Wasserstand alles andere als ideal ist und auch kein auflaufendes Wasser sie über den Strand trägt. Sie brauchen unzählige Versuche, um dann mit letzter Kraft tatsächlich den Bach zu erreichen. Immer wieder nehmen sie Anlauf, bleiben auf halbem Weg stecken und müssen sich mit ihren Brustflossen wieder zurück in das Meer arbeiten. Kurze Zeit später nehmen sie dann einen erneuten Anlauf, und dann noch einen … bis irgendwann ein Versuch glückt."

„Vielleicht haben sie eben den unbedingten Willen zum Erfolg!“, warf ich ein.

„Bestimmt nicht!“, grinste Leif. „Für diese Versuche zahlen die Fische einen hohen Preis. Oftmals verletzen sie ihr Schuppenkleid so stark, dass sie anfällig für Pilzbefall und Infektionen werden. Für das anschließende Laichgeschäft fehlt ihnen dann die Kraft und die Reise zurück ins Meer werden die meisten nicht erleben. Sie sterben in dem Bach, in dem sie einst das Licht der Welt erblickten ... Sie sterben, weil sie das Gesetz der Widerstandslosigkeit nicht verinnerlicht haben!“

„Das ist wirklich eine beeindruckende Geschichte!“ Ich blickte auf den kleinen, plätschernden Bach. „Aber es gibt doch auch Fische, die mit dem Laichaufstieg in die Bäche gar nichts zu tun haben, oder?“, kam mir ein Bericht zum Meerforellenaufstieg in den Sinn.

„Ja, die werden Überspringer genannt! Wie das Wort schon sagt, überspringen sie einfach den Laichaufstieg. Manche Fische ein Jahr, manche zwei Jahre. Und das hat durchaus seinen Sinn. Sollte es in den Aufstiegsbächen einmal zu einer Katastrophe kommen, wie ein plötzliches Austrocknen des Baches oder eine Infektion der Fische, schwimmt draußen im Meer noch genug gesundes Genmaterial, um das Überleben des Stammes zu sichern. Manche Fische kehren allerdings nie zur Reproduktion in ihren Ursprungsbach zurück. Sie machen sich einfach ein schönes Leben im Meer, getreu dem Motto: Nach mir die Sintflut!“, grinste Leif.

„Aber das sind doch auch die Fische, die wir am liebsten angeln wollen, weil sie die dicksten und kräftigsten sind, oder?“, fragte ich.

„Ja, so einen Fisch haben wir gerade im Strandsand vergraben!“

„Woran erkenne ich denn eigentlich den Unterschied zwischen einem Überspringer und einem Fisch, der in die Bäche zum Laichen schwimmt?“, wollte ich wissen.

Die Vorstellung, einen Fisch zu töten, der eigentlich gerade auf dem Weg zu seinem Geburtsbach war, war gar nicht schön.

„Die Fische, die in den Bach schwimmen, ändern die Farbe ihres Schuppenkleides“, erklärte Leif. „Statt des silberblanken Schuppenkleides des Meeres wechselt die Farbe in bräunlich-gräuliche Töne. Damit sind die Fische perfekt an die Lebensbedingungen im Bach angepasst! Nach ihrer Rückkehr ins Meer bildet sich dann die silberblanke Schuppenfarbe wieder aus.“

„Dann bin ich ja beruhigt!“, sagte ich. „Ich fände es schlimm, einem Aufstiegsfisch das Leben auszuhauchen! Woher wusstest du eigentlich, dass ich heute Vormittag auf dem Riff keinen Aufsteiger fangen würde?“

„Dank des Regens in den vergangenen zwei Wochen sind die Bedingungen zum Aufstieg ideal und die gefärbten Fische sind zu ihren Geburtsbächen aufgebrochen. Sie haben begonnen, sich vor den Bachmündungen zu sammeln“, verriet Leif. „Und mit einem wachen Auge war ich bei dir. Denn falls du doch einen Nachzügler an den Haken bekommen hättest, wäre ich zu dir hinausgeeilt, und dann hätten wir dem Fisch die Freiheit geschenkt.“

Es war schön zu wissen, dass dank Leifs Aufmerksamkeit nichts geschehen würde, was nicht geschehen sollte!

„Das Gesetz der Widerstandslosigkeit gilt übrigens auch in die andere Richtung“, ergänzte Leif noch, während wir schon auf dem Rückweg zu unserem Lagerfeuerplatz waren. „Die kleinen Meerforellen leben die ersten zwei Jahre im Bach, dann beginnt ihre große Reise in das Meer. Die schlauen Fische starten ihre Reise erst, wenn der Wasserstand stimmt …“

≈

Wir setzten uns ans Lagerfeuer und tranken einen Becher Kaffee. Die Wellen rollten sanft auf den Strand und zum ersten Mal seit meiner Ankunft schien auch die Sonne. Es tat gut, ihre Wärme im

Gesicht zu spüren – der Winter war lang gewesen, und ich hatte in den letzten zwei Jahren ohnehin die meiste Zeit in geschlossenen Räumen zugebracht.

„Die zivilisatorische Schicht, die uns von der Wildnis trennt, ist nicht dicker als drei Tage", hat Robert Greenway einmal gesagt. Er hatte recht. Jetzt, nach drei Tagen am Meer, getrennt von allen elektronischen Nabelschnüren, konnte ich die Elemente wieder fühlen. Das Wasser, den Wind, den Strandsand, das Feuer – alles war lebendig und voller Energie.

Ich hatte drei Tage gebraucht, um wieder ins Fühlen zu kommen! Ich lebte – was für eine wunderbare Zustandsbeschreibung! Dieses Gefühl wollte ich nie wieder hergeben …

„Weißt du was? Ich habe Lust, jetzt in mein Ferienhaus zu fahren und Tagebuch zu schreiben!" Ich schaute zu Leif, der damit beschäftigt war, den Sack mit dem Plastikmüll mit einem Band zuzubinden.

„Dann folgen wir dem Gesetz der Widerstandslosigkeit und tun das, was dein Herz dir sagt!", freute er sich.

Wir packten unsere Sachen und machten uns auf den Rückweg. Am Horizont braute sich eine Regenfront zusammen. Der Tag, an dem ich meine erste Meerforelle gefangen halte, war auch der Tag in meinem Leben, an dem ich fühlen konnte, was der Regen für das Überleben der Meerforellen bedeutete. Regentage waren ein Segen für die Fische in den Bächen.

≈

Ich saß an diesem Abend lange vor dem Holzofen und schrieb in mein Tagebuch. Über den Geschichtenerzähler, das Riff, meine erste Meerforelle, das Gesetz der Widerstandslosigkeit und über ein Gefühl, das ich nicht mehr hergeben wollte …

Der vierte Tag

Die Frage ist nicht, auf was du schaust, sondern was du siehst.

Henry David Thoreau

Ich wachte an diesem Morgen etwas früher auf, und als ich aus dem Fenster des Ferienhauses auf das Meer blickte, sah ich, wie viel Seegras und Tang der auflandige Wind der vergangenen Tage an den Strand gespült hatte. Wind und Wellen formten täglich eine neue Kulisse.

Krähen suchten mit ihren robusten Schnäbeln nach Garnelen und Strandflöhen, und ihre stattliche Anzahl ließ darauf schließen, dass sie erfolgreich waren.

Als ich mich dem Strand näherte, flogen sie ein kurzes Stück davon. Weit genug, um sich einerseits in Sicherheit zu wiegen, und andererseits so nah, dass sie nach meinem Verschwinden schnellstmöglich zum Fressplatz zurückkehren konnten.

Leif hatte mir erzählt, dass Angestellte der Kommune im Sommer den angespülten Tang mit Traktoren vom Strand wegtransportierten. Die Touristen störten sich an dem Geruch, der entsteht, wenn das Kraut verrottet. Jeden Morgen, bevor die Urlauber an den Strand kamen, hatten die Mitarbeiter den Tang bereits weggefahren.

So war es die letzten fünf Sommer gewesen. Und in den letzten fünf Jahren hatte sich die Strandbreite halbiert. Als man begonnen hatte, den Seetang vom Strand zu entfernen, hatte man damit leider auch dem Strand seinen „Klebstoff" genommen. Der aufgewirbelte

Sand sammelt sich im Tang und bleibt so Schicht für Schicht am Strand liegen. Fehlt der Tang, wird der Sand immer wieder ins Meer geweht und von der Strömung fortgetragen. Die Insel zahlte für die krautfreien Strände also einen hohen Preis. An manchen Stellen war das Meer bereits bis in die Dünenlandschaft vorgedrungen …

Ich kam gerade vom Strand zurück, als Leif vor dem Ferienhaus eintraf. „Ich war Klebstoff gucken!", grinste ich, als ich ihn zur Begrüßung umarmte.

„Es gibt ein wunderbares Klebstoff-Gedicht", lachte er. „Vielleicht hast du es schon einmal gehört? Es heißt ‚Die Einladung' und ist von einer Indianerin namens Oriah Mountain Dreamer.

Es interessiert mich nicht, womit du deinen Lebensunterhalt verdienst. Ich möchte wissen, wonach du innerlich schreist und ob du zu träumen wagst, der Sehnsucht deines Herzens zu begegnen.
Es interessiert mich nicht, wie alt du bist. Ich will wissen, ob du es riskierst, wie ein Narr auszusehen, um deiner Liebe willen, um deiner Träume willen und für das Abenteuer des Lebendigseins.
Es interessiert mich nicht, welche Planeten im Quadrat zu deinem Mond stehen. Ich will wissen, ob du den tiefsten Punkt deines eigenen Leids berührt hast, ob du geöffnet worden bist von all dem Verrat oder ob du verschlossen bist aus Angst vor weiterer Qual. Ich will wissen, ob du mit dem Schmerz – meinem oder deinem – dasitzen kannst, ohne zu versuchen, ihn zu verbergen oder zu mindern oder ihn zu beseitigen. Ich will wissen, ob du mit der Freude – meiner oder deiner – da sein kannst, ob du voller Wildheit tanzen und dich von Ekstase erfüllen lassen kannst, von den Fingerspitzen bis zu den Zehenspitzen, ohne uns zur

Vorsicht zu ermahnen, zur Vernunft, oder die Grenzen des Menschseins zu bedenken.
Es interessiert mich nicht, ob die Geschichte, die du erzählst, wahr ist.
Ich will wissen, ob du jemanden enttäuschen kannst, um dir selbst treu zu sein. Ob du den Vorwurf des Verrats ertragen kannst und nicht deine eigene Seele verrätst. Ich will wissen, ob du vertrauensvoll sein kannst und von daher vertrauenswürdig. Ich will wissen, ob du Schönheit sehen kannst, auch wenn es nicht jeden Tag schön ist, und ob du dein Leben aus Gottes Gegenwart speisen kannst. Ich will wissen, ob du mit dem Scheitern – meinem und deinem – leben kannst und trotz allem am Rande des Sees stehen bleibst und zu dem Silber des Vollmonds rufst: „Ja!"
Es interessiert mich nicht, wo du lebst und wie viel Geld du hast. Ich will wissen, ob du aufstehen kannst nach einer Nacht der Trauer und der Verzweiflung, erschöpft und bis auf die Knochen zerschlagen, und tust, was für deine Kinder getan werden muss.
Es interessiert mich nicht, wer du bist und wie du hergekommen bist.
Ich will wissen, ob du mit mir in der Mitte des Feuers stehen wirst und nicht zurückschreckst.
Es interessiert mich nicht, wo oder was oder mit wem du gelernt hast.
Ich will wissen, was dich von innen hält, wenn sonst alles wegfällt. Ich will wissen, ob du allein sein kannst und in den leeren Momenten wirklich gern mit dir zusammen bist." [2]

Leif machte eine Pause, und ich versuchte noch, den Worten nachzuspüren.

„Der Mensch gleicht einem Strand, und lässt er sich seinen Klebstoff – seine inneren Überzeugungen, seine Werte, das, was ihn wirklich zusammenhält – nehmen, ist er den Stürmen des Lebens hoffnungslos ausgeliefert. Das ist der Grund, warum der Geschichtenerzähler kein guter Klebstoff ist! Seit diesem Sommer hat die Kommune übrigens beschlossen, den Tang nicht mehr zu entfernen …"

Wir stiegen in den Landrover, und Van Morrison erinnerte mich an einen wichtigen Klebstoff in meinem Leben – meine Familie. Zum ersten Mal nach langer Zeit hatte ich tiefe Sehnsucht nach meinen Lieben!

Leifs Fahrstil glich dem von „Elwood" von den *Blues Brothers*. Nur die Vorstellung, dass er mit diesem Landrover schon fast sein halbes Leben zugebracht hatte, ließ mich innerlich etwas ruhiger werden. Er hatte den Wagen vor 26 Jahren als Neuwagen gekauft, wie er mir erzählt hatte … Während der Fahrt pfiff er fröhlich mit Van Morrison im Duett. Keine Frage – sein Fahrstil und die Musik passten gut zusammen!

Als wir durch den Küstenort mit dem Supermarkt fuhren, hielt Leif erneut an. „Ich kaufe schnell ein paar große Müllsäcke! Bin gleich wieder da!"

Mir fiel ein Satz von Henry David Thoreau ein: *Die Frage ist nicht, auf was du schaust, sondern was du siehst.* Ich hatte den Plastikabfall am Strand gar nicht wahrgenommen, bis ich diesen alten, leidenschaftlichen Mann getroffen hatte. Jeden Tag verließ er den Strand mit einem Sack voll gesammeltem Plastikabfall.

„Weißt du, was der Unterschied zwischen Seetang und Plastik ist?", fragte er mich, als wir unsere Fahrt fortsetzten.

„Das eine ist ein Klebstoff und das andere ist Müll!"

„Genau! Und das ist eine der wichtigsten Übungen in unserem Leben: Zu erkennen, was auf dem eigenen Lebensstrand Klebstoff und was Müll ist!"

„Also, wenn ich mir meine letzten Jahre so angucke, habe ich ziemlich viel Mist auf meinem Strand liegen lassen", musste ich zugeben, „und der Klebstoff wurde immer weniger. Eigentlich bin ich dem Wind und den Wellen fast schutzlos ausgeliefert. Seit drei Tagen habe ich aber das Gefühl, ich bin dabei, neuen Klebstoff aufzutragen! Und das gelingt wohl nur über die Ehrlichkeit mit mir selbst!"

„Ja, klar erkannt!", grinste Leif mich an, und ich erkannte schon an seinem Blick, dass jetzt wieder eine Geschichte kommen würde …

„Im letzten Winter tobte ein mächtiger Sturm an unseren Küsten. Drei Tage lang blies der Wind mit Sturmstärke aus östlichen Richtungen. Viele Strände wurden völlig überspült, und als der Sturm nachließ, lagen die Strände voll mit Plastikabfall, darunter auch mein Lieblingsstrand. Es war ein trauriges Bild und ich begann sofort mit den Aufräumarbeiten. An dem Strand führt ein Küstenwanderweg vorbei, den die Bewohner zweier Ortschaften gern zum Spazierengehen, Laufen oder Ausführen ihrer Hunde nutzen. Der Sturm hatte nicht nur viel Plastik, sondern auch eine ganze Menge Fischkisten an Land gespült. Sie waren wahrscheinlich über Bord eines Fischkutters gefallen. Ich benutzte die Kisten, um das Plastik darin zu sammeln, und innerhalb kürzester Zeit hatte ich fünfzehn Kisten voll – viel zu viele, um sie allein vom Strand wegtransportieren zu können."

Leif seufzte und zuckte mit den Achseln. „Also habe ich die Kisten direkt auf den Küstenweg gestellt, in der Hoffnung, dass der eine oder andere Spaziergänger eine Kiste mit in die nahe gelegene Ortschaft nehmen würde. Dort gibt es einen kleinen öffentlichen Müllplatz. Was ich dann beobachtete, verschlug mir fast die Sprache: Die Passanten schafften es mit Bravour, die Kisten zu umgehen, einige stiegen auch darüber hinweg – kein einziger nahm eine Kiste mit! Das spornte mich an. Am nächsten Tag packte ich fünfzehn weitere Kisten und stellte sie in kleineren und größeren Abständen zu den

Kisten des ersten Tages auf. Der gesamte Parcours war jetzt rund zweihundert Meter lang."

Leif grinste mich an, aber es war kein fröhliches Grinsen. „Auch an diesem Tag nahm keiner der Passanten eine Kiste mit. Sie taten alles, um den Müll zu umgehen!" Leif ahmte mit seinen Händen einen Slalomlauf nach. „Nach einer Woche fehlte immer noch keine Fischkiste … Und so geht es vielen Menschen – sie tun tagtäglich alles, um den Müll in ihrem Leben zu umgehen, und täglich kommen weitere Kisten hinzu. Statt den Müll aufzusammeln und zu entsorgen, wird der tägliche Weg hindurch immer strapaziöser, bis irgendwann nichts mehr geht. Und dabei ist doch nichts schöner und inspirierender als ein aufgeräumter Strand, oder?" Leif sah mich mit hochgezogenen Augenbrauen fragend an.

„Und wie ist die Geschichte ausgegangen?", wollte ich wissen.

„Und wenn sie nicht gestorben sind, liegt der Müll da noch heute!", lachte er.

„Nein – nicht wirklich, oder?" Ich schaute ihn unsicher an.

„Ich habe Kiste für Kiste selbst zur Ortschaft getragen. Und wenn meine Enkel mit zum Angeln waren, haben wir auch mal ein paar Kisten mehr geschafft! Die Fischkisten haben wir dann im Frühling auf dem Flohmarkt verkauft und von dem Geld haben sich die Jungs einen Fußball gekauft. Jedes Mal, wenn die beiden im Garten kicken, muss ich an die Fischkisten denken und daran, wie man das eine Lebensgefühl in ein anderes verwandeln kann – vom Fischkistenhindernislauf zum entspannten Fußballkick!"

≈

Es war wirklich beeindruckend schön, an diesen sauberen Strand zurückzukehren. Wir tranken unseren Kaffee am Lagerfeuerplatz und schauten auf das Meer. Der Regen der letzten Nacht hatte den

Bach sicherlich gut aufgefüllt, sogar am Strand waren noch einzelne Regenpfützen zu sehen. Das Wetter zeigte sich inzwischen wieder von seiner freundlichen Seite. Durch die lockeren Wolkenfelder schien immer wieder die Sonne und es wehte ein laues Lüftchen. So lau, dass auf dem Riff keine brechenden Wellen zu sehen waren.

Der Weg war zwar das Ziel, aber heute wollte ich unbedingt bis zum „Landrover-Stein" hinauswaten. Mir ging es gar nicht darum, einen weiteren Fisch zu fangen. Ich wollte möglichst weit draußen im Meer stehen und dieses Gefühl einfach nur genießen!

„Ich werde mich jetzt auf den Weg zum Landrover-Stein machen", sagte ich voller Vorfreude, „und nachher gebe ich auch einem Strandabschnitt seine ursprüngliche Schönheit zurück!"

„Tight Lines!", rief Leif mir den internationalen Anglergruß zu. „Wir sehen uns später!"

≈

Das Meer lag platt wie ein Spiegel vor mir, und mit jedem Schritt, den ich machte, schickte ich kleine Wellen auf die Reise hinaus aufs Meer. Doch egal, wie schnell ich mich bewegte, die Wellen wären immer vor mir am Landrover-Stein.

Der Verlauf des Riffs war durch das Fehlen der brechenden Wellen viel schwerer auszumachen als am gestrigen Tag. Der einzige Anhaltspunkt, der mir sagte, ob ich mich tatsächlich noch auf dem richtigen Weg befand, war der Wasserstand. Zwar hatte ich mir auch eine alte Strandkiefer als Landmarke ausgesucht, an der ich mich orientieren wollte, aber das war wirklich „Navigation für Anfänger", und mit dieser Methode hatte ich mich auch schon öfter erfolgreich „versenkt".

Ich vertraute also auf den Wasserstand. Meine Wathose reichte mir bis zur Brust, und ich wollte den Stein erreichen, ohne dass

Wasser in die Hose lief. *Lass dich nur nicht verrückt machen. Schließlich hat Leif erzählt, dass man den Stein erreichen kann, ohne dass die Wassertiefe zunimmt. Im Moment stand ich bis zu den Knien im Wasser …*

Schritt für Schritt tastete ich mich weiter nach draußen. Der Untergrund war steinig und ab und zu durchbrachen kleinere Sandflächen den Weg. Das Wasser war so klar, dass ich meine Schuhe deutlich erkennen konnte. Sonst war nichts zu sehen. Kein Tangläufer, kein kleiner Fisch, keine Garnele – einfach nichts! Alles Lebendige hatte sich unter die Steine und in die Tangwälder verkrochen.

Jetzt stand ich ungefähr auf dem Platz, wo sich gestern der Überspringer meinen Blinker geschnappt hatte – zumindest meiner „Landmarken-Anfänger-Glücks-Navigation" zufolge.

Ich fühlte mich großartig. Es gab nur mich und das Meer. Das war beruhigend und faszinierend zugleich. Obwohl es selten vorkam, dass ich so weit hinauswatete, war es mir doch seltsam vertraut. Raum und Zeit schienen regelrecht zu verschmelzen. Das Meer ist ein heilsamer Ort.

≈

Kurze Zeit später sah ich vor mir einen riesigen Schatten unter der Wasseroberfläche – ich hatte den Landrover-Stein gefunden! Die Besteigung fiel etwas unbeholfener aus als die reibungslose Eroberung des „Nanga Parbat"-Steines. Aber mit beiden Knien, kurzfristigem Vollbad der Angelrute und einem Liter Salzwasser in der Watjacke hatte ich es schließlich geschafft.

Das Wasser reichte mir jetzt gerade einmal bis zu den Knöcheln. Von oben betrachtet, sah ich wahrscheinlich aus wie ein Arbeiterdenkmal in der ehemaligen DDR. Der Blick nach vorne ging über tiefes Wasser, vom Meeresgrund war nichts mehr zu sehen. Der nächste Schritt würde über den Abgrund führen! Ich blieb lieber stehen und warf meine Angel aus.

Bei so viel Wassermasse fiel die Entscheidung einigermaßen schwer, in welche Richtung ich den Blinker werfen sollte. Schließlich flog er im hohen Bogen Richtung Horizont … Wurf um Wurf versuchte ich, die Fische zu verführen, doch alle meine Bemühungen blieben erfolglos. Jedes Mal, wenn der Blinker nach dem Aufprall auf der Wasseroberfläche im Meer versank, wurde mir klarer, dass dieses Geräusch dank dem fehlenden Wellengang das lauteste weit und breit war. Im Umkreis von mehreren Hundert Metern erschreckten sich die Schuppenträger wahrscheinlich zu Tode.

Ein ruhiges Meer will in Ruhe gelassen werden. Ich nahm mir diese Erkenntnis zu Herzen und genoss noch ein wenig meine Denkmalposition, ohne weitere Angelversuche zu machen. Dann kehrte ich zum Strand zurück.

„Wenn das Meer so ruhig ist, geht das irgendwie gar nicht mit dem Angeln!“, begrüßte ich Leif nach meiner Rifftour. „Bist du deshalb gar nicht erst losgegangen?“

„Wie viele Nahrungstiere hast du im Wasser gesehen?“, stellte er mir eine Gegenfrage.

„Außer zwei Watschuhen in Größe 47 habe ich absolut nichts gesehen!“, antwortete ich. „Es ist mir gleich aufgefallen, das Wasser sah aus wie klinisch tot. Alle Lebewesen hatten sich versteckt.“

„An solchen Tagen ist es schwer, eine Meerforelle an den Haken zu bekommen, denn dann stehen die Fische im tieferen Wasser und ruhen sich aus!“, erklärte Leif.

„Sie ruhen sich aus?“, fragte ich etwas fassungslos. „Müssen Fische nicht jeden Tag etwas fressen?“

„Im Gegensatz zum Menschen sind die Meerforellen sehr effektive Jäger!“, lachte Leif. „Sie wissen, wann es Zeit ist zu jagen und wann es besser ist, sich die Kräfte zu sparen! Wie lange müsste eine Meerforelle bei diesem ruhigen Wetter wohl da draußen rumschwimmen, bis sie ihren Energiebedarf gedeckt hat?"

Das war eine rhetorische Frage, denn Leif redete gleich weiter: „Es ist für den Fisch ein ziemlich hoffnungsloses Unterfangen, an solchen Tagen die Energietanks aufzufüllen! Er würde mehr Energie verbrauchen, als er gewinnen würde. Wenn keine Nahrung im Wasser ist, sind die Fische auch nicht auf der Jagd – so einfach ist das! An solchen ruhigen Tagen wie heute kommt ihre Zeit nach dem Sonnenuntergang. Mit dem schwindenden Licht trauen sich ihre Beutetiere aus den Verstecken und dann sind auch die Jäger zur Stelle. An Tagen wie gestern sind die Fische dagegen auch tagsüber auf der Jagd, denn sie wissen, dass die Wellen genug Nahrung freispülen und sie nicht unnötig viel Energie aufwenden müssen, um welche zu bekommen."

Leif schenkte sich einen Becher Kaffee ein. „Willst du auch einen?", fragte er mich. Ich nahm sein Angebot dankend an.

„Und wir tun mit unseren Unternehmungen immer so, als sei an 365 Tagen im Jahr rund um die Uhr auflandiger Wind!", schmunzelte ich.

„Stimmt!", nickte Leif. „Viele Leute sind im übertragenen Sinne bei Bedingungen wie heute unheimlich geschäftig, statt sich einfach mal auszuruhen und neue Kräfte zu sammeln!"

„*The fish doesn't think, because the fish knows everything*, das hat Iggy Pop mal gesagt", musste ich plötzlich laut denken.

„Wie recht er doch hatte!", lachte Leif. „Wenn du Lust hast, warten wir heute bis zur Dämmerung und angeln dann in die Dunkelheit hinein", schlug er dann vor.

„Das ist eine sehr gute Idee!" Ich war begeistert. „Dann gehe ich jetzt Müll sammeln!"

„Ich komme mit!", sagte Leif voller Tatendrang, und wir machten uns auf den Weg.

Durch seine Arbeit der letzten Tage mussten wir schon ein ganzes Stück gehen, bis wir zu der Stelle kamen, an der Leif aufgehört hatte zu sammeln.

„Das ist wirklich ein krasser Unterschied!", stellte ich mit einem Blick fest, als ich den ungereinigten Strandabschnitt sah. „Mit ganz viel Willen zum Stumpfsinn kann man da aber noch drüber hinwegsehen."

„Aber wenn du einmal sensibilisiert bist, geht das nicht mehr – und das ist auch gut so!", antwortete er und fing an, das Plastik einzusammeln.

Alle drei, vier Meter lag am Strand ein Stück angespültes zivilisatorisches Treibgut: vier Milchtüten, eine Zahnbürste, neun PET-Flaschen, zwei Einkaufstüten, eine Badesandale, die Reste eines Luftballons, ein Spielzeugauto, zwei Sicherheitssiegel aus Plastik, eine Glühbirne, ein Basecap mit den eingestickten Worten *Big Seatrout Hunter*, vier Zigarettenkippen, eine Cola-Dose, zwei Plastikhandschuhe, die Reste eines Fischernetzes, ein Laufschuh von *Nike* und zwei Fischkisten aus Plastik. Die eine mit dem Aufdruck „Nordfilet", die andere mit „Bornholm". Das war die Ausbeute auf den nächsten 500 Metern Küstenstrecke. Beim genaueren Hinsehen und Lesen der Aufschriften wurde deutlich, dass es sich bei der Ostsee um ein internationales Gewässer mit viel Schiffsverkehr handelt. Der Müll sprach mindestens 14 Sprachen und ohne Frage war der Plastikabfall das größte Problem.

„Die Wissenschaftler nennen den Plastikmüll in den Meeren *Die Tränen der Meerjungfrau*, unterbrach Leif nach einer Weile die Stille, in der wir arbeiteten. „Sie gehen davon aus, dass alle zwanzig Meter ein Stück Plastik auf der Wasseroberfläche der Ostsee treibt. Am Strand kommt nur ein Bruchteil dieses Mülls an, der Großteil sinkt zum Meeresboden und bleibt dort über viele Jahrzehnte liegen. Außerdem haben die Wissenschaftler mittlerweile nachgewiesen, dass das Plastik den Weg in unsere Nahrungskette findet!“

Leif ging zum Wasser und fischte mit der Hand eine Garnele aus dem Blasentang. „Wind und Wellen reiben die Plastikstücke immer kleiner, so klein, dass sie über den Sand in die Nahrungskette der Garnelen, Krebse und anderen Kleintiere des Meeres gelangt sind. Fische fressen die Garnelen und wir essen die Fische.“ Er zeigte auf die Garnele. „Der zunehmende Plastikanteil in den Meeresfischen wird ein immer größeres Problem in unserer Ernährung werden, wenn wir es nicht schaffen, die Meere sauber zu halten. Wir essen unseren eigenen Müll!“

Während des Müllsammelns musste ich an unser Gespräch vom Vormittag denken. Ich stellte mir vor, meinen eigenen inneren Strand zu reinigen und all das in den Sack zu stopfen, was mich viel zu lange zugemüllt hatte. So wurde aus der Aktion ein echtes Reinigungsritual! Und die Erfahrung wurde kurz darauf noch intensiver, als Leif mit einer PET-Flasche und der Frage zu mir kam: „Lust auf ein kleines Experiment?“

„Klar!“, antwortete ich. „Für Experimente bin ich immer zu haben!“

Er holte sein Messer aus der Watjacke, trennte den Flaschenhals vom Rest der Flasche ab und setzte sich mit der aufgeschnittenen Flasche in den Sand.

Dann nahm er vier größere Steine und legte sie in die Flasche.

„Was meinst du, ist die Flasche voll?“ Er sah mich mit fragendem Blick an.

„Die ist voll!“, antwortete ich überzeugt. „Mehr geht da nicht rein!“

Leif stand auf, ging ein kurzes Stück am Ufer entlang und kam mit einer Handvoll Kieselsteine zurück. Er setzte sich vor die Flasche und ließ die kleinen Steine einen nach dem anderen in die Flasche rieseln, bis die Hohlräume zwischen den großen Steinen ausgefüllt waren.

„Jetzt ist sie aber endgültig voll!“, war ich mir sicher.

„Einen Augenblick!“, warf Leif ein und fuhr mit seiner rechten Hand durch den feinen Strandsand. Problemlos verschwand der feinkörnige Sand in der Flasche. Und als ob das nicht beeindruckend genug gewesen wäre, folgte noch eine zweite Handvoll Sand.

„Jetzt ist die Flasche voll!“, verkündete Leif mit einem breiten Grinsen.

„Da habe ich wohl etwas vorschnell gedacht!“, räumte ich ein. „Wow! Ein tolles Bild dafür, dass immer noch etwas geht, wenn man schon denkt, das Fass sei voll!“

„Ja, das ist die Burnout-Version der Geschichte“, lachte Leif. „Aber es gibt noch eine andere Deutung. Sie handelt von deinem eigenen inneren Strand. Sieh mal: Hätte ich zuerst den Sand in die Flasche gefüllt und dann die Kieselsteine, wäre kein Platz mehr für alle großen Steine gewesen. Die Flasche steht für dein Leben und die großen Steine für das, was für dich besonders wichtig ist. Füllst du dich zuerst mit Belanglosigkeiten und unwesentlichen Dingen, ist in deiner Flasche kein Platz mehr für das, was dir wirklich wichtig ist! Deshalb ist es eine gute Idee, zuerst den großen Steinen den Platz einzuräumen, der ihnen zusteht!“ Während Leif das sagte, hielt er mir vier große Steine entgegen.

„Darum geht es im Leben!“, sagte er und grinste mich an. „Du musst dich zuerst mit den Dingen füllen, die dir wirklich wichtig sind! Und dann bleibt immer noch überraschend viel Platz für alles andere!“

„Dann muss ich ja nur noch herausfinden, was meine großen Steine sind!“

Während ich mir darüber Gedanken machte, legte Leif mir die Steine in meine Hände. „Sie sind der Klebstoff in deinem Leben!“, sagte er. „Sie symbolisieren das, was dich im Innersten wirklich zusammenhält, das, was dir Halt und Sinn gibt. Die Verantwortung für diese Bereiche zu übernehmen, das nenne ich deine Agreements – deine Einverständniserklärung, dich um diese Dinge zu kümmern!"

Eben war ich noch ein Denkmal der Arbeiterklasse gewesen, und nun saß ich mit diesem wunderbaren Mann im Sand und dachte vor einer PET-Flasche darüber nach, was mich wirklich zusammenhielt und was der Sinn meines Lebens war.

Diese Reise wurde mehr und mehr zu einer inneren Pilgerfahrt, und mit jedem Urlaubstag wuchs in mir das Gefühl, dass ich das Steuer auf meinem Schiff wieder selbst in die Hand nahm. *Wer den Hafen nicht kennt, in den er segeln will, für den ist kein Wind der richtige …* Der Spruch von Seneca kam mir in den Sinn. Und ich fühlte Rückenwind. „Für die Antwort werde ich sicherlich etwas Zeit brauchen", sagte ich mit einem Blick auf die vier Steine, „aber ich habe große Lust, darüber nachzudenken!"

Wir nahmen unsere gefüllten Müllsäcke und gingen zurück zu unserem Lagerplatz. Die vier Steine steckte ich in die Watjacke und legte sie anschließend in eine kleine Mulde in der Nähe der Feuerstelle.

Wir tranken Kaffee, aßen unsere mitgebrachten Brote und schauten auf das Meer. Ich hing in Gedanken den vier Steinen nach und überlegte, was mir wirklich wichtig ist im Leben. Ein Stein symbolisierte auf jeden Fall meine Familie, das wusste ich spätestens seit heute Morgen ganz genau. Diesen Stein würde ich zuerst in meine PET-Flasche tun und diese Erkenntnis erfüllte mich mit einem tiefen Glücksgefühl. Van Morrison war ein Botschafter der Liebe! Und in diesem Augenblick war ich mir sicher, auch die Entsprechungen der übrigen drei Steine zu finden …

Die Sonne senkte sich langsam Richtung Horizont und färbte die Wasseroberfläche in weiche Orangetöne. Je mehr sich die Sonne dem

Wasser näherte, desto intensiver wurden die Farben. Vor dem „Nanga Parbat“-Stein landeten drei Enten und begannen sofort, nach kleinen Fischen zu tauchen.

„Sie sind genauso schlau wie die Meerforellen!“ Leif zeigte auf die Vögel und fügte hinzu: „Sie haben den ganzen Tag zum Ausruhen genutzt und beginnen erst jetzt mit der Jagd!“

„Dann lass uns jetzt auch loslegen!“, sagte ich und kramte in meinem Rucksack nach einer Kopflampe.

„Wie war das mit dem Unterschied zwischen einem Kaffee am Lagerfeuer und einem *Coffee to go*?“, fragte Leif mich und prostete mir verschmitzt mit seinem Kaffeebecher zu. Er trank ganz in Ruhe seinen Kaffee aus und dann gingen wir gemeinsam ans Wasser.

≈

Ich war gerade dabei, den ersten Fuß ins Meer zu setzen, da packte mich von hinten eine Hand an der Schulter. „Hey, wo willst du hin?“, fragte mich Leif.

„Na, raus aufs Riff!“, antwortete ich leicht irritiert.

„Aber da brechen doch immer noch keine Wellen, oder?“

„Nein, das nicht, aber jetzt im Dunkeln kommen doch die Futtertiere aus ihren Verstecken, sagtest du!“, erklärte ich meine Platzwahl.

„Und warum angelst du dann nicht dort, wo sich die meisten Verstecke befinden?“, fragte Leif mich.

„Du meinst, in der Rinne zwischen der Sandbank und dem Ufer?“, fragte ich etwas ungläubig zurück.

„Ja! Der Untergrund in der Rinne ist schließlich komplett mit Blasentang und Seetang zugewachsen. Dazu die vielen Steine und die perfekte Wassertiefe … also, wenn es ein ideales Versteck gibt, dann ist es diese Rinne!“

„Aber dann können wir ja vom Strand aus angeln! Meinst du wirklich, dass die Meerforellen so dicht ans Ufer schwimmen?", fragte ich etwas zweifelnd. „Die müssten dann ja über die flache Sandbank schwimmen, um in die Rinne zu kommen!" Ich traute den Meerforellen nicht eine Schippe voll Mut zu.

„Sie nutzen den Schutz der Dunkelheit, um in Ufernähe zu jagen. Dann werden sie von ihren eigenen Fressfeinden nicht gesehen. Im Dunkeln steht kein Fischreiher mehr da draußen!", entgegnete Leif mit einem zuversichtlichen Lächeln.

„Ich habe noch nie vom Ufer aus Meerforellen geangelt!", musste ich in diesem Moment zugeben. „Da bräuchte ich ja noch nicht mal eine Wathose!"

„Nee, dann kannst du in Turnschuhen angeln!", grinste Leif.

Ich konnte mich nicht entsinnen, in den vielen Artikeln, die ich über die Meerforellenfischerei an der Küste verschlungen hatte, schon mal irgendwas über das Angeln direkt vom Strand aus gelesen zu haben. Das wollte bestimmt die Wathosenindustrie nicht … und auch mir kam es irgendwie komisch vor. Wenn man schon zum Angeln ans Meer ging, dann bitte schön in der vollen Montur, und die musste dann auch funktionsgerecht eingesetzt werden – egal, wo sich die Fische gerade aufhielten.

Wir gingen noch ein kleines Stück am Strand entlang, und dann begannen wir, die Rinne abzufischen. Weite Würfe waren nicht nötig, die Rinne war höchstens 30 Meter breit. Und der Schein der Kopflampe war auch nicht gefragt …

„Mach deine Laterne aus!", zischte Leif mir zu, als ich damit beschäftigt war, ein Stück Kraut zu lösen, das sich im Haken verfangen hatte. „Oder dreh dich Richtung Dünen … Hauptsache, du spielst hier nicht Leuchtturm! Wir warten doch nicht mit dem Angeln bis zur Dunkelheit, um dann den Strand selbst auszuleuchten!"

Das hatte irgendwie eine klare Logik. Ein Wurf – ein Schritt, und ich war Leif zehn Meter voraus …

„Fisch!“, schrie ich völlig erschrocken, als sich urplötzlich meine erste „Turnschuh-Meerforelle“ am anderen Ende der Schnur ankündigte. Einen Augenblick später konnten wir den Fisch auch hören. Nach einem Sprung landete er mit einem lauten Platschen wieder im Wasser. Es dauerte nicht lange, dann war der Widerstand des Fisches gebrochen.

Ich hatte meine erste Meerforelle vom Ufer aus gefangen! Im Schein unserer Kopflampen lag eine silberblanke, kräftige Meerforelle vor uns, vielleicht ein Kilo schwer.

„Ich möchte dich gern zum Essen einladen!“ Ich schaute Leif mit dem breitesten und zufriedensten Jägerlächeln an, das der Strand je gesehen hatte.

„Die Einladung nehme ich gern an!“, antwortete er mit einem nicht minder breiten Grinsen.

Während Leif beim Sprechen die Kopflampe taktvoll ein Stück zur Seite drehte, musste meine Essenseinladung dagegen wie das Verhör eines Schwerverbrechers gewirkt haben, wie mir leider zu spät klar wurde.

Beim Ausnehmen des Fisches kamen einige noch lebende Tangläufer und Flohkrebse zum Vorschein. Wir setzten sie zurück ins Meer. Sie hatten überlebt, weil die Meerforelle starb.

„Ich kümmere mich um ein Lagerfeuer!“, sagte ich zu Leif und machte mich auf den Rückweg zu unserem Lagerplatz. Ich legte den Fisch an der Feuerstelle ab und begann, Feuerholz zu sammeln. Nach den Regenfällen in der vergangenen Nacht war es gar nicht so einfach, trockenes Holz zu finden. Das Treibholz am Strand hatte das Wasser regelrecht aufgesaugt und war total klamm, deshalb ging ich in den Kiefernwald hinter den Dünen.

Ein Lagerfeuer richtig aufzubauen ist eine echte Achtsamkeitsübung, und als Leif mir in den letzten zwei Tagen vorgeführt hatte, wie man mit nur einem Streichholz am Strand ein Lagerfeuer entfacht, hatte das meinen Ehrgeiz geweckt. Er hatte mir nebenbei eine Geschichte von zwei Hundeschlittenführern im Norden Alaskas erzählt, die bei eisigen Temperaturen auf der Jagd gewesen waren. Sie waren schon zwei Tagesreisen von ihrem Basislager entfernt, als einer der beiden Schlitten plötzlich auf einem zugefrorenen See einbrach. Mit letzter Kraft gelang es dem anderen Schlittenführer, seinen Kollegen aus dem Eiswasser zu retten, und auch den Schlitten und die Hunde konnten die beiden Männer bergen. Doch bei minus 45 Grad und starkem Wind waren die Überlebenschancen des Jägers nicht sehr groß – nur ein wärmendes Feuer konnte den Mann retten.

Die Männer erreichten das Ufer, und während sie in Windeseile ein Lagerfeuer aufzuschichten begannen, fiel ihnen ein, dass ihre Streichhölzer auf dem Schlitten waren, der in den See eingebrochen war. Hastig kramten sie die Schachtel aus dem nassen Lederbeutel und stellten zu ihrem Entsetzen fest, dass nur noch ein einziges Streichholz halbwegs trocken geblieben war. Das Überleben des Jägers hing von diesem einen Streichholz ab …

Die Geschichte hatte mich voll gepackt, und ich stellte mir jetzt vor, das Überleben meines weisen Begleiters hinge von mir und meinem Lagerfeuer ab.

Leif hatte mir erklärt, dass die dünne Außenrinde von Birken durch ihren hohen Gehalt an ätherischem Öl ein idealer Brandbeschleuniger ist. Nachdem ich genug Feuerholz gesammelt hatte, suchte ich im Schein der Kopflampe nach einer Birke. Mit der dünnen weißen Rinde und etwas trockenem Reisig kehrte ich zur Feuerstelle zurück. Ganz nach unten legte ich zwei trockene Stücke Holz. Auf diese platzierte ich ein Gemisch aus trockenen Blättern, Tannennadeln, Gräsern, dünnstem Reisig und getrockneten Samenkapseln. Die hauchdünne Birkenrinde steckte ich an mehreren Stellen in das Zundergemisch. Es folgte eine Pyramide aus dünnem Reisig, luftig aufgeschichtet, damit das Feuer genug Sauerstoff hatte. Daneben schichtete ich einen Haufen mit dickeren Reisigstücken auf, zum Nachlegen, sobald das Feuer richtig brannte. Die größeren Stücke Holz folgten ganz zum Schluss.

Dank der guten Vorbereitung gelang es mir tatsächlich, das Feuer mit einem einzigen Streichholz zu entfachen, und ich freute mich, dass der Landrover keinen neuen Besitzer brauchen würde.

Die gegrillte Meerforelle schmeckte so unglaublich gut! Wir genossen ihren unvergleichlichen Geschmack und mich erfüllte eine tiefe Dankbarkeit für das Erlebte.

„Stell dir mal vor, es gäbe keine Meerforellen!“ Mir war plötzlich klar geworden, dass alle herrlichen Erfahrungen der letzten Tage mit diesem einen wilden Fischstamm zu tun hatten.

„Dann wäre die Welt ein ganzes Stück ärmer!“, sinnierte Leif mit einem verträumten Blick in das Feuer. „Fast alle unsere Erlebnisse hier hätten nicht stattgefunden. Metaphern, Bilder und Emotionen der letzten Tage wären nicht gelebt worden, ach was, wir hätten uns gar nicht erst kennengelernt!“

Mein Blick fiel auf die vier Steine in der Mulde. Ich nahm einen heraus, denn in diesem Moment konnte ich fühlen, welcher Klebstoff mir auf meinem Strand noch abhandengekommen war: das Gefühl, mitverantwortlich dafür zu sein, dass die Natur, die Schöpfung bewahrt wird. Jeden Tag werden auf diesem Planeten Tierarten vernichtet und mit ihnen ihre Geschichten, ihre Lehren – der Verlust ist unwiederbringlich. All das hatte ich in den letzten Jahren nicht mehr wahrgenommen. Meine Büroetage war ein ganz eigener Kosmos. Eine Welt in der Welt, ohne Gefühl für das, was Leben eigentlich bedeutet und wie wunderbar alles Lebendige miteinander vernetzt ist.

Was würde die Meerforelle ohne die Tangläufer tun?

Die Luft war für mich auch deshalb immer dünner geworden, weil ich verlernt hatte, das wirkliche Leben zu fühlen. Und mit diesem

Verlust war mir auch der Sinn abhandengekommen. Wir Menschen sind ein Teil der Schöpfung, in der alles miteinander verbunden ist. Geht ein Lebewesen verloren, nimmt die ganze Schöpfung Schaden. Mein Weg zurück führte auch über die Verantwortung für die Natur, das wurde mir in diesem Augenblick klar. Der zweite Stein symbolisierte also meine Verantwortung für die Schöpfung.

Im Schein des Lagerfeuers huschte ein kleines Tier über den Strand. „Was war das? Hast du das auch gesehen?", fragte ich Leif, der damit beschäftigt war, mit einem kleinen Schleifstein die Haken an seinem Blinker nachzuschärfen.

„Das war ein Mink – ein Nerz!", antwortete er, ohne seinen Blick von seiner Arbeit abzuwenden.

„Ein Mink, hier am Strand?", fragte ich erstaunt zurück. „Ich wusste gar nicht, dass es die hier gibt!"

„Sie sind aus einer Minkfarm im Norden der Insel geflüchtet und haben sich in den letzten Jahren mehr und mehr über die Insel verbreitet. Das kann man ihnen kaum verübeln! Wer hat schon Lust, in einem Käfig, gerade so groß wie ein Schuhkarton, darauf zu warten, dass jemand einem das Fell über die Ohren zieht?" Jetzt blickte Leif von seiner Arbeit auf. „Und inzwischen sind sie zu einer inselweiten Plage geworden. Sie jagen Hühner, Kaninchen, Vögel, und sie sitzen an den Bächen und lauern den Meerforellen auf. Die Minks gehören neben den Kormoranen und den Fischreihern zu den größten Feinden der Meerforelle. Diese Minkfarm-Panne hat also Auswirkungen auf den Fischbestand in allen zweiundzwanzig Bächen der Insel", erklärte Leif. „Der Kollege von eben ist sicher unterwegs zum Bach."

Es gibt keine Zufälle, dachte ich mir, während ich immer noch meinen zweiten Stein in den Händen hielt. Dieser kleine flinke Jäger war jetzt längst ausgewildert und wollte mir Mut machen, zu meiner neuen Erkenntnis zu stehen: Überall dort, wo der Mensch in die Schöpfung eingreift, entstehen neue Wechselwirkungen in der Natur, oft mit verheerenden Folgen. Es wäre besser gewesen, die Minks nicht in Käfige zu sperren und sie dort in Frieden leben zu lassen, wo sie hingehörten – in ihrem natürlichen, ursprünglichen Lebensraum.

≈

Mit den zwei verbliebenen Steinen im Gepäck kehrte ich zu meinem Ferienhaus zurück. Das Feuer in dem kleinen Holzofen und dazu der Blick über das Meer, das der Sternenhimmel in ein magisches Licht getaucht hatte … es war der perfekte Abschluss eines perfekten Tages.

Ich machte es mir auf der Couch gemütlich und begab mich mit einem Stift und meinem Tagebuch auf die Suche nach dem, was der dritte und vierte Stein für mich bedeuteten.

Eigentlich war mir die Bedeutung des dritten Steines längst klar. Leif hatte ja gesagt, dass die Steine den Klebstoff in meinem Leben darstellten. Das, was mir Sinn und Kraft gibt und für das ich von nun an volle Verantwortung übernehmen wollte – wie Leif es gerne ausdrückte: meine „Agreements".

Das Wichtigste, was ich heute erfahren hatte, war das Gefühl, auf meinem Schiff wieder selbst das Ruder in der Hand zu haben. Dieses Gefühl konnte nur zurückkehren, weil ich mir Zeit für mich selbst genommen hatte. Dieser Klebstoff war mir in den letzten zwei Jahren völlig abhandengekommen, und ehrlich gesagt war er auch davor nur tröpfchenweise vorhanden gewesen: Zeit, die nur mir allein gehörte. Balsamische Zeit – für den Blick nach innen, zum Ausruhen, zum Kräftetanken, um wieder eine Vision zu entwickeln … kurzum, Zeit, um zu mir selbst zu kommen.

„Alles, was auf der Erde geschieht, hat seine von Gott bestimmte Zeit", hat der Prediger Salomo in der Bibel geschrieben. Bei mir hatte es keine Zeit für mich gegeben. Und was für enorme Auswirkungen der Verlust dieses Klebstoffes hatte, machte mir diese Woche sehr intensiv klar. Die Reise ans Meer war eine Reise zurück zu mir.

Der dritte Stein symbolisierte also von nun an meine „balsamische Zeit“, meinen Innenblick.

In dieser Nacht sah ich im Traum einen riesigen Bulldozer an einem Strand auf und ab fahren. Mit seiner mächtigen Schaufel sammelte er den Seetang ein und lud ihn auf einen ebenso riesigen Lkw. Als ich mich dem Bulldozer näherte, stellte ich fest, dass ich selbst am Steuerknüppel des Ungetüms saß …

Der fünfte Tag

*Mit den Jahren habe ich ein neues Glück entdeckt.
Es besteht darin, im Einklang zu sein mit den Lebensgesetzen.*

Ruth Pfau

Ich war noch dabei, meine Sachen aufzuräumen, als Leif plötzlich schon fröhlich in der geöffneten Tür meines Ferienhauses stand.

„Guten Morgen!", grinste er. „Heute graben wir einen Fisch aus! Und hier habe ich alles, was wir brauchen, um uns einen köstlichen Dip dazu zu kreieren: Honig, Senf und frischen Dill!" Leif hielt mir einen kleinen Korb entgegen. „Salz, Pfeffer und etwas Olivenöl hast du doch sicher im Haus, oder?" Suchend schaute er zur Küchenzeile des Ferienhauses.

„Klar!", antwortete ich und schaute Leif in freudiger Erwartung an.

„Du kannst schon mal den Dill abwaschen und ihn dann richtig klein hacken."

Er verrührte, unter Beigabe von zwei Esslöffeln Olivenöl, jeweils vier Esslöffel Honig und Senf in einer kleinen Schüssel. Dann verfeinerte er den Geschmack mit Salz und Pfeffer noch ein wenig und zum guten Schluss mischte er den frischen Dill unter. Fertig war der Dip zur *Graved Meerforelle.*

Ich verstaute die Köstlichkeit in meinem Rucksack, ebenso wie die beiden Steine vom Couchtisch. Es fühlte sich einfach gut an, sie im Rucksack dabeizuhaben und wieder mit an den Strand zu nehmen. Schließlich lagen die anderen beiden Steine noch an der Feuerstelle und für einen Stein fehlte mir immer noch die Deutung.

Wir stiegen in den Landrover, und bevor wir losfuhren, kramte Leif in einem kleinen Berg von Kassetten. Daneben lag ein abgebrochener Bleistift. *Den benutzt er wahrscheinlich zum Lösen von Bandsalaten*, dachte ich und fühlte mich selbst an die Zeiten erinnert, in denen ich mit einem Stück Tesafilm gerissene Bänder wieder zusammenflickte – Hauptsache, das gute Stück wurde vor der Mülltonne bewahrt. Damals war es noch eine Frage des Taschengeldes, ob man sich C60- oder C90-Kassetten kaufen konnte.

Mit einem zufriedenen Lächeln fischte Leif eine der Kassetten aus ihrer Hülle und drückte sie in den Rekorder. Wir hörten „Get ready" von den *Temptations* und sangen lauthals mit. Ich konnte mich gar nicht erinnern, wann ich das letzte Mal gesungen hatte.

Als die letzten Töne des Stücks verstummt waren, beendete Leif unsere Karaoke-Show und sagte mit einem freundlichen Blick: „Ich habe ganz vergessen, dich zu fragen, ob du schon mit der Bedeutung der vier Steine weitergekommen bist."

„Ja! Die Bedeutung von drei Steinen ist mir schon klar!" Mir gefiel die Tatsache, dass ich schon eine Antwort gefunden hatte. „Ein Stein steht auf jeden Fall für meine Familie, ein Stein für die Bewahrung der Schöpfung und einer für meinen eigenen Innenblick", erläuterte ich Leif meine Erkenntnisse seit unserem gemeinsamen Experiment am Strand. „Diese drei Steine würde ich dann zuerst in meine Flasche legen. Und nach der Bedeutung des vierten Steines suche ich noch!"

„Das hört sich doch schon mal gut an!", grinste Leif und drückte auf die Rückspultaste seines Kassettenrekorders. Mit erbärmlichen Schleifgeräuschen arbeitete sich das Band zurück an den Anfang, und noch bevor wir den Strand erreichten, schmetterten wir ein zweites Mal „Get ready" auf dem Küsten-Highway.

≈

Ich freute mich auf unseren gemeinsamen Tag. Der Strand war mittlerweile zu einem echten Kraftplatz für mich geworden. Die Geschichten und Erlebnisse der letzten Tage machten ihn für mich zu etwas ganz Besonderem. Unser Ritual, gemeinsam einen Becher Kaffee zu trinken und schweigend auf das Meer zu schauen, festigte dieses besondere Gefühl.

Ich war da, im Hier und Jetzt, und mein erster Impuls war es, noch mal aufzubrechen, um ein weiteres Stück Strand vom Plastikmüll zu befreien. Vorher legte ich aber die zwei Steine aus dem Rucksack zu den anderen zwei Steinen in der Mulde.

„Ich mach mich noch mal auf den Weg!“, sagte ich zu Leif, nahm einen Müllsack und startete in Richtung der Stelle, wo wir gestern mit unserem Experiment das gemeinsame Müllsammeln beendet hatten.

Es wehte ein leicht auflandiger Wind. Drei Kormorane tauchten hinter der Sandbank nach Plattfischen und Sandaalen. Wenn sie erfolgreich waren, schwammen sie mit ihrer Beute an die Wasseroberfläche und verschlangen sie in einem Stück. Selbst handtellergroße Fische verschwanden im Nu in den langen schwarzen Hälsen. Kormorane sind sehr gute Taucher, die es eine ganze Zeit unter Wasser aushalten und dabei erstaunliche Strecken zurücklegen. Sie tauchen niemals an derselben Stelle wieder auf, wo sie untergetaucht sind.

Im frischen Spülsaum lagen Miesmuschelschalen, Treibholz, kleine Garnelen und neuer Plastikmüll. Da, wo gestern noch alles klar gewesen war, gab es heute schon wieder etwas zu tun. Einen Strand sauber zu halten war tägliche Arbeit, und das sah bei meinem inneren Strand sicherlich nicht anders aus. Es war das erste Mal seit Tagen, dass ich an mein Handy denken musste. Viel von meinem täglichen Müll kam über mein Handy zu mir …

Insgeheim hoffte ich ja, zwischen dem ganzen Strandgut auch einen Bernstein zu finden. Alles, was nur im Entferntesten diesem Schatz glich, sammelte ich auf und unterzog es einer genaueren

Prüfung, um dann mit Ernüchterung festzustellen, dass es sich entweder um eine Glasscherbe, einen Stein, ein Stück Polyester oder ein Maiskorn handelte. Wer Mais in die Ostsee wirft, sollte sich mal Gedanken darüber machen, wie viel Enttäuschung er produziert!

Als ich die Stelle vom Vortag erreichte, kamen mir unser Experiment und mein vierter Stein wieder in den Sinn. Und als ob das erneute Aufsammeln des Strandguts der Wegweiser zu meinem vierten Stein gewesen wäre, erkannte ich, dass ein Klebstoff meines Lebens eine sinnvolle Beschäftigung war.

Der vierte Stein symbolisierte meine Arbeit.

Meine derzeitige Beschäftigung war genau richtig, wenn es darum ging, alte Schulkollegen beim Vergleichen von Statussymbolen auszustechen, nach dem Motto: „Mein Haus, mein Auto, mein Boot …" Wirkliche Erfüllung fand ich in dem Job allerdings schon lange nicht mehr. Ich funktionierte, ohne mein Tun noch groß zu hinterfragen. Doch nun war ich auf einem neuen Weg, und mit der Verbannung des Geschichtenerzählers aus meinem Leben, dieser Unehrlichkeit mir selbst gegenüber, stellte sich auch die Frage nach meiner Arbeit völlig neu.

Leif hatte zu diesem Thema am Lagerfeuer eine interessante Parallele gezogen: „Wenn jemand an seinem Angelplatz steht", begann er, „und ihm kommt plötzlich der Gedanke in den Sinn, ob er den Platz nicht wechseln sollte, dann hat er sich im Grunde längst für einen anderen Platz entschieden! Jemand, der völlig von seinem Platz überzeugt ist, der das Gefühl hat, zur richtigen Zeit am richtigen Ort zu sein, der würde sich niemals diese Frage stellen. Wenn sich also jemand fragt, ob sein Arbeitsplatz wirklich der richtige für ihn ist, lautet die Antwort: Nein, er ist es nicht! Denn sonst würde er sich die Frage gar nicht stellen!"

Wieder mal hatte ich ihn nur fragend angestarrt und auf die Fortsetzung gewartet, die zum Glück auch prompt kam.

„Ein guter Jäger folgt seinem Gefühl und wechselt sofort den Platz“, hatte Leif weitergeredet. „Nur so wird er in der Lage sein, einen wirklich guten Fang zu machen. Wer trotz der Zweifel stehen bleibt, obwohl er den Glauben an den Platz innerlich verloren hat, zahlt einen hohen Preis. Die Währung im wahren Leben heißt: Gesundheit und Freiheit! Das, was wir als Zweifel bezeichnen, sind manchmal gerade die Momente in unserem Leben, in denen unsere Intuition uns zurück zu uns selbst bringen möchte. Zweifel sind oft die Botschafter unserer Intuition!“

Ja, ich war mir sicher: Ein Klebstoff in meinem Leben war eine Arbeit, die mich erfüllte. Ich hatte die Bedeutung der vier Steine für mich gefunden, und nun wandte ich mich mit dem breitesten Grinsen, das das Meer je gesehen hatte, zum Horizont.

Das Strandgut der nächsten 500 Meter war genauso illuster wie am Vortag: Ein Schnuller, zehn PET-Flaschen, ein Gummihandschuh, dreizehn Zigarettenkippen, ein „Landliebe“-Joghurtbecher, eine Farbdose, ein Knäuel Angelschnur und eine „Grünhaus“-Bierdose mit der Aufschrift „Für ein behagliches Heim“ landeten in meinem Müllsack

Diesem Strandabschnitt seine Schönheit zurückzugeben erfüllte mich erneut mit einer tiefen Zufriedenheit. *Das* war eine Arbeit, die mich erfüllte.

≈

Auf dem Rückweg sah ich, dass die Kormorane immer noch eifrig bei der Jagd waren. Ein Fisch nach dem anderen verschwand in ihren langen Hälsen. Es mussten reichlich Futterfische hinter der Sandbank unterwegs sein, die ihrerseits dorthin gekommen waren, um zu jagen. In ihren Rachen landeten Garnelen, Flohkrebse und Tangläufer.

Ich fühlte, dass jetzt der richtige Zeitpunkt war, um selbst noch mal auf Jagd zu gehen. Unser *tägliches Brot* wartete zwar im Strandsand auf uns, aber ich wollte einen Fisch mit nach Hause nehmen und ihn gemeinsam mit meiner Familie verspeisen. So konnten sie an meiner Reise und an der Energie Anteil nehmen, die mich erfüllte. Und ich war froh, dass mir der eine Fisch für zu Hause genügen würde. Es hatte Zeiten in meinem Anglerleben gegeben, da hatte sich ein erfolgreicher Angelurlaub für mich über die Anzahl der eingefrorenen Fische definiert, die ich mit nach Hause brachte. Kühlboxen nahmen den meisten Platz im Auto ein. Särge für Fischschwärme. Ich war nicht zum Spaß unterwegs und schon gar nicht zur Erholung. Ich musste meine Kühlboxen vollangeln!

Das Ergebnis: Nach der Woche war ich noch urlaubsreifer als davor, und auf dem Speiseplan stand, nicht zur Freude meiner Familie, das ganze nächste Jahr zweimal in der Woche tiefgefrorener Kabeljau. Ich gehörte auch zu denen, die sich furchtbar darüber empörten, als die norwegische Regierung beschloss, Freizeitanglern „nur noch" die Ausfuhr von 15 Kilo Fischfilet zu gestatten. Da wurden schnell auch die Kinder zu Anglern deklariert und das Ganze pendelte sich schließlich wieder bei 45 Kilo Fischfilet ein. Ich hatte in den Fjorden Norwegens Männer getroffen, die sich mit ihrer Angelrute ihren Urlaub finanzierten.

Als ich Leif davon erzählte, war ihm das nur allzu vertraut. Viele Meerforellenangler kämen mit Kühlboxen auf die Insel, sagte er, und nur, wenn die Boxen gefüllt waren, war es ein guter Urlaub. Es gab Angler, die fuhren nach einer Woche Inselaufenthalt mit 50 eingefrorenen Meerforellen wieder nach Hause.

„Woher nehmen diese Männer eigentlich das Recht, so viele Fische mitzunehmen?", fragte er mich. „Fünfzig Fische aus einem wilden Bestand, der gerade einmal geschätzte hunderttausend Fische umfasst!"

Ich wusste die Antwort nicht, gehörte ich bis vor zwei Tagen doch selbst noch zu diesem „Club“. Für solche wie uns gab es eben kein „Genug“.

„Das sind Männer, die niemals gesehen haben, wie eine Meerforelle über den Strand schwimmt, um in ihrem Geburtsbach für die nächste Generation zu sorgen!“, war sich Leif sicher. „Sonst hätten sie mehr Respekt! Wer Särge für ganze Fischschwärme mitnimmt, der hat den Respekt vor den Fischen verloren!“

„Ich habe das oft mit der Ferne zum Meer begründet“, versuchte ich die Motive der Männer zu erklären, die ihren Fokus nur auf ihren Kühlboxen hatten. „Wenn man nicht am Meer wohnt, will man eben so lange wie möglich einen Teil davon bei sich behalten.“

„Es ist eine Frage der Moral.“ Leif schaute mich eindringlich an. „Wenn jeder, der auf dieser Insel lebt oder sie besucht, genauso denken und handeln würde, wären die wilden Meerforellen längst ausgestorben. Wer so rücksichtslos handelt, der vertraut auf die Bescheidenheit anderer, um seine Boxen vollzumachen!“

≈

Als ich unseren Lagerplatz erreichte, brannte zwar ein gemütliches Feuer, aber Leif war am Strand damit beschäftigt, nach Steinen zu suchen. Er war Richtung Bachlauf gegangen und kniete vor einem Streifen mit Strandsteinen, offensichtlich dabei, eine Auswahl zu treffen. Sehr sorgsam und überlegt suchten seine Hände nach den richtigen Steinen. Er war versunken in seine Arbeit, und ich war wirklich gespannt, was er da vorbereitete.

Ich wollte ihn nicht stören, deshalb stellte ich den Müllsack in die Dünen, nahm meine Angelrute und ging hinaus zum „Nanga Parbat“-Stein. Es dauerte eine ganze Weile, bis ich auf dem Stein stand. Die Kormorane gaben ihr einträgliches Revier nur ungern auf und ich wollte sie auf keinen Fall aufscheuchen.

Der Wind hatte an Stärke zugenommen und die anrollenden Wellen brachen mit Wucht an meinem Körper. Ich hatte einen unsicheren Stand auf dem Stein und versuchte, mit dem rechten Watschuh nach einer Kante auf der Oberfläche des Steines zu tasten, um meine Standsicherheit zu erhöhen. Ich kam mir vor wie beim Sumo-Ringen, nur die Ringgröße war auf ein Maß für Fortgeschrittene geschrumpft. Das Schlimmste für mich war allerdings, dass mein Gegner keine Konditionsschwächen zeigte. Welle für Welle kam auf mich zugerollt und ich stemmte mich jedes Mal mit voller Körperspannung dagegen.

Nach einer Weile hatte ich meinen Rhythmus gefunden und war mir sicher, den Ring zu beherrschen. Mein Blinker flog zu der Stelle, an der die Kormorane Fisch um Fisch nach oben geholt hatten. Ich war voller Zuversicht, dass es nicht sehr lange dauern würde, bis die Rute krumm wurde.

Ganz konzentriert drehte ich meinen Blinker zurück zum „Nanga Parbat"-Stein. Der rot-schwarze Verführer war vielleicht noch 15 Meter von mir entfernt, da konnte ich erkennen, wie ein riesiger Fisch den Blinker verfolgte. Zwischen dem schwarzen Schatten und dem Blinker lagen gerade einmal 20 Zentimeter. Die beiden näherten sich weiter meinem Standplatz, nur der Abstand wurde nicht kürzer. Gebannt starrte ich auf den großen Fisch und wartete darauf, dass er jeden Moment zupackte. Ich war bereit.

Doch in diesem Moment erwischte mich ein Gefühl, als würde mir jemand eine Dachlatte gleichzeitig vor beide Schienbeine knallen. Eine Welle riss mir die Beine nach hinten weg, der Oberkörper fiel vornüber. Ich klatschte der Länge nach ins Wasser.

Woher diese bretthарte Welle plötzlich gekommen war, wusste ich nicht. Was ich aber sehr wohl wusste, war, dass der Fisch meines Lebens sich wahrscheinlich gerade über mich kaputtlachte.

Es dauerte eine gefühlte Ewigkeit, bis meine Füße Halt auf dem Meeresboden fanden, und das gelang mir auch nur, weil ich mit ein paar kräftigen Schwimmzügen hinter den Stehstein geschwommen war. Brustschwimmen in voller Montur und mit einer Angelrute in der Hand ist gar nicht so einfach! Ich glaube, falls mal ein Angler beim Küstenangeln ertrinkt, dann nur deshalb, weil er seine Angelrute nicht loslassen will ... Ich sah aus wie ein begossener Pudel und ich fühlte mich auch so.

Zum Glück hatte ich den Watgürtel eng zugeschnürt und so ging das Vollbad vergleichsweise glimpflich ab. Nur zwischen Bauchnabel und Hals hatte ich einen deutlichen Wassereinbruch, der jetzt im März bei Tagestemperaturen von 5 Grad und einem kühlen Seewind alles andere als angenehm war. Ich verspürte plötzlich ein ungewöhnlich tiefes Mitleid mit dem Jäger aus Leifs Geschichte, der mit seinem Hundeschlitten ins Eis eingebrochen war.

Wie gut, dass unser Lagerfeuer schon brannte!

„Wow, warst du schwimmen?“ Leif hatte seinen ganz eigenen Sinn für Humor, und es fiel ihm sichtlich schwer, sich ein Lachen zu verkneifen.

„Triathlon mit Angelrute!“, antwortete ich betont lässig: „Strandspaziergang, Stehsteinbesteigung und Freistilschwimmen!“

Und dann brach es aus uns heraus ... wir lachten uns gemeinsam mit meinem Beinahe-Fisch kaputt!

Leif war der Erste, der die Sprache wiederfand. „Hinten im Auto liegen zwei trockene Fleece-Pullover, am besten ziehst du dir die erst mal an!“, schlug er vor.

Auf dem Weg zum Landrover sah ich vor meinem inneren Auge noch einmal den riesigen Schatten des Fisches. Das war die „Mutter aller Meerforellen“ gewesen, da war ich mir sicher. Jetzt hatte ich zumindest schon mal ihren Schatten gesehen!

Die Fleece-Pullover stammten noch aus der ersten Generation und hatten genauso viel Patina wie Leifs Stetson. Es war mir eine besondere Ehre, die beiden zurück zum Meer zu tragen.

≈

„Ich habe vor meinem Triathlon übrigens die Bedeutung des vierten Steines für mich gefunden!“, erzählte ich voller Freude, als ich ans Lagerfeuer zurückkehrte.

„Die vier großen Steine, die mir Sinn und Halt geben, meine vier Agreements, stehen für meine Familie, die Bewahrung der Schöpfung, meinen Innenblick und meine Arbeit!“, zählte ich noch mal meine Erkenntnisse auf.

„Das sind auch meine vier großen Steine!“ Leif sagte das mit einer Gelassenheit, die mich fast umhaute.

„Wie, du hast die gleichen Klebstoffe auf deinem Strand wie ich?“, fragte ich ihn völlig überrascht.

„Das sind die vier Bedeutungen, die jedem Mann Sinn und Halt in seinem Leben geben!“, sagte er und erzählte dann eine kleine Geschichte: „Ich habe dieses Experiment mit den vier Steinen schon mit vielen Männern gemacht und alle sind am Ende zu dem gleichen Ergebnis gekommen. Vielleicht hat es bei dem einen oder anderen etwas länger gedauert, und sie haben die Bedeutung eines Steines nicht gleich direkt auf den Punkt gebracht, aber am Ende hießen die vier Steine immer: Familie, Bewahrung der Schöpfung, eigener Innenblick und Arbeit.“

„Du meinst, *alle* Männer geben den vier Steinen die gleiche Bedeutung, sie teilen den gleichen Sinn in ihrem Leben?“, fragte ich noch einmal zurück.

„Ja, das tun sie!“, war sich Leif sicher, und dann fragte er mich: „Kannst du dich erinnern, wie du zum erstem Mal vom großen Riff zurückgekommen bist? Wir haben uns darüber unterhalten, wie unterschiedlich meine bisherigen Besucher es wahrgenommen haben, aber dass es sich trotz der unterschiedlichen Wahrnehmungen um ein und dasselbe Riff gehandelt hat." Leif zeigte auf das Riff, an dem sich mittlerweile kräftige Wellen brachen.

„Ja, daran kann ich mich gut erinnern!", antwortete ich.

„Das ist die wichtigste Lehre, wenn wir über die Bedeutung der vier großen Steine und nachher über die Bedeutung der anderen Steine sprechen: Jeder nimmt die Welt auf seine Art und Weise wahr. Die Steine sind bei uns allen dieselben, aber was zum Beispiel genau eine erfüllende Arbeit ist und wie das konkret im Alltag aussieht, wird jeder von uns anders beantworten."

Leif bot mir einen Kaffee an. Nach dem Vollbad war es eine echte Wohltat, etwas Warmes zu trinken. Ich selbst war nicht einmal auf die Idee gekommen, weil ich viel zu fasziniert war von dem, was Leif da gerade sagte.

„Woher kommt es aber, dass wir im Endeffekt alle zu dem gleichen Ergebnis kommen, welche Bedeutung die vier Steine haben?", wollte ich wissen.

„Das liegt daran, dass wir alle die gleichen Ursehnsüchte in uns tragen. Wir wollen unsere Talente entfalten, unser Wissen weitergeben, gesund und in guten Beziehungen leben, und das in einer intakten Umwelt!", antworte Leif.

„Ich habe noch mal einen anderen, spannenden Zugang zu den Steinen erfahren, als ich einen alten Schulfreund wiedergetroffen habe, für den die persönliche Erfüllung in der Arbeit die Forschung war. Er forschte auf einem Gebiet, das ich persönlich auch sehr spannend finde", sagte Leif mit einem vielsagenden Lächeln: „*Was steckt eigentlich wirklich an Programmierungen in uns?* Er hat unter anderem herausgefunden, dass wir zwar im einundzwanzigsten Jahrhundert leben mögen, aber unsere inneren Programmierungen noch aus der Zeit stammen, in der wir als Jäger und Sammler auf diesem Planeten unterwegs waren. Mit anderen Worten: Wir sitzen mit unseren Steinzeitgenen vor unseren Computern, fliegen an zwei Tagen um die Welt und wenn es sein muss auch zum Mond!", lachte Leif.

„Das muss man erst mal hinkriegen!", stimmte ich ein. „Schon erstaunlich, wozu steinzeitliche Programmierungen in der Lage sind!" Ich legte ein Stück Holz auf das Feuer und schenkte uns noch einen Kaffee ein.

„Das stimmt. Doch auch wir modernen Menschen spüren noch diese alte Verbundenheit mit der Natur, weil wir mal als Jäger und Sammler jeden Tag in der Natur unterwegs waren", fuhr Leif fort. „Damals haben wir, nicht wie heute, außerhalb der großen Kreisläufe der Natur gelebt, sondern wir waren ein Teil davon. Unser Leben war bestimmt vom Rhythmus der Tageszeiten, der Jahresszeiten, von den Spuren und dem Lebensrhythmus unserer Beutetiere. Und diese Erfahrungen sind in jeder Zelle unseres Körpers gespeichert. Wir tragen sie im Herzen, und wir spüren diese alte Verbundenheit, wenn wir ans Meer zurückkehren, einen Waldspaziergang machen, durch die Bergwelt wandern oder in einem See schwimmen. Ein Gefühl macht sich dann in uns breit, als wären wir nach Hause gekommen."

Ich musste an den „Jever-Mann" denken. Wie zutreffend diese Gedanken von Leif waren, hatte ich in dieser Woche wieder selbst erlebt. Tag für Tag legte ich ein Stück mehr von meiner „zivilisatorischen Schicht" ab, und parallel dazu wuchs das Gefühl, dass Innen- und Außenwahrnehmung wieder zueinanderpassten.

„Und was hat diese Erkenntnis mit den vier Steinen zu tun?" Ich war auf die Antwort gespannt.

„Nun, ich glaube, dass unser Sinn im Leben, unsere Agreements, nichts anderes sind als das, was früher einen guten Jäger ausgemacht hat. Er geht auf die Jagd, kümmert sich um seinen Stamm, sich selbst und um sein Revier. Dieses Jägerwissen hat sich über Jahrtausende ausgebildet, und für diese Ausbildung unseres inneren Know-hows gab es nur einen Gradmesser: *Survival of the fittest.* Das nackte Überleben."

Leif stand auf, nahm meine vier Steine aus der Kuhle und setzte sich wieder ans Lagerfeuer. „Diese vier Steine symbolisieren auch unser altes Jägerwissen", sagte er und legte drei Steine vor sich in den Sand. Einen Stein behielt er in der Hand.

„Dieser Stein steht für die Jagd. Als Jäger waren wir die Ernährer unserer Familien, und was in der Vergangenheit die Jagd war, ist heute unsere Arbeit. Rauszugehen, um Beute zu machen und nach Hause zu bringen, ist eine uralte Programmierung, und deshalb ist eine erfüllende Arbeit etwas, was Männern Kraft gibt. Das können die meisten Männer fühlen, und deshalb kommen viele zu dem Ergebnis, einem der vier Steine die Arbeit zuzuordnen."

Er legte den Stein hin, nahm einen der anderen in die Hand und fuhr dann fort. „Wir tragen auch den Wunsch in uns, unsere Kinder an unserem Wissen teilhaben zu lassen. Das Überleben unserer Stämme hing davon ab, dass wir unsere Erfahrungen an die nächste Generation weitergaben. In den frühen Kulturen gab es Initiationsriten, in denen die Kinder und Jugendlichen Stück für Stück an das Jägerwissen und die Verantwortung eines Erwachsenen herangeführt wurden. Es gab eine enge Verbindung der Generationen und all das wurde gehalten von unseren Geschichten und unseren Erfahrungen. Auch die Notwendigkeit, die nächste Generation an allem teilhaben zu lassen, sie neben uns aufwachsen zu lassen und für sie verantwortlich zu sein, steckt in jeder unserer Zellen."

Leif schaute auf den Stein in seiner Hand. „Diese Verantwortung spürt auch heute noch jeder Mann, und deshalb ist die Verbindung zu seinen Kindern und zu seinem Stamm ebenfalls etwas, was seinem Leben Sinn gibt."

Leif legte auch diesen Stein zurück und nahm den dritten Stein zur Hand. „Und auch der hier", fuhr er fort, „der Stein des eigenen

Innenblickes, ist dem Jäger in uns durchaus vertraut. Sich um sich selbst zu kümmern, nach einer Ausrichtung fürs Leben zu suchen und seinen Gedanken und Gefühlen nachzuspüren gehört zum spirituellen Alltag, genauso wie das Bewusstsein dafür, wie wichtig es ist, seinen Körper und Geist fit zu halten. Nur ein gesunder Jäger, der im Vollbesitz seiner Kraft war, konnte das Überleben seines Stammes sichern."

Leif griff nach dem letzten Stein. „Als wir noch in den Kreisläufen der Natur verankert waren, waren unsere Herzen voller Respekt gegenüber allem Lebendigen, und in unserer Lebenswirklichkeit war alles beseelt. Nicht nur Tiere und Pflanzen, diese Sicht der Welt galt auch für die Elemente: das Wasser, die Luft, die Erde und das Feuer. Wir wussten, dass der Respekt gegenüber allem Lebendigen und die Verantwortung für unser Revier die Grundlage unseres Daseins waren. Wir konnten nur überleben, wenn wir im Einklang mit unserer Umgebung lebten, das fühlten wir mit jedem Atemzug. Völker, die noch ursprünglicher leben als wir in der westlichen Welt, können das heute immer noch benennen. Das Gefühl, die Angst von geschlachteten Tieren zu essen, wenn man ein Tier nicht selbst gejagt hat, gehört zum Beispiel zu diesem Bewusstsein." Leif schaute mich an und erwartete offensichtlich eine Reaktion von mir.

„Das leuchtet mir ja alles ein", sagte ich nach einer kurzen Pause, „aber die Lebenswirklichkeit der meisten Männer, mich eingeschlossen, sieht doch in Wahrheit ganz anders aus! Sie gehen keiner erfüllenden Arbeit nach, sie haben keine Zeit für ihre Kinder und noch weniger für sich selbst. Und dass sie eine Verantwortung für die Erde haben, scheint den meisten auch nicht gerade bewusst zu sein."

„Das ist richtig!", antwortete er. „Die meisten Männer sind so ausgebrannt wie die Welt, in der sie leben."

„Aber warum haben sie sich so ausbrennen lassen? Warum kümmern sich die Männer nicht um sich, ihre Kinder und die Welt, in der sie leben?"

„Die Frage kannst du dir sicher selbst am besten beantworten", spielte Leif mir den Ball zurück. „Ich tippe auf die naheliegendste Antwort: Sie haben sich Stück für Stück den Klebstoff von ihrem Strand nehmen lassen – oder sogar selbst weggeschafft."

Er stand auf, legte die vier Steine zurück in ihre Mulde und sagte mit einem Blick auf seine gesammelten Steine vom Vormittag: „Diese zehn Steine werden dir deine Frage auf ihre Art und Weise auch noch einmal beantworten!"

„Was haben die Steine denn zu bedeuten?", fragte ich voller Ungeduld, doch Leif war für so eine Abkürzung natürlich nicht zu haben.

„Dafür ist morgen Zeit! Was hältst du davon, wenn wir uns erst einmal stärken?", fragte er und rieb sich dabei den Bauch. „Ich habe mittlerweile mächtig Hunger bekommen!"

≈

Den Fisch im Strandsand hatte ich zwischenzeitlich ganz vergessen, aber in dem Moment, in dem Leif mich an den Leckerbissen erinnerte, konnte ich mir nichts Schöneres auf der Welt vorstellen, als jetzt an einem wärmenden Feuer am Strand zu sitzen, auf das Meer zu schauen und diesen selbst gefangenen Fisch zu genießen.

Vorsichtig gruben wir mit unseren Händen das wertvolle Paket aus dem Sand. Es hatte etwas von einer Schatzsuche, nur dass uns im Vorhinein schon klar war, was wir finden würden.

Das Paket war wohlbehalten und wir nahmen ein Filet aus der Verpackung und befreiten es vom Dill. Das Treibholzstück, auf dem wir vorgestern die Filets vom Fisch getrennt hatten, diente heute als Schneidebrett. Leif legte das Filet mit der Hautseite auf das Brett und trennte dann mit einem Filetiermesser dünne Scheiben ab. Jeder Sternekoch wäre in diesem Moment sicherlich vor Neid im Strandsand versunken!

Ursprünglicher, frischer und gesünder kann Fisch doch gar nicht gegessen werden, dachte ich beim Blick auf die zarten Fischstücke. Ich holte unseren Dip heraus, rührte ihn mit meinem Messer noch einmal kräftig durch und stellte ihn mit auf das Treibholzbrett.

„Heute war wieder Backtag!" Leif zwinkerte mir zu und zauberte aus seinem Rucksack ein frisch gebackenes Brot und eine kleine Dose mit Dillspitzen hervor. Er streute eine Prise der Spitzen über die Fischstücke und reichte mir das Brot.

„*Enjoy*!", sagte er. „Lass es dir schmecken!"

„Du dir auch!", grinste ich.

Wir aßen den Fisch schweigend und schauten dabei aufs Meer. Ich genoss mit allen Sinnen und in dem vollen Bewusstsein, ein Stück Fisch zu essen, in dem die Energie von 40.000 Wildtieren steckte. Ein Augenblick, der sich tief in mein Herz brannte. Ich war erfüllt von Glück!

Plötzlich wurde unsere Stille von einem Streit zwischen den Kormoranen, die nach meinem Triathlon längst wieder zu ihrem Jagdplatz zurückgekehrt waren, und zwei imposanten Raubmöwen durchbrochen. Die Möwen versuchten, aus den Kormoranen Enten zu machen – ein Streit, bei dem im wahrsten Sinne des Wortes die Fetzen flogen … in Form von Möwenfedern. Die Niederlage ließ die mächtigen Vögel schließlich beleidigt Richtung Strand verschwinden. Hinter dem kleinen Bach lagen die Reste eines alten Holzbootes, das in seinen besten Tagen wahrscheinlich seetüchtig genug gewesen war, um mit Spencer Tracy auf Marlin-Fang zu gehen. Die Möwen setzten sich auf den von Wind und Wellen gezeichneten Bug und leckten ihre Wunden.

„Es hat fantastisch geschmeckt!", sagte ich zu Leif. „Das war der köstlichste Fisch, den ich jemals in meinen Leben gegessen habe – mit Ausnahme unserer zwei gegrillten Fische vielleicht!", fügte ich noch hinzu.

„Ja, es war wirklich sehr, sehr gut, und das Beste ist: Wir können morgen das Ganze noch einmal mit der anderen Fischhälfte genießen!" Er nickte in Richtung der noch völlig unter Dill begrabenen anderen Filethälfte.

„Wo lassen wir den Leckerbissen denn?", wollte ich wissen.

„Wir graben ihn wieder ein!", schlug Leif vor. „Da unten im Strandsand ist er am besten aufgehoben!"

Gesagt, getan! Wir legten das Filet wieder in die Kuhle, bedeckten es mit Sand, und zu guter Letzt versiegelten wir unsere Speisekammer wieder mit dem schweren Stein.

≈

Wir ließen den Tag in Ruhe am Lagerfeuer ausklingen. Ich hing meinen Gedanken und meinen Erlebnissen auf dieser Reise nach und traf in meiner Vorstellung einen alten Schulfreund wieder.

„Neeeiin, der Daniel!"

„Schulze, haha!"

„Mensch, ewig nicht gesehen … setz dich! Wie geht's dir?"

„Gut, und dir?"

„Blendend! Warte mal (*Schulze holt vier Fotos aus der Jackentasche*). Schau: meine erfüllende Arbeit … meine Zeit mit der Familie … meine Zeit für mich und mein Engagement für die Schöpfung!"

(*Pause. Ich hole vier Fotos aus meiner Tasche.*) „Meine erfüllende Arbeit … meine Zeit mit der Familie … meine Zeit für mich und meine Engagement für die Schöpfung!"

„Aber früher hat uns das doch einen Scheißdreck interessiert?!"

(*Beide blicken mit einem George-Clooney-Lächeln in die Kamera, legen die gleiche bunt-fröhliche Visitenkarte auf den Tisch und sagen:*) „Unser Sinn des Lebens!"

Vielleicht sollte ich anfangen, Werbevideos zu produzieren …

Der sechste Tag

Let your soul be your pilot …

Sting

Leif hatte am Vortag seine gesammelten Steine am Strand liegen lassen, und als wir an diesem Morgen an unseren Lagerfeuerplatz zurückkehrten, begann er sofort damit, einen Steinkreis zu legen.

Jeden Tag war ich wieder erstaunt, dass wir keine anderen Angler am Strand trafen, die es sich an unserem Lagerfeuerplatz gemütlich gemacht hatten oder wie an der Perlenkette aufgereiht auf dem Riff standen. Es hatte viele Touren in meinem Anglerleben gegeben, in denen Murphys Gesetz erbarmungslos zugeschlagen hatte. „Nimm dir vor, einen bestimmten Platz zu beangeln, und du wirst mit Sicherheit nicht der Erste sein!“

Hier war das irgendwie anders. Jeden Tag kamen wir an den Strand, nutzten den Lagerfeuerplatz vom Vortag, und liegen gelassene Steine fanden sich dort wieder, wo wir sie abgelegt hatten. Wir wurden einfach in Ruhe gelassen.

Leif positionierte weiter Steine und ich kümmerte mich um das Lagerfeuer. Als ich aus dem kleinen Wald zurückkam, lag der Steinkreis fertig im Strandsand. Er bestand aus neun Steinen und ein zehnter Stein lag in der Mitte des Kreises.

Als das Feuer entfacht war und in unseren Bechern ein heißer Kaffee vor sich hin dampfte, begann Leif damit, mir den Kreis näher zu erklären.

Der Jäger im Mann

„Reden wir über den Jäger im Mann!" Er schaute mich mit seinem klaren Blick an. „Den Jäger in dir, in mir – in jedem Mann. Wir haben ja schon darüber geredet, dass wir das alte Wissen in uns tragen. Aber es ist auch klar, dass wir im einundzwanzigsten Jahrhundert meist nicht mehr mit der Jagd im traditionellen Sinne beschäftigt sind. Wenn wir jetzt über den Steinkreis reden, dann nähern wir uns diesem alten Wissen wieder an, das in uns steckt. Ich werde viele Bilder und Geschichten aus der Welt des Jägers und der Jagd benutzen, um sie als Metaphern für das Leben des modernen Mannes zu benutzen. Okay so weit?"

Ich nickte, gespannt, was jetzt kommen würde.

„Wir Männer sind heute mit anderen Dingen beschäftigt. Was früher die Jagd war, ist heute unsere Arbeit. Die gute Nachricht ist: Wir tragen das Beste vom Besten des Jägerwissens in uns. Und die schlechte Nachricht ist: Wir machen nichts daraus!" Leif schaute auf den Steinkreis.

„Wie meinst du das?", wollte ich das genauer wissen.

„Wenn du und ich in jeder Zelle unseres Körpers das alte Wissen des Jägers noch gespeichert haben, dann ist das ein riesiger Schatz, oder anders gesagt: das Handwerkszeug, das wir für ein gesundes, freies und verantwortungsvolles Leben nutzen könnten – wenn wir denn Zugang dazu hätten!", führte Leif seine Überlegungen aus. „Der Steinkreis symbolisiert das, was noch tief in uns steckt, er symbolisiert unser altes Jägerwissen. Es ist das, was einen erfolgreichen Jäger auszeichnet. Die Steine des Kreises heißen: *Mut, Achtsamkeit, Klarheit, Intuition, Verantwortung, Freiheit, Vertrauen, Liebe und Kraft.*" Leif zeigte bei jedem Handwerkszeug auf einen Stein. „Du bist ein mutiger, achtsamer, klarer, feinfühliger, verantwortungsvoller, selbstbestimmter, vertrauender, liebender und kraftvoller Mann! Das ist es, was wirklich in dir steckt!"

Leif schaute mich mit erwartungsvollem Blick an, doch ich fühlte mich völlig außerstande, auch nur ein vernünftiges Wort zu formulieren, so hatte mich dieser Satz umgehauen.

„Ich bin ein *mutiger, achtsamer, klarer, feinfühliger, verantwortungsvoller, selbstbestimmter, vertrauender, liebender und kraftvoller Mann*", ließ ich diesen Satz von Leif noch einmal auf meiner Zunge und in meinem Herzen zergehen, nachdem ich mich etwas gefangen hatte.

„Ja! Das ist dein Jäger-Handwerkszeug, mit dem du in dieser modernen Welt lebst!" Leif trank einen Schluck Kaffee, schaute mich an und fragte: „Ist das nicht eine ganz wunderbare Nachricht?"

„Mir fehlen ein wenig die Worte!", gab ich zu. „Das ist ein ganz schöner Hammer, und hätte es die letzten fünf Tage mit dir nicht gegeben, wüsste ich nicht mal, ob ich diese Botschaft überhaupt begreifen könnte."

Er sah mich einfach nur an und ich lachte ein bisschen hilflos. „Als ich vor fünf Tagen auf der Fähre stand, war ich eher ein *mutloser, unachtsamer, vollgestopfter, verkopfter, verantwortungsloser, fremdbestimmter, respektloser, misstrauischer und kraftloser Mann.*" Ich machte es wie Leif und wies bei jedem Wort auf einen Stein.

„Tja, das meinte ich eben, als ich sagte: Wir tragen das Beste vom Besten in uns, nur – wir machen nichts daraus!" Leif schaute mich mit ernstem Blick an. „Die Entscheidung liegt bei dir." Leif nahm den Mut-Stein in seine Hände. „Du kannst entscheiden, ob du mutig oder mutlos sein willst, selbstbestimmt oder fremdbestimmt, kraftlos oder kraftvoll."

„Aber um auf die Erfahrungen vom Riff zurückzukommen", warf ich ein, „ist es doch für jeden Mann ganz individuell, was ihn ermutigt oder entmutigt und was Selbstbestimmung oder Fremdbestimmung, Kraftlosigkeit oder Kraft für ihn bedeutet."

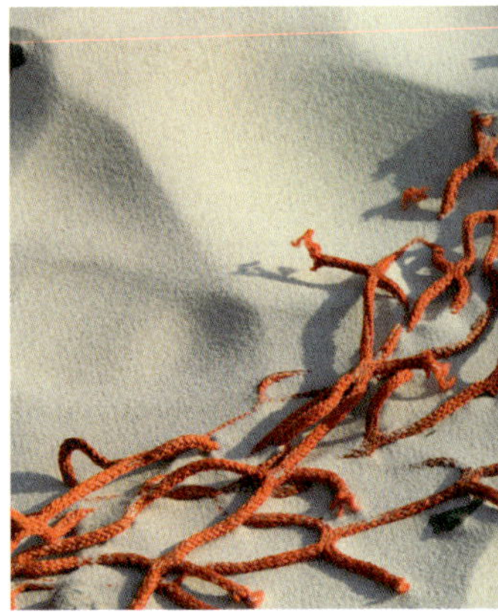

OPINEL

STAEDTLER pigment liner 0.3

„Das ist richtig“, nickte Leif. „Aber ob er sich für das eine oder das andere entschieden hat, das weiß er in seinem Herzen ganz genau! Deshalb gibt es den Stein in der Mitte des Kreises.“

Leif legte den Mut-Stein zurück und hob den Stein aus der Mitte des Steinkreises auf. „Dieser Stein steht für die Ehrlichkeit, für die Ehrlichkeit mit sich selbst!“

„Also für den Moment, wenn man den Geschichtenerzähler von der Klippe gestürzt hat?“, fragte ich nach.

„Genau. Zu deinem alten Jägerwissen gehört die Ehrlichkeit mit dir selbst. Nur, wenn du ehrlich mit dir selbst bist, wirst du in der Lage sein, gute Beute zu machen. Was würde es nützen, wenn du an Tagen mit schlechter Ausbeute dem Wind die Schuld gibst oder der Strömung? Du warst eben zur falschen Zeit am falschen Ort. Nur, wenn du ehrlich bist, wirst du am nächsten Tag bessere Beute machen können, weil du deine Situation dann objektiv betrachtest, von oben sozusagen, und dein Handeln danach ausrichtest. Bist du nicht ehrlich mit dir selbst, ist es dir nicht möglich, deine Fehler zu korrigieren. Deshalb wird ein aufrichtiger Jäger immer die besseren Fänge nach Hause bringen. Und ein unehrlicher ist wahrscheinlich längst irgendwo in der Prärie verhungert“, schmunzelte Leif.

„Oder in den endlosen Wäldern des Nordens!“, warf ich ein.

„Oder dort!“, bestätigte Leif. „Auf alle Fälle haben die unaufrichtigen Jäger langfristig nicht überlebt und deshalb tragen wir die Ehrlichkeit des erfolgreichen Jägers in uns! Die Ehrlichkeit ist der einzige Zugang zu unserem Handwerkszeug. Zu unserem Mut, unserer Achtsamkeit, unserer Klarheit, unserer Intuition, unserer Verantwortung, unserer Selbstbestimmung, unserem Vertrauen, unserer Liebe und unserer Kraft. Deshalb liegt der Ehrlichkeits-Stein in der Kreismitte.“

Leif legte den Stein wieder zurück.

„Ach, und deshalb spüren wir dann auch, dass der Geschichtenerzähler uns letztlich nicht hilft, weil wir jedes Mal, wenn wir auf ihn hören, wider besseres Wissen handeln!“, wurde mir plötzlich ganz neu klar.

„Ja, das merken wir, und es fühlt sich jedes Mal richtig schlecht an – wenn wir es denn wahrnehmen!“, unterstrich Leif meine Gedanken. „Im Grunde weißt du in jedem Moment deines Lebens ganz genau, ob du ehrlich mit dir selbst bist oder dir Geschichten erzählst!“, fasste Leif die Gedanken noch einmal zusammen.

„Und was es für Konsequenzen hat, wenn man ständig gegen sein inneres Wissen agiert, habe ich die letzten Jahre selbst erfahren.“ Jetzt gerade konnte ich diese Gefühle tief nachempfinden. „Als wir an dem kleinen Bach über das Gesetz der Widerstandslosigkeit sprachen, habe ich das, was du sagtest, auch bildlich fassen können.“ Ich schaute zu Leif rüber, wie um mich rückzuversichern.

„Ich habe das so verstanden: Wenn ich das tue, was wirklich in mir steckt und von Herzen kommt, wenn ich zum Beispiel mutig bin, dann bin ich im Lebensfluss und muss keine unnötige Energie für mein Tun aufwenden. Anders ist es, wenn ich nicht auf mein Herz höre, dem Gesetz der Widerstandslosigkeit nicht folge, wenn ich wider besseres Wissen tagtäglich Dinge tue, die ich eigentlich nicht tun will. Das kostet mich viel Kraft und Energie, und wie die Meerforellen, die das Gesetz der Widerstandslosigkeit nicht verinnerlicht haben, nehme ich am Ende Schaden. Ich zahle einen Preis in Form von psychischer und physischer Angeschlagenheit“, fasste ich meine Gedanken nach unserem Gespräch am Bach zusammen. „Das Leben wird dann zu einem tagtäglichen Kampf gegen mich selbst und am Ende bin ich völlig ausgelaugt!“ Ich blickte auf den Steinkreis.

„So sieht es aus“, nickte Leif. „Und diesen Gesetzen kann man sich nicht entziehen. Wer meint, sein Leben tagtäglich gegen sein inneres Wissen führen zu können, so wie du es beschrieben hast, der sollte dringend seinen Geschichtenerzähler von der Klippe stürzen!“, sagte Leif und legte noch etwas Feuerholz nach. „Oder um es zeitgemäßer zu beschreiben: Es ist eine sehr gute Idee, dein Leben so zu gestalten, wie du es nach dem Burnout und der Reha ohnehin tun müsstest. Denn das ständige Anrennen gegen dein inneres Wissen brennt dich am Ende völlig aus!“, war Leif sich sicher.

„Also tue ich mir selbst eigentlich den größten Gefallen, wenn ich auf die Stimme meines Herzens höre und ihr folge?“, wollte ich es noch einmal ganz genau wissen.

„Ja. Und weil es die Stimme *deines* Herzens ist, bist du der einzige Mensch auf der Welt, der beurteilen kann, ob du ehrlich mit dir selbst bist oder nicht!“, sagte Leif und nahm noch einmal den Mut-Stein in die Hand.

Mutig sein heißt, seinem Herzen zu folgen

„Mit diesem Handwerkszeug, unserem Mut“, er hielt den ersten Stein des äußeren Kreises hoch, „haben wir Männer im Lauf der Jahrtausende die tollsten Dinge gemacht: Wir haben in Wäldern, die wir nicht kannten, nach Wölfen gejagt, sind mit kleinen Booten auf das tosende Meer hinausgefahren, um auf Fischfang zu gehen, oder haben im ewigen Eis Jagd auf Seehunde gemacht. Wir haben heftigen Stürmen, eisigen Wintern und schier endlosen Hungerzeiten getrotzt und ständig neue Reviere erobert. Ohne unseren Mut hätten wir nicht überlebt!“, zeichnete Leif ein illustres Bild unserer Jägervergangenheit.

„Und heute reicht der Mut der meisten Männer nicht einmal mehr dazu zu sagen: *Ich will der Stimme meines Herzens folgen*!“, stellte ich betroffen fest. „Ich habe mir auch immer eingebildet, ein bisschen mutig zu sein.“

„Ha! *Ein bisschen mutig* gibt es nicht!“ Leif lachte schelmisch. „Ein *bisschen mutig* ist höchstens die nettere Verpackung für *mutlos*! So verpackt der Geschichtenerzähler seine Wahrheiten!“ Er legte den Mut-Stein zurück an seinen Platz.

Und dann passierte etwas völlig Unvorhergesehenes: Ich war durch dieses Gespräch mit dem alten Mann und seine Sicht der Dinge plötzlich so angerührt, dass ich zu weinen begann.

Leif stand auf, kam zu mir, setzte sich hinter mich, schloss mich in seine Arme und ließ mich einfach weinen, ohne irgendetwas zu sagen. Ich lehnte mich zurück an die breite Brust des alten Mannes, schaute in das Feuer und ließ meinen Tränen freien Lauf. Der Fluss meiner Tränen war wie eine Befreiung für mich. Der ganze Schmerz, die Wut, die Trauer über mein eigenes ängstliches Leben kehrten sich von innen nach außen. Der Strandsand saugte meine

Tränen auf und mit ihnen all den Schmerz und die Wut der vergangenen Jahre. Ich spürte, wie sich durch die Tränen ein Kanal in mir öffnete, der so zugestopft gewesen war, dass ich ihn lange Zeit nicht mehr gespürt hatte. Der Zugang zu meinem Herzen. Träne für Träne lief über meine Wangen, und Träne für Träne wurde dieses Gefühl, endlich wieder mich selbst zu spüren, intensiver.

Eine gefühlte Ewigkeit saßen wir so da und nach der langen Zeit des Schweigens fand Leif zuerst seine Sprache wieder.

„Was für ein schöner Aufstiegsbach für echte Gefühle!" Er wies auf meine feuchten Wangen und nahm mich noch mal kräftig in den Arm.

„Das hat gutgetan!", stellte ich verblüfft fest. „Ich weiß gar nicht mehr, wann ich das letzte Mal geweint habe … weißt du was? Ich habe jetzt große Lust, noch einmal raus zum Angeln zu gehen!" Ich schaute Leif grinsend an. „Ich fühle mich wie frisch aufgeladen, und ich habe große Lust, noch einmal eine Besteigung des „Nanga-Parbat"-Steins in Angriff zu nehmen!"

Durch den abflauenden Wind würden meine Multitasking-Fähigkeiten heute nicht mehr so gefordert sein wie noch am Vortag.

Ich nahm meine Angelrute und ging hinaus. Der Wind und die Wellen hatten zwar nachgelassen, aber das Wasser war immer noch angetrübt. Ich konnte einzelne Tangläufer erkennen und auf der Wasseroberfläche trieben immer wieder losgerissene Seegrashalme vorbei. An manchen der Halme hafteten noch kleine Miesmuscheln, ganz so, als wollten sie nicht loslassen, weil sie Angst vor dem Ertrinken hatten. Dabei hing ihr Schicksal vom Loslassen ab!

Noch ist Zeit, sich anders zu entscheiden, dachte ich beim Betrachten der Halme, *der Strand ist immer noch ein gutes Stück entfernt.* Wurden die Muscheln erst einmal mit dem Gras auf den Strand gespült, war ihr Schicksal besiegelt. Dann gab es kein Zurück mehr!

Mich erinnerte das Bild an meine unselige Symbiose mit meinem inneren Geschichtenerzähler. Hätte ich mich weiterhin an ihm festgeklammert, wäre ich genauso unweigerlich mit ihm gestrandet wie die Miesmuscheln mit dem Seegras.

Ich begann, mit ein paar Würfen die Stelle abzufischen, an der ich die *Mutter aller Meerforellen* gestern schon einmal dazu verführt hatte, einem billigen Stück Blech zu folgen. Mein Blick starrte jedes Mal gebannt auf meinen Blinker, immer in der Hoffnung, der schwarze Schatten würde erneut auftauchen.

Der Schatten tauchte nicht auf, und in dem Moment, in dem ich dachte: *Die kommt nicht mehr!*, änderte ich meine Strategie und fischte in die Richtung zweier größerer Steine, die rechter Hand von meinem Stehstein lagen. „Zweifel sind die Botschafter unserer Intuition", dieser Satz von Leif klang mir noch in den Ohren. Ich hatte Zweifel, also hörte ich auf meine Intuition und änderte meine Strategie. Das Wunderbare für mich war die Klarheit dieses Gefühls, die mich zum Handeln inspirierte. Und es war bemerkenswert, wie konzentriert und motiviert ich unmittelbar nach dieser Entscheidung wieder war. Ich fühlte mich vollkommen präsent, und in diesem Moment war mir total klar, was Leif gemeint hatte, als er sagte, dass man „in seiner Kraft" bleibt, wenn man seiner Intuition folgt. Der Blinker lief gerade an dem kleineren der beiden Steine vorbei, als sich wie aus dem Nichts ein Fisch den Köder packte – und wahrscheinlich genauso überrascht war wie ich, als er an meiner Angel hing.

Einen Augenblick lang passierte gar nichts. Dann entschied sich der Fisch für eine Flucht hinter den Stein.

Er zwang mich, meinen Stehstein zu verlassen, denn der Winkel zwischen mir und dem Fisch war so ungünstig, dass die Schnur zu reißen drohte, weil der Fisch sie gegen die Außenkante des Steines drückte. Ich bewegte mich seitwärts auf die beiden Steine zu und hielt die Rute hoch in die Luft, damit die Schnur nicht über die Felsen rieb. Etwas Sorge bereitete mir der Wasserstand; er hatte fast die Oberkante meiner Wathose erreicht und auf der Ladefläche des Landrovers lagen bereits zwei in Salzwasser getränkte Fleece-Pullover …

Dem Fisch waren meine Probleme herzlich egal. Er nahm mit erstaunlicher Kraft die nächste Kurve und bog um den größeren der beiden Steine.

Eine Entscheidung, der ich nichts mehr entgegenzusetzen hatte. Der Wasserstand verhinderte, dass ich mich weiter auf den Fisch zubewegen konnte. Die Schnur wurde an den Stein gedrückt und der Fisch hebelte den Haken aus seinem Maul. Er war frei – und ich um eine Erfahrung reicher.

Zum Glück endete unsere gemeinsame Begegnung nicht mit einem Schnurbruch, sondern mit dem Ausheben des Hakens. So würde sich der Fisch nach einem kurzen Schrecken schnell von der kleinen Wunde erholen und nicht irgendwann mit dem Rest der Schnur irgendwo hängen bleiben und elend zugrunde gehen.

Obwohl ich letztlich mit leeren Händen dastand, war dieses Erlebnis eine wichtige Erfahrung für mich. Ich war meiner Intuition gefolgt und nur so hatte ich den Fisch überhaupt ans Band gekriegt. Dass er am Ende die Oberhand behalten hatte, war einzig und allein meiner fehlenden Erfahrung geschuldet. Wer Fische hinter Steinen beangeln will, der sollte sich vorher den richtigen Standpunkt aussuchen.

Ich ging zurück an den Strand und freute mich auf Leif und den zweiten Stein des Jäger-Handwerkzeugs.

Wer achtsam ist, erreicht mehr

Leif kam ebenfalls zurück von einer Strandtour, er hatte hinter dem Bach einer langen Strandstrecke ihre natürliche Schönheit zurückgegeben.

Wir setzten uns ans Feuer und ich erzählte Leif von meiner aufregenden Begegnung. „Das ist ja die perfekte Überleitung zu unserem zweiten Stein im äußeren Kreis!“, freute sich Leif, nachdem ich meine Geschichte beendet hatte. „Der zweite Stein des Jäger-Handwerkszeugs ist der *Stein der Achtsamkeit*.“ Er schaute mich an und nahm den zweiten Stein in die Hand.

„Und wo siehst du da jetzt die perfekte Überleitung von meiner Geschichte zu diesem Stein?“, wollte ich wissen.

„Deine innere Stimme zu hören ist eine Frage deiner Achtsamkeit – ihr zu folgen die deines Mutes. Gute Jäger sind achtsam mit sich selbst, weil sie wissen, dass davon ihre Gesundheit und damit auch das Überleben des Stammes abhängt. Wer unachtsam ist, geht über seine Grenzen, wird krank und ist letztlich nicht mehr in der Lage, für seinen Stamm zu sorgen!“ Leif schaute mit ernstem Blick in das Feuer.

„Ja, das können Männer oft besonders gut!“, nickte ich. „Männer sind Weltmeister im Unachtsamsein mit sich selbst – ich bin doch das beste Beispiel! Ich habe überhaupt nicht auf mich geachtet, sondern nur noch meinem Geschichtenerzähler geglaubt. Und Tag für Tag wurde durch diese Unachtsamkeit die Luft dünner!“, beschrieb ich meine Vergangenheit.

„Das ist aber nicht das, was eigentlich in dir steckt.“ Leif schaute mich mit festem Blick an. „Auch in dir steckt das Wissen des achtsamen Jägers! Das Wissen darum, dass deine Stärke und Kraft nur erhalten wird, wenn du auf dich selbst achtest. Zu dieser Achtsamkeit gehört die Balance von An- und Entspannung. Wer nur auf der Jagd ist und nicht für seine Erholung, für Ausgleich sorgt, der brennt am Ende aus“, beschrieb Leif die Männer auf der Überholspur, die mir nur allzu bekannt vorkamen.

„Den guten Jäger zeichnet aber die Beständigkeit seines Erfolges aus, weil sein Stamm auf genau diese Beständigkeit angewiesen ist.

Wem nützt es, wenn du ein paar fette Jahre produzierst, aber dann zusammenbrichst? Dann liegst du erst mal flach im Zelt, musst versorgt werden und andere müssen für dich auf die Jagd gehen!", zeichnete er das Bild weiter. „Ist es das, was du von deinem Leben wollen würdest?"

„Das will wohl kein Mann!", antwortete ich.

„Die meisten Männer arbeiten aber jeden Tag genau an diesem Szenario!"

Manchmal erschrak ich über die Klarheit seiner Worte.

Und während Leif noch etwas Feuerholz nachlegte, führte er seine Gedanken weiter aus: „Es gibt einen weiteren Aspekt der Achtsamkeit im Leben eines Jägers, der auch als Spiegel für unser Leben von großer Bedeutung ist: Mit seiner Achtsamkeit sammelt der Jäger Informationen, die ihn seinem Beutetier näher bringen. Je achtsamer er ist, desto mehr Informationen bekommt er!"

Leif trank einen Schluck Wasser aus seiner Trinkflasche und bot mir noch etwas von dem frisch gebackenen Brot an. Ich brach ein Stück davon ab, gab es ihm zurück und spann dann seinen Gedankenfaden weiter: „Du meinst, um deine Überlegungen mal auf unsere gemeinsame Zeit hier zu übertragen, zum Beispiel unser gemeinsames Erlebnis mit der Turnschuh-Forelle?"

„Ja, das ist ein gutes Beispiel!", antwortete Leif und fügte hinzu: „Auch das aufmerksame Beobachten der Wasservögel, der Wellen, des Wasserstandes oder der Wassertrübung waren Aspekte, die uns den Fischen ein gutes Stück näher gebracht haben."

„Das bedeutet, der achtsame Jäger wird immer erfolgreicher sein, weil er nicht im Trüben stochert, sondern aufgrund seiner Beobachtungen ganz gezielt zu Werke geht?", fasste ich zusammen.

„Ja, die Achtsamkeit ist einer der wichtigsten Schlüssel zum Erfolg!", nickte Leif. Und was er dann noch hinzufügte, ließ mich fast hintenüberfallen! „Deshalb ist das ganze Gerede von der

Multitasking-Fähigkeit der größte Unsinn, den ich je gehört habe!" In seiner Stimme klang ein leicht ungehaltener Unterton mit, und er brachte seine Gedanken auf eine einfache Formel: „Multitaskingfähig sein heißt unachtsam sein!"

So hatte ich das noch nie betrachtet, sondern im Gegenteil ständig an meinen Multitasking-Fähigkeiten gearbeitet, denn nur so, so dachte ich, hat man am Ende wirklich das größte Haus, das schnellste Auto und das schönste Boot.

„Kannst du dir einen Indianer auf einem Pferd vorstellen", unterbrach Leif meine kleine Gedankenreise, „der einen Büffel schießen will und dabei gleichzeitig noch eben ein Telefonat führt, sich die Schuhe zubindet, einen *Coffee to ride* trinkt und seinen Federschmuck neu sortiert?" Er schaute mich mit hochgezogenen Augenbrauen an.

„Nee, das kann ich nicht! Ich kann ja noch nicht einmal auf einem Stein stehen, eine Angel halten und das Gleichgewicht nicht verlieren!", lachte ich

„Das stimmt!", musste Leif ebenfalls grinsen. „Multitasking ist der Weg in die Unachtsamkeit, und das ist genau das Gegenteil von dem, was wir eigentlich wissen und wollen: Konzentriere dich auf die Aufgabe, die vor dir liegt! Die volle Konzentration auf unser Beutetier – nur so waren wir auf der Jagd erfolgreich! Und das spüren wir doch auch jetzt noch sehr genau, wenn wir mehrere Dinge gleichzeitig machen. Wir tun dann etwas, was unsere Konzentration verwirrt. Wir geben dreimal 33,33 Prozent statt einmal 100 … wie soll das zum Erfolg führen?"

Das war eine ziemlich schlaue Frage. Mir waren durchaus Situationen vertraut, in denen ich sogar eher sechsmal 16,66 Prozent gegeben hatte, statt einmal *eine* Sache richtig zu machen.

„Wie hätten die beiden Jäger wohl das lebensrettende Feuer am Rande des Sees entfachen können, wenn sie gleichzeitig noch ihre

Hunde gefüttert, das Zelt aufgebaut und ihre Pelzjacken gebügelt hätten?", warf Leif eine weitere Frage auf. „Multitasking geht gegen unsere Natur, gegen unser inneres Wissen, und es frisst unsere Achtsamkeit. Dieses Handwerkszeug kommt aus der Werkstatt des Geschichtenerzählers!"

Damit stand Leif auf und ging über die Dünen in den Wald, um neues Holz für unser Feuer zu suchen. Seine Worte hallten noch in mir nach, und ich erinnerte mich an die Geschichte von dem alten Weisen und den Suchenden, der ihnen auf ihre Frage nach seiner Ausgeglichenheit geantwortet hatte: *Wenn ich liege, dann liege ich. Wenn ich aufstehe, dann stehe ich auf. Wenn ich gehe, dann gehe ich, und wenn ich esse, dann esse ich.* Ich versuchte mir vorzustellen, wie wohl die Antwort in einer Multitasking-Version der Geschichte gelautet hätte …

Nimm nur das, was du brauchst

Leif kam mit einem Arm voll Feuerholz zurück, und ich beschloss für mich, gleich auch noch etwas zu holen, denn wir würden bestimmt noch eine lange Zeit am Feuer sitzen. Schließlich lagen da noch ein paar Steine im Strandsand … Ich war richtig beseelt von den Gesprächen und von dem Gefühl, mich endlich wieder mit den wirklich wichtigen Dingen des Lebens zu beschäftigen.

Als ich aus dem Wald zurückkam, legte ich das Feuerholz auf den Haufen, den Leif bereits gesammelt hatte, und setzte mich wieder zu ihm ans Feuer.

Er nahm den dritten Stein aus dem Kreis und legte ihn auf seine Hand: „Der dritte Stein ist der *Stein der Klarheit*. Klarheit bedeutet, dass der erfolgreiche Jäger sich von allem getrennt hat, was seine körperliche und geistige Präsenz in irgendeiner Form einschränkte.

Der erfahrene Jäger trug nur das mit sich, was er wirklich brauchte, um erfolgreich zu sein – nicht mehr, aber eben auch nicht weniger!", sagte er.

„Du meinst, ein guter Jäger würde nicht mal einen Pfeil mehr mitnehmen als nötig?"

„Genau. Darin steckt das Wissen, dass Reduktion unsere körperliche und geistige Kraft schont. Weniger mit sich zu schleppen bedeutet, schneller zu sein, länger durchhalten zu können und auf weniger aufpassen zu müssen. Es bedeutet im Grunde körperliche und mentale Bewegungsfreiheit. Diese Beweglichkeit und diese Fokussierung auf das Wesentliche ist eine wichtige Grundlage. Der reduzierte Jäger schießt schon, da kramt der mit den vielen Pfeilen immer noch im Köcher herum und kann sich nicht entscheiden!", führte Leif seine Metapher weiter aus.

„Oder in seiner Blinkerbox!", lachte ich und vergegenwärtigte mir vor meinem inneren Auge nochmal meine neun Blinkerboxen, gefüllt mit 250 Meerforellenködern.

„Oder in seiner Blinkerbox!", wiederholte Leif grinsend meine Worte. „Jeder einzelne davon muss erarbeitet, gepflegt und verwaltet werden!"

„Ja, aber dieser Blinkerberg war ja auch meiner mangelnden Erfahrung geschuldet!", versuchte ich zu argumentieren, wohl wissend, dass ich über die Hälfte der Dinger aus Sehnsucht und Frustration erworben hatte.

„Und ich habe leider ziemlich viele solcher vollgestopften Boxen in meinem Leben!", wurde mir in diesem Moment bewusst. „Mein Kleiderschrank ist auch so ein Beispiel! Genauso lange, wie ich gebraucht habe, um mich für einen Blinker zu entscheiden, brauche ich auch, um das richtige Hemd auszuwählen, die richtige Musik, das richtige Buch … um mich herum quillt alles über, und die Klarheit ist in vielen Bereichen längst verschwunden. Mein Stamm hätte beim Aufbruch vom Sommer- zum Winterlager ziemlich lange auf mich warten müssen, bis ich meinen ganzen Krempel eingepackt und verstaut gehabt hätte!“ Ich sah die Szene richtig vor meinem inneren Auge und musste lachen.

„Die hätten dich mit deinem ganzen Kram einfach da sitzen lassen und wären losgezogen!“, war Leif sich sicher. „Und du hättest den nächsten Winter wahrscheinlich gar nicht erlebt!“

„Ich weiß nicht, ob in mir noch das alte Wissen von Klarheit und Reduktion steckt, aber zumindest die Sehnsucht danach kann ich noch deutlich spüren – jedenfalls dann, wenn nicht gerade der Geschichtenerzähler mit mir vor dem Kleiderschrank steht oder vor dem Computer sitzt“, scherzte ich. „Dann schwafelt er mir Sätze ins Ohr wie: ‚Wer weiß, vielleicht brauchst du dieses Shirt doch noch mal irgendwann, irgendwie, irgendwo!‘ oder ‚Frisst doch kein Geld, also warum löschen?‘. Auch wenn ich das ganze Zeug eigentlich am liebsten los wäre.“

Ich schaute ins Lagerfeuer und seufzte zufrieden. „Zum Glück habe ich den Kollegen vor drei Tagen von der Klippe gestoßen!“

Die Fülle an Möglichkeiten, die wir heute haben, bedeutet nicht unbedingt mehr Erfolg und Zufriedenheit. Im Gegenteil, so wurde mir nach und nach klar, der Mann von der Nachbarinsel hat sich wahrscheinlich oft nach den Zeiten zurückgesehnt, als er nur mit seinem Fahrrad unterwegs war und nur einen Strand beangeln konnte. Die Tiefe und die Fülle seiner Erfahrungen mit diesem Strand beruhten einzig und allein auf der Reduktion, der Konzentration auf eine einzige Sache.

Meine Sehnsucht danach war riesig, und jetzt wusste ich auch endlich, warum: Diese Sehnsucht war ein Lockruf zurück zu dem, was eigentlich in mir war, zu meinem alten Wissen. Es war Zeit, mein Leben wieder zu vereinfachen und mich von allem zu trennen, was mich zustopfte, ablenkte und letztendlich davon abhielt, Zeit und Energie für die wesentlichen Dinge zu haben – für das, was mir Sinn und Halt gab.

≈

„Woran denkst du gerade?“, fragte Leif nach einer gefühlten Ewigkeit.

„Ich habe an die große Sehnsucht in mir gedacht, mein Leben zu vereinfachen und es wieder mit den wirklich wichtigen Dingen zu füllen!“, antwortete ich.

„Ich will den Sand und die kleinen Steine aus meiner PET-Flasche entfernen“, erinnerte ich mich an unser gemeinsames Experiment, „damit endlich richtig viel Platz für die vier großen Steine ist.“ Mein Blick fiel auf die Steine in der Mulde.

„Was ist der Sand in deinem Leben?“, wollte Leif wissen. „Was frisst deine Zeit und deine Energie?“

„Ich glaube, einer meiner größten Energiefresser ist die tagtägliche Flut von Belanglosigkeiten in Form von Mails, News, SMS, Postings, also eigentlich alles, was über die digitalen Medien und die sozialen Netzwerke auf mich zurollt!“, zählte ich das auf, was mir zuerst in den Sinn kam. „Ich ersaufe langsam in der Informationsflut!“ Das wurde mir in dem Moment klar, wo ich es sagte. „Was interessiert mich eigentlich ein eingewachsener Zehennagel von Michael Ballack oder dass Paris Hilton in ein Londoner Taxi gekotzt hat? Überhaupt nicht! Und trotzdem weiß ich es, weil ich diesen Schwachsinn lese. Tag für Tag strömen Hunderte von Nachrichten auf mich ein, die ich sichten, sortieren oder löschen muss, und das mit einem Gehirn, das eigentlich nur einen Wunsch hat: raus in den Wald zu gehen und einen Bären zu jagen!“ Na gut, da überzeichnete ich meine Seelenlage vielleicht ein bisschen, aber das Prinzip stimmte.

„Die Geräte, die mein Leben eigentlich übersichtlicher und einfacher machen sollen, wie mein Computer und mein iPhone, machen es erst recht so komplex, dass ich die Übersicht und die Zeit für das Wesentliche im Leben mehr und mehr verliere!", stellte ich ernüchtert fest.

„Aber es geht auch anders, Daniel! Du hast es dir doch die letzten fünf Tage bewiesen. Du hast deinem Feind ins Gesicht geschaut und ihn in den Schrank gesperrt – so einfach ist das! Es gibt nur einen Weg, um zu dir selbst zu kommen, den Standby-Modus aufzulösen und nicht in die Gefahr zu geraten, dir von Belanglosigkeiten all deine Zeit und Energie rauben zu lassen: Schalte die Geräte aus, und leg sie am besten weit weg, damit du nicht in Gefahr gerätst, zwischendurch doch mal eben schnell dranzugehen!"

Leif zuckte die Achseln und dann erzählte er eine seiner berüchtigten Geschichten: „Ich war im letzten Jahr mit einem Mann aus Süddeutschland auf einem Riff im Norden der Insel unterwegs. Es ähnelt ein wenig dem Landrover-Riff, allerdings liegen auf dem Weg nach draußen noch ein paar größere Steine im Weg. Wir hatten den perfekten Tag erwischt. Das Wasser war leicht angetrübt und voller Nahrung. Von der rechten Seite liefen alte Wellen auf das Riff. Sie stauten sich über dem Riff auf und brachen dann mit Wucht in sich zusammen. Wir standen mittendrin in diesem wilden, kochenden Wasser und konnten die Meerforellen in den anrollenden Wellenkämmen jagen sehen, ein unbeschreibliches Naturschauspiel. Und es waren riesige Fische unterwegs! Überspringer, die ihre ängstliche Beute vor sich herjagten und verschlangen, noch bevor die Welle brach! Es war eine beeindruckende Demonstration dessen, wozu diese perfekten Schwimmer und Jäger in der Lage sind."

Ich schloss die Augen und versuchte mir die Szene vorzustellen, während Leif weitersprach: „Ich fing zwei Fische, schenkte ihnen aber die Freiheit, weil ich gesehen hatte, dass da draußen noch viel größere Fische jagten. Der Mann aus Süddeutschland stand etwa fünfzehn Meter weiter draußen auf dem Riff. Als ein riesiger Überspringer seinen Blinker packte, schraubte er sich aus dem Wellenkamm. Der Fisch fiel ins Meer zurück, schwamm mit voller Energie auf das Riff zu und an dem Mann vorbei. Dann verschwand er in dem tiefen Wasser der ruhigeren linken Riffseite. Der Mann reagierte schnell. Er drehte sich mit der Angelrute zur richtigen Seite und baute schnell den Kontakt zum Fisch wieder auf. Der Haken schien sicher im Fischmaul zu sitzen. Im nächsten Moment drang ein Ton über das Riff, bei dem ich meinen Ohren nicht zu trauen glaubte!"

Leif sah mich an und ich wäre vor Spannung fast geplatzt. Was für ein Ton war das?!

„In der Watjacke des Mannes klingelte ein Handy!", schnaufte Leif, immer noch empört. „Er hatte es mitgenommen, obwohl es zwischen uns eine andere Absprache gab.

Aber was dann geschah, war geradezu unglaublich für mich: Mit der rechten Hand hielt der Mann die Angelrute fest und versuchte, den Fisch zu kontrollieren, mit der linken Hand holte er sein Handy aus der oberen Tasche der Watjacke und nahm das Gespräch an. Er klemmte das Telefon mit der linken Schulter an sein Ohr, damit er die linke Hand wieder für den Rollengriff frei hatte. Während er mit diesem großen Fisch kämpfte, versuchte er doch wirklich und wahrhaftig zu telefonieren!"

Ich war gebührend fassungslos, obwohl mir das Verhalten des Mannes noch vor wenigen Tagen gar nicht mal so absonderlich erschienen wäre.

„Statt sich wie vorher nicht von der Stelle zu bewegen und sich auf den Fisch zu konzentrieren, war er nun abgelenkt und tänzelte mit kleinen Schritten hin und her – zwischen einem großen Fisch an der einen und einem Gesprächspartner an der anderen Leine … bis einer der größeren Steine auf dem Riff dem Tänzchen ein Ende machte. Der Typ stolperte rückwärts, den brechenden Wellen zugewandt, ins

Wasser. Bei dem Versuch, wieder auf die Beine zu kommen, stolperte er erneut. Beim nächsten Versuch das gleiche Schauspiel: Der Mann richtete seinen Oberkörper auf, versuchte, Halt zu finden, und die nächste Welle warf ihn wieder um. Als er nach mehreren vergeblichen Versuchen endlich wieder aufrecht stand, sah er aus, als käme er gerade aus einer Waschstraße mit Hochdruckwäsche, Felgenreinigung und vertikaler Bürstenwäsche. Von seinem Handy und seiner Angelrute keine Spur ..."

„Und was hast du gemacht?" Ich starrte Leif etwas fassungslos an.

„Ich bin gegangen!", kam die trockene und schlichte Antwort.

„Du hast ihn einfach auf dem Riff stehen lassen?", fragte ich noch einmal nach.

„Ja, und ich habe ihm die Daumen gedrückt, dass er die richtigen Lehren aus der Nummer gezogen hat!"

Wenn ein Handy klingelt, geht man eben dran!, dachte ich im Stillen.

Deine Intuition ist der ideale Rückenwind

„Lass uns über den vierten Stein des alten Jägerhandwerkszeugs sprechen", sagte Leif etwas unvermittelt, schaute mich an und nahm den vierten Stein des Kreises in die Hand. „Dieser Stein symbolisiert die Kraft der Intuition, die in dir steckt! Die Intuition ist deine innere Stimme. Die Achtsamkeit ist die Fähigkeit, ihr zuzuhören, und dein Mut ist das Handwerkszeug, um das Gehörte umzusetzen."

„Ich kann mich gut an die Geschichte erinnern, die du mir vom Anfängerglück erzählt hast und dass die Menschen dabei schlicht und einfach ihrer Intuition vertraut haben", fiel mir die Geschichte mit der Blinkerauswahl wieder ein.

„Es ist klug, seiner Intuition zu vertrauen, und unsere Jäger-Vorfahren haben das immer wieder tun müssen. Unserer Intuition zu vertrauen bedeutet, aus einem riesigen Ozean von Erfahrungen, Erinnerungen und Gefühlen zu schöpfen. Wer sich ausschließlich von seinem Verstand leiten lässt, der hat dagegen gerade einmal einen Feuerlöschteich zur Verfügung. Entsprechend eng und ängstlich sehen die Lebensentwürfe dann auch oft aus", grinste Leif. „Kleinstadtmief statt großer weiter Welt!"

„Aber meinst du wirklich, es ist immer richtig, seinem ersten Gefühl in einer Sache zu folgen?", wollte ich es ganz genau wissen.

„Es gibt keinen besseren Rückenwind für dein Leben als deine Intuition!", antwortete Leif. „Sie ist der beste Kompass, und um auf deine Frage zu antworten: Ja, sie ist fast immer das erste Gefühl, das dir in den Sinn kommt."

„Aber der Verstand lässt das nicht so einfach auf sich sitzen, oder?", grinste ich. „Der meldet sich direkt danach mit aller Macht!"

„Das tut er", bestätigte Leif, „und er versucht alles, um dich von deinem ersten Gefühl abzubringen, so lange, bis du nur noch verwirrt in deiner Blinkerbox rumkramst!" Leif sah mich mit einem breiten Lächeln an und schenkte uns einen Becher Kaffee nach.

„Zum Glück bin ich ja zu meinem ersten Gefühl zurückgekehrt und habe dann mit dem rot-schwarzen Blinker auch wirklich Fische gefangen!"

„Ja, das war eine gute Entscheidung!", sagte Leif. „Die Jäger früher hatten ja auch nicht die Chance, erst im Internet zu recherchieren und noch mal drüber zu schlafen, ob sie dieser oder jener Spur folgen sollten. Unser Überleben hing davon ab, unserer Intuition zu vertrauen und danach zu handeln. Links oder rechts? Über den Bach hinüber oder nicht? Unsere Intuition war der Kompass unserer Entscheidungen und gute Jäger haben darauf vertraut", war sich Leif sicher. „Dieses Handwerkszeug steckt auch heute noch in uns, und wenn wir ihm mehr vertrauen würden, würden wir nicht nur beim Einkaufen eine Menge Zeit und Energie sparen!"

Ich war noch nicht so richtig überzeugt. So ein bisschen nüchterner Verstand konnte doch bei wichtigen Entscheidungen nicht schaden, oder?

„Diese Erfahrung habe ich übrigens auch mit Männern gemacht, die ich zum ersten Mal mit zum Meerforellenangeln genommen habe und die an ihnen völlig unbekannten Stränden die Angel auswerfen mussten", fuhr Leif fort. „Den besten Fang haben diejenigen gemacht, die bei der Platzwahl ihrem ersten Gefühl gefolgt waren – so einfach ist das manchmal!"

Leif ließ keinen Zweifel daran, dass er hundertprozentig an dieses Prinzip glaubte. „Die Männer, die ihrer Intuition folgten, fingen schon Fische, da diskutierten die anderen immer noch die Vor- oder Nachteile dieser oder jener Entscheidung. Du hast auf alle Fragen und Entscheidungen in deinem Leben eine intuitive Antwort, und um den Gedanken von eben noch einmal aufzunehmen: Es ist dein Mut, den es braucht, um dieser Stimme Leben einzuhauchen. Nach dem Gesetz der Widerstandslosigkeit wirst du sofort spüren, wenn du ‚im Fluss' bist. Ohne Wenn und Aber. Genauso, wie dich ein sozusagen lauwarmes Gefühl übermannt, wenn du nicht deiner Intuition folgst und dein Verstand deine Entscheidungen fällt. Dieses Gefühl, dass alles so ist, wie es sein soll, will sich dann einfach nicht einstellen – wie auch? Du hast ja wider besseres Wissen gehandelt, weil dich der Mut verlassen hat, und das spürst du in jeder Zelle. In Sachen Intuition kann man keine Kompromisse machen. Kompromisse macht man mit dem Verstand."

Mir kam noch einmal der Satz von Leif in den Sinn, der mit der Bedeutung von Zweifeln zu tun hatte: „Zweifel sind die Botschafter unserer Intuition", hatte er gesagt, „und Zweifel bieten auch die Chance, zurück in unsere Kraft und Verantwortung zu kommen.

Wenn wir diese Botschaft verdrängen, zahlen wir den Preis, und die Währung, mit der wir bezahlen, heißt Gesundheit und Freiheit."

Ein Weg aus der Kraftlosigkeit heißt Verantwortung

Der Wind hatte über die Mittagsstunden zugenommen und drückte immer kräftigere Wellen auf den Strand. Der Wasserstand war in den letzten zwei Stunden deutlich gestiegen, das konnte ich an einem Pegel sehen, den ich selbst aus einem Treibholzstock gebaut hatte. Als wir morgens am Strand angekommen waren, hatte ich ihn an der Wasserlinie eingegraben, jetzt stand er rund 10 Zentimeter tief im Wasser. Das mit dem Pegel hatte ich mir von Leif abgeschaut, der mir erzählt hatte, dass dies die einfachste Methode war, den Wasserstand richtig einzuschätzen. Und da ein erfolgreicher Jäger möglichst viele Informationen sammelt, um zu seiner Beute zu kommen, war der Pegel für ihn ein wichtiger Informant.

„Die meisten Fische fängt man bei steigendem Wasserstand!", hatte er gesagt. Ein Satz, den ich mir gemerkt hatte.

„Wofür steht der fünfte Stein im Kreis der Handwerkszeuge?", wollte ich nach einer kleinen Pause von Leif wissen.

„Der fünfte Stein unseres alten Jägerwissens ist der *Stein der Verantwortung*, antwortete Leif. „Wir tragen Verantwortung für unseren Stamm, für unser Revier und für uns selbst. Komm mit, ich will dir etwas zeigen!"

Leif stand auf und ich folgte ihm. Er ging an den kleinen Bach und setzte sich auf einen Stein, dort, wo der Bach ins Meer lief. Ich machte es mir auf einem Stein neben ihm bequem.

„Ich habe heute Vormittag die ersten Meerforellen gesehen, die sich vor dem Bacheinlauf gesammelt haben und bald in den Bach aufsteigen werden", sagte Leif. „Der Regen in der letzten Woche und in der vorletzten Nacht hat den Bach so anschwellen lassen, dass die Fische bald loslegen können. Schau aufmerksam auf die Wasseroberfläche, dann wirst du die eine oder andere Rückenflosse entdecken, die aus dem Wasser ragt!"

Gebannt blickte ich auf die Wasseroberfläche rund um den Bacheinlauf. Es dauerte ein paar Minuten, bis sich meine Augen an die durch die brechenden Wellen aufgewühlte Wasseroberfläche gewöhnt hatten. Und dann sah ich die erste Rückenflosse, keine zehn Meter von uns entfernt. Die Größe der Rückenflosse ließ erahnen, wie riesig der dazugehörige Fisch sein musste.

„Ah! Da vorne!" Ich zeigte mit dem Finger hin.

„Ist das nicht wunderbar?", fragte er mich, als direkt neben der ersten eine zweite Rückenflosse auftauchte.

„Sieht so aus, als hätten sich da schon zwei gefunden!" Ich war von dem Anblick völlig überwältigt.

Die Fische strahlten bei aller Geschäftigkeit eine tiefe Ruhe und Gelassenheit aus, die sich auch auf mich übertrug. Sie waren gekommen, um die nächste Generation Meerforellen auf die Welt zu bringen, und sie waren absolut fokussiert auf ihre Aufgabe. Nichts auf dieser Welt konnte sie von ihrem Vorhaben abbringen! Sie warteten jetzt nur noch auf den richtigen Moment, um über den Strand zu schwimmen.

„Sie wissen um ihre Verantwortung!", staunte ich. „Sie wissen, dass sie in ihren Geburtsbach zurückkehren müssen, um das Überleben ihres Stammes zu sichern. Diesen Anblick werde ich nie vergessen!" Da war ich mir sicher.

In der nächsten Stunde sahen wir unzählige Rückenflossen vor dem Bacheinlauf. Der Stamm sammelte sich zu seiner wichtigsten Reise im Jahreszyklus, und alle bis auf wenige Ausnahmen waren gekommen, um ihrer Bestimmung zu folgen. Und es schien fast, als hätten sie eine Abmachung mit den Überspringern draußen im Meer getroffen: Sie ließen ihnen ihre Freiheit, doch sie hatten ihnen vorher das Versprechen abgenommen, sich um den Stamm zu kümmern, falls ihnen auf ihrer großen Reise etwas zustieß.

Ein Wunder hatte sich mir auf einem kleinen Stück Strand offenbart.

≈

„Ihre Reise wird sie heute Nacht in den Bach führen!“, sagte Leif. „Der Wasserstand im Bach ist hoch genug und das auflaufende Wasser wird sie über den Strand tragen. Sie haben jetzt die Bedingungen, auf die sie den ganzen Winter gewartet haben!“

Leif sah richtig zufrieden aus. Mir schien, als würde dieser alte Mann sich nichts mehr herbeisehnen, als dass die Fische ihrer Bestimmung folgen konnten. Als sei es ihm ein persönliches Anliegen. Nun, das war es wahrscheinlich auch. Er fühlte mit den Fischen.

„Das haben sie mit uns gemeinsam“, sagte Leif, nachdem wir eine Weile dem Schauspiel vor der Bachmündung zugesehen hatten. „Die Fische haben auch eine Verantwortung für ihren Stamm! Obwohl das mit den Männern und der Verantwortung manchmal ein heikles Thema ist …“ Dabei sah Leif mich mit einem leicht schelmischen Blick an.

Und dann begann er von Männern zu erzählen, die er am Strand getroffen hatte: „Wenn die Männer Fische gefangen haben, dann haben sie in ihrer Wahrnehmung alles richtig gemacht. Sie waren genau zur richtigen Zeit am richtigen Ort. Sie hatten den richtigen Köder gewählt und den Blinker so perfekt durch das Wasser gedreht, wie es sonst kaum ein anderer auf dieser Welt konnte! Ihre Erzählungen waren die Erzählungen von Männern, die das

Meerforellenangeln erfunden hatten und die keinen Zweifel daran ließen, wer das Know-how hatte. Sie schritten am Strand entlang wie John Wayne zu seinen besten Zeiten. An ihrem Gürtel hing bloß kein Colt, sondern ein fünfzig Zentimeter langer Fisch. Ihre Patronen waren ihre Blinker und auf dem Griff ihrer Rute würde es am Abend eine Kerbe mehr geben. *Hoffentlich ziehen sie schnell ihre Wathose aus!*, dachte ich jedes Mal, *sonst droht das Ding noch vor lauter Testosteron zu platzen!*“

Ich lachte leise. „Ich seh's richtig vor mir! John Wayne, breitbeinig in seinen Wathosen, der ganz cool sagt: *Noch Fragen, Fremder?*“

Leif grinste mich an. „Genau. Alles an diesen Männern schrie: *Dies ist mein Strand, ich weiß, wie es geht, und nach mir wird niemals mehr überhaupt irgendein anderer auch nur ansatzweise das wissen, was ich wusste!* Doch dann gab es dummerweise auch Tage, an denen diese Cowboys nichts fingen. Statt wie John Wayne schlichen sie dann wie Popeye auf der Suche nach seiner Spinatdose über den Strand. Und dann schlug die große Stunde ihres Geschichtenerzählers: Der Wind war schuld, die Trübung des Wassers, der Wasserstand, die Jahreszeit, die Tageszeit, die sinkenden Wassertemperaturen, die steigenden Wassertemperaturen, die Fährgesellschaft, die Berufsfischer, die Sonne, der Mond oder der Angelgerätehändler. Nur sie selbst hatten mit ihrer Situation nichts zu tun! John Wayne macht schließlich keine Fehler! Statt die Verantwortung für ihre Entscheidungen und Handlungen zu übernehmen, waren sie aus ihrer Sicht das Opfer irgendwelcher Umstände – genau wie du, als du hier vor ein paar Tagen angekommen bist!“

Ich legte etwas Feuerholz nach und folgte gespannt den Ausführungen von Leif.

„Es ist deine Entscheidung, diesen Job zu machen. Es ist deine Entscheidung, so viel zu arbeiten. Es ist deine Entscheidung, so wenig Zeit mit deinen Kindern zu verbringen. Es ist deine Entscheidung, deine Gesundheit zu gefährden. Es ist deine Entscheidung, die Dinge in deinem Leben so zu gewichten, wie du es tust! Du bist ein Opfer deiner selbst gewählten Umstände! Es war die Entscheidung der Angler, den Platz zu wählen, an dem sie keine Fische gefangen haben. Es war ihre Entscheidung, zu dieser oder jener Tages- oder Jahreszeit angeln zu gehen. Es war ihre Entscheidung, bei Vollmond im Wasser zu stehen. Es war ihre Entscheidung, diesen oder jenen Blinker zu wählen."

Leif tippte mit einem Treibholzstock auf zwei Steine, die vor ihm lagen. „Weißt du, was einen guten von einem schlechten Jäger unterscheidet?" Er erwartete offensichtlich keine Antwort, denn er fuhr fort: „Der gute Jäger kennt keinen Geschichtenerzähler! Er übernimmt die Verantwortung für sein Handeln! Er ist ehrlich mit sich selbst und betrachtet sich niemals als Opfer seiner Umstände, weil er alles in voller Verantwortung selbst entschieden hat. Und von dieser Verantwortung hängt das Überleben des Stammes ab. Was hilft es John Wayne, wenn er an einem Tag, an dem er zur falschen Zeit am falschen Ort war, meint, alles richtig gemacht zu haben? Er hat nur dann die Chance, es am nächsten Tag besser zu machen, wenn er die Verantwortung übernimmt und daraus die richtigen Schlüsse zieht. Verantwortung führt aus der Kraftlosigkeit!"

Je länger wir auf den Steinen an der Bachmündung saßen und je länger meine Augen sich an das unruhige Oberflächenwasser gewöhnt hatten, desto mehr Fische entdeckte ich im Mündungsbereich. Es gab keinen Zweifel mehr: Ihre Reise in den Bach stand unmittelbar bevor.

„Haben wir morgen die Chance, die Fische beim Laichen im Bach zu beobachten?", wollte ich von Leif wissen.

„Auf jeden Fall!", antwortete er. „Wir werden dem Bachverlauf ein Stück folgen und dann werden wir die Fische sicherlich irgendwo finden! Was hältst du davon, wenn wir jetzt gemeinsam eine Runde angeln gehen?" Leif bedachte mich mit einem auffordernden Blick. „Ich würde dir gern einen Abschnitt hier am Strand zeigen, den wir noch nicht beangelt haben!"

„Das klingt spannend! Vielleicht fange ich ja noch den Fisch für meine Familie", freute ich mich.

Lass los, was dich festhält

Wir gingen zum Lagerfeuerplatz und holten unsere Angelruten. Wie immer, wenn es nicht unbedingt von Bedeutung war, sparten wir uns unnötiges Palaver. Jeder klarte seine Sachen, und als wir bereit zum Aufbruch waren, verriet Leif mir, wohin unsere Reise gehen würde.

„Siehst du die Landspitze hinter dem Bacheinlauf?", fragte er mich, und noch bevor ich antworten konnte, sprach er weiter: „Hinter der Landspitze beginnt ein spannendes Revier. Ich möchte dir die Strecke gern zeigen!"

Wir machten uns auf den Weg. Der Wind drückte immer noch kräftige Wellen auf den Strand ... Wellen, die uns alles an Stehvermögen abverlangen würden. Aber der alte Mann war sich seiner Sache wohl ziemlich sicher, sonst hätte er den Lagerfeuerplatz nicht verlassen.

Wir wateten durch den Bach, und mich berührte der Gedanke, dass an dieser Stelle in den nächsten Stunden Hunderte von Meerforellen meinen Watweg kreuzen würden. Die Reste des alten Holzbootes waren stumme Zeugen dieser Lebensreisen.

Kurze Zeit später erreichten wir die Landspitze. Leif blieb stehen. „Dort, wo die Steilküste beginnt, möchte ich gern mit dir angeln!" Er deutete auf eine Steilküstenstrecke in rund 200 Metern Entfernung.

Mit jedem Meter, dem wir uns der Steilküste näherten, wurde der Strand steiniger, und die letzten Sandflächen glichen mehr und mehr kleinen Inseln in einer endlosen Steinwüste. „So, wie es am Strand aussieht, so sieht es auch unter Wasser aus!“, war mir ein Satz aus einem kleinen blauen Angelführer in Erinnerung geblieben, und das verhieß für diesen Strandabschnitt ein raues Waterlebnis.

Als wir das Ziel unseres Ausflugs erreicht hatten, setzte sich Leif auf einen Findling und schaute hinaus aufs Meer. Ich suchte mir auch einen passenden Sitzstein und sah mir den neuen Küstenabschnitt genauer an.

Da war zur Rechten die Landspitze mit den größeren Steinen im Wasser. Parallel zum Ufer verlief, ähnlich wie an unserem Lagerfeuerstrand, eine Sandbank, die sich von der Landspitze bis weit vor die Steilküste erstreckte. Hier und da ragten größere Steine aus der Sandbank empor, und anders als auf der mir bekannten Strecke war die Sandbank mit tiefen Rinnen durchsetzt. Sie verbanden das tiefere Wasser hinter der Sandbank mit den Wannen im unmittelbaren Strandbereich. Wie Kanäle durchbrachen sie die Sandbank und bildeten ideale Passagen für die Fische auf dem Weg zu ihren Futterplätzen. Ich konnte die Rinnen an dem ruhigeren Oberflächenwasser erkennen, denn dort, wo das Wasser sich auf den flachen Sandbänken staute, brachen sich die Wellen. Die Rinnen waren mit Sicherheit sehr gute Angelplätze, genauso wie die Landspitze mit den größeren Steinen zur Rechten und das längere Steinriff zur linken Seite. Auch hier verrieten die brechenden Wellen den Verlauf des Riffs und sie ließen gleichzeitig die ungeheure Länge der Untiefe erahnen.

Viele spannende Angelplätze auf einer so kurzen Strecke, dachte ich und schaute zu Leif hinüber, der mich im nächsten Augenblick mit einer Idee überraschte.

„Ich möchte, dass du dir jetzt irgendwo zwischen der Landspitze zur Rechten und dem Riff auf der linken Seite einen Platz aussuchst, an dem du gleich angeln willst.“ Er schaute mich mit seinem klaren Blick an. „Fokussiere dich auf den ausgesuchten Platz, und lege in Gedanken den Punkt fest, von dem aus du deine Angel auswerfen willst.“

Ich wusste nicht, was Leif in diesem Moment vorhatte; was ich aber wusste, war, dass es nicht schaden konnte, ihm einfach zu vertrauen und seinen Anweisungen zu folgen.

„Wenn du den Platz für dich gefunden hast, möchte ich, dass du mir diesen Platz nicht verrätst, sondern mir lediglich ein Zeichen gibst, dass du deine Wahl getroffen hast. Und ich werde mich ebenfalls gedanklich auf einen Platz festlegen und meine Wahl auch für mich behalten!", schloss Leif.

Was immer auch gleich passieren würde, meine Neugierde war riesengroß! Ich war mir von Anfang an sicher, dass ich mein Glück in der breiten Rinne rund 50 Meter rechts von uns versuchen wollte. Anhand der Wellen und des erhöhten Wasserstands vermutete ich die Fische direkt in der tieferen Wanne vor der Rinne. Weite Würfe waren an der Stelle nicht nötig und wie bei der „Turnschuhforelle" konnte ich die Fische vom Ufer anwerfen. An dem Platz, von dem ich meine Angel auswerfen wollte, lag ein dicker alter Treibholzstamm.

Ich gab Leif das Zeichen.

„Okay, du hast deinen Platz gefunden?"

„Ja, habe ich!"

„Ich habe mir auch einen Platz ausgesucht!" Während er das sagte, kramte Leif aus seiner linken Watjackentasche eine kleine Blinkerbox hervor. Er stellte die Box auf einen Stein zwischen uns und öffnete sie. Sechs unterschiedliche Blinker kamen ans Tageslicht: ein grün-weißer, ein rot-schwarzer, ein blauer, ein rot-gelber, ein kupferfarbener und ein silberner Blinker.

Das Einzige, was sie gemeinsam hatten, war der Umstand, dass ihnen neue, spitze Haken sicherlich gutgetan hätten. Diese Haken waren der Beweis dafür, dass Salzwasser größere Zersetzungsprozesse in Gang setzt. Auf dem Einkaufsbon für die Dinger standen wahrscheinlich auch ein Kassettenrekorder fürs Auto und zwei antike Fleece-Pullover.

„Jetzt suchst du dir von diesen sechs Blinkern einen aus, mit dem du gleich an deinem gewählten Platz angelst!“, erklärte Leif. Inzwischen war mir auch klar, warum die Box aufgeklappt zwischen uns stand. „Behalte deine Wahl erst noch für dich und ich werde mich ebenfalls in Gedanken für einen der Blinker entscheiden!“

Klare Ansage!, dachte ich. Für mich gab es da nichts zu überlegen … gar nichts! In Gedanken nahm ich den rot-schwarzen Blinker aus der Box und vor meinem geistigen Auge sah ich die dicke Meerforelle bereits am Strand liegen. Niemals zuvor in der Angelgeschichte war es einem Angler gelungen, auf einem so rostigen Haken eine Meerforelle zu fangen!

Ich wusste, an welchem Platz ich angeln wollte und mit welchem Köder. Wieder gab ich Leif ein Zeichen. Jetzt konnte es endlich losgehen!

Während ich wartete, dass Leif endlich den Startschuss gab, passierte etwas, das mir ein wenig die Sprache verschlug.

„Wir machen jetzt mal was Neues!“, grinste er mich an. „Du sagst mir, wo ich angeln soll und welchen Blinker ich dort verwenden soll. Und umgekehrt weise ich dir einen Platz und den dazugehörigen Blinker zu!“

„Meinst du das ernst?“

„Das meine ich völlig ernst!“ Er klopfte mir auf die Schulter. „Und wer weiß, vielleicht wird die nächste Viertelstunde dein Leben völlig umkrempeln!“

Was auch immer der alte Mann vorhatte, ich fand seinen Vorschlag eigentlich nicht lustig. Ich war mir ziemlich sicher, dass in der Wanne vor der Rinne der Fisch für meine Familie wartete, und nun sollte ich mich auf das Risiko einlassen, an einem völlig anderen Platz zu landen? Und dass dieser Fall eintrat, war mehr als wahrscheinlich, denn unser „Spielplatz“ war mindestens 300 Meter lang und hatte reichlich andere Angelplätze zu bieten. Dass ich dann auch noch das Risiko einging, statt mit meiner „Erfolgsfarbe“

Rot-Schwarz mit irgendeinem anderen Köder im Wasser stehen zu müssen, machte meine Laune auch nicht gerade besser.

Ich merkte, wie sich ein innerer Widerstand in mir aufbaute.

„Also, du gehst auf die Landspitze zurück, dorthin, wo die drei Steine aus dem Wasser ragen, und du angelst mit dem grün-weißen Blinker!“ Leif schaute mich fröhlich an und bei seinen Worten fuhr mein Energielevel mit einem Satz von 100 auf 0 herunter.

Die totale selbsterfüllende Prophezeiung, dachte ich und wäre in diesem Moment am liebsten direkt zum Lagerfeuer zurückgegangen. Aber ich wollte kein Spielverderber sein, und weil ich dem alten Mann schon so viele wertvolle Erkenntnisse verdankte, ließ ich mich auf das Spiel ein und ließ das los, was ich an Weisheit und Intuition in mir trug: „Du angelst vor der Rinne fünfzig Meter rechts von uns … dort, an dem Treibholzstamm, und mit dem rot-schwarzen Blinker!“, gab ich weiter, was ich mir für mich selbst zurechtgelegt hatte.

Was für ein selbstloser Satz!

Bei meinem Gang zur Landspitze fühlte ich mich wie Popeye, der schon monatelang keine Spinatdose mehr zu Gesicht bekommen hat, und als ich an dem Platz vorbeikam, an dem Leif gleich meinen Fisch fangen würde, bekam ich richtig schlechte Laune. Ich stampfte über die Steine und blickte mit Verachtung auf mein grün-weißes Stück Blech.

Das Waten war alles andere als ein Kinderspiel. Die drei Steine lagen zwar nur 20 Meter weit im Wasser, aber mit jedem Schritt musste ich meinen Körper über dem unebenen Untergrund ausbalancieren.

Hätte die blöde Eiszeit die drei Steine woanders geparkt, müsste ich jetzt vielleicht nicht ganz bis zur Landspitze zurückgehen, reichte meine Missstimmung bis in die Erdgeschichte. Steine, groß wie Handbälle, und ein Unterwasserdschungel aus Blasentang und Seegras forderten meine ganze Konzentration. Dazu die kräftigen Wellen – ich rechnete jeden Moment mit meinem Untergang!

Vorsichtig tasteten sich meine Füße über den rutschigen Untergrund voran. Konnte ich den einen Fuß irgendwo sicher zwischen zwei Steinen parken, holte ich den anderen nach. Für einen Augenblick stellte ich mir meine Bewegungen auf einem glatt geteerten öffentlichen Parkplatz vor und fand kurzfristig meine gute Laune wieder.

Endlich stand ich an dem mir zugewiesenen „Da-wollte-ich-nicht-hin"-Angelplatz.

Der Blick auf das Wasser war ein Blick in die Hoffnungslosigkeit, aber ich wollte ja mitmachen, also warf ich das hässliche Stück Blech in die Fluten und holte es in der inneren Gewissheit, zur richtigen Zeit am falschen Platz zu stehen, wieder ein.

Wurf um Wurf passierte nichts.

Kein Wunder!, dachte ich. *Hier passiert auch die nächsten hundert Jahre nichts!* Da kam mir plötzlich mein Kollege auf meinem auserwählten Traumplatz wieder in den Sinn. Ich drehte mich, vorsichtig mit den Füßen tastend, in die Richtung, in der Leif stand … und im selben Moment saß der Blinker fest!

Wie ich auch zerrte und zog, der Blinker war scheinbar unwiederbringlich im Meeresboden verankert. Voller Wut riss ich die Rute nach hinten, um die Angelschnur zu sprengen und so die Situation aufzulösen. Da sah ich plötzlich den Blinker in Augenhöhe auf mich zufliegen und rettete mich nur durch einen beherzten Sprung zur Seite vor seinem Einschlag.

Im Augenwinkel sah ich den Blinker noch an mir vorbeifliegen und im nächsten Moment landete ich unsanft mit der Stirn voran auf dem vorderen der drei Steine. Ein dumpfer Aufprall, ein kurzes Sternenfunkeln, und augenblicklich spürte ich einen üblen Schmerz über meinem rechten Auge.

Ich konnte praktisch fühlen, wie die Beule in Windeseile wuchs, und es dauerte einen Augenblick, bis ich die letzten 30 Sekunden wieder zusammensetzen konnte. Noch etwas benommen, wickelte ich die Angelschnur auf und stellte fest, dass der Blinker sich erneut irgendwo verhakt hatte. Diesmal allerdings keine drei Meter vom Strand entfernt. Für mich war die „Platztauschaktion" jetzt ohnehin beendet und auf dem Weg zurück zum Strand sammelte ich den Rest Schnur und den Blinker wieder ein.

Mit meiner schmerzhaften neuen Errungenschaft trottete ich zurück zum Ausgangspunkt vor der Steilküste. Als ich an Leif vorbeikam, würdigte ich ihn keines Blickes. Ich tat so, als sei er gar nicht da. Aus einem starken und mutigen Jäger war ein beleidigter kleiner Junge geworden, der mit seiner linken Hand an seiner unrühmlichen Trophäe herumdrückte.

Leif angelte unbeeindruckt weiter, und es dauerte noch eine ganze Weile, bis er meinen Traumplatz verließ … und das sehr zu meiner Verwunderung ohne Fisch!

„Das war eine richtige Scheißidee!" Ich schoss ihm einen vorwurfsvollen Blick zu, als er wieder an den Sitzsteinen auftauchte.

Umso mehr verwunderte mich seine Reaktion. Mit einem Lächeln haute er mir einen Satz um die Ohren, den ich nicht mal im Ansatz verstand: „Das war das wahre Leben!", antwortete er, setzte sich wieder auf seinen Stein und kramte aus der anderen Innentasche seiner Watjacke eine Tafel Schokolade hervor.

„Was hat denn das mit dem wahren Leben zu tun?", wollte ich wild gestikulierend wissen und nahm dafür sogar meine linke Hand von der Beule.

„Tut es sehr weh?", fragte Leif mich in einem durchaus mitfühlenden Tonfall und reichte mir die Tafel Schokolade.

„Geht so!", antwortete ich kurz und wusste immer noch nicht, was so eine blödsinnige Aktion mit dem wahren Leben zu tun hatte.

Die Schokoladensorte passte zu meiner Laune: Zartbitter. Wenn es eine Schokoladensorte gibt, die ich absolut nicht mag, dann ist es Zartbitter-Schokolade. Angewidert reichte ich sie Leif zurück.

Er nahm sich ein Stück und ließ den Rest wieder in seiner Watjakke verschwinden, bevor er mir antwortete: „Als wir uns hier vor die Steilküste gesetzt und unsere Plätze und Köder ausgewählt haben, konnte jeder von uns seiner inneren Stimme folgend seine Entscheidungen treffen … wir waren beide im Fluss. Du wusstest genau, wo du hinwolltest und welchen Köder du an dem Platz benutzen wolltest", begann Leif seinen Satz näher zu erklären. „In dem Moment, wo ich dir den Platz und den Köder zugewiesen habe, ist aus einem selbstbestimmten, freien Mann, der seiner Intuition vertraut hat, ein fremdbestimmter Mann geworden. Ein Mann, der gegen seine innere Stimme Dinge tun musste, die er im Grunde seines Herzens gar nicht wollte. Ein Mann, der eigentlich einen besseren Plan für sich hatte!"

Ich war sprachlos, denn jetzt hatte auch ich begriffen, wie tief diese Erfahrung die Fremdbestimmung in meinem Leben widerspiegelte.

„Im Grunde deines Herzens bist du ein freier Mann, und das ist auch der sechste Stein im Kreis des alten Jägerhandwerkszeuges", knüpfte Leif die Verbindung zum Steinkreis. „Es ist der *Stein der Freiheit*!"

Leif begann das alte Jägerbild ausführlicher darzustellen: „Ein Jäger, dem man die Freiheit nimmt, seiner eigenen Intuition zu folgen, dem nimmt man auch die Chance auf Beute, weil er von seinem eigenen Weg, seinem eigenen Plan abgebracht wird! Ein Jäger, der fremdbestimmt ist, wird ständig vom dem inneren Gefühl beherrscht, zur richtigen Zeit am falschen Ort zu sein, so, wie es dir eben ergangen ist!"

„Aber du hast ja auch nichts gefangen, obwohl ich dir den Platz zugewiesen habe, den ich eigentlich für mich ausgesucht hatte!", warf ich ein.

„Das ist doch genau das, was ich meine", entgegnete Leif. „Der Platz selbst ist ja nicht das Problem gewesen! Aber ich habe auf *deinem* Platz gestanden – nicht auf meinem! Ich war in der Situation genauso fremdbestimmt wie du auf dem Platz, den ich dir zugewiesen habe … der übrigens mein Favorit gewesen wäre!“

„Stimmt, du warst ja in derselben miesen Situation wie ich!“, wurde mir jetzt erst richtig klar.

„Ich habe übrigens sofort gemerkt, wie alle meine Energien flöten gingen, als du mir den Platz zugewiesen hast, und wie ich innerlich gegen deine Entscheidung rebelliert habe!“, erzählte ich Leif.

„Das ist aber genau das, was die meisten Menschen jeden Tag erleben“, antwortete er. „Sie werden an Plätze gestellt, die andere ihnen zuweisen. Mit materiellem und geistigem Werkzeug ausgestattet, das andere für sie aussuchen … und dann sollen sie an dem zugewiesenen Platz ‚Beute‘ machen. Erschwerend kommt noch hinzu“, folgte er dem Gedanken noch ein wenig weiter, „dass man den Menschen auch noch sagt, wann sie an diesem Platz erscheinen sollen und wann sie ihn wieder verlassen dürfen. Und wann sie sich Pausen zur Erholung oder zum Innenblick nehmen dürfen!“

„Tja, du hast wohl recht – so sieht wirklich die Arbeitssituation vieler Menschen aus“, nickte ich.

„Und die ‚Beulen‘, die sie sich dabei holen, heißen Burnout, Stress, Schlafstörungen, Depression oder Schlaganfall.“ Leif öffnete seine Watjacke und kramte aus der Innentasche seiner Fleece-Jacke ein altmodisches Stofftaschentuch hervor. Wie lange war es her, dass ich ein Stofftaschentuch gesehen hatte?

Ich konnte mich nicht erinnern, doch wie lange es auch her sein mochte, dieses Taschentuch passte perfekt in das Leben dieses weisen alten Mannes. Ein Leben, in dem es noch Musikkassetten, einen alten Landrover, rostige Angelhaken und zwei Fleece-Pullover der ersten Generation gab.

Leif ging zum Meer und tauchte das Taschentuch in das kalte Wasser. Anschließend drückte er es kräftig aus und legte es mir mit den Worten: „Damit ist das Kühlen deiner Beule sicher effektiver!" in die Hände.

In diesem Moment wurde mir klar, dass man mit Papiertaschentüchern keine Beulen kühlen kann.

„Weißt du, was das eigentlich Dramatische an der Geschichte ist?", nahm Leif unser Gespräch wieder auf. „Es ist die Tatsache, dass nicht, wie in unserem Fall, der eine den anderen irgendwo hinstellt, sondern dass viele Menschen sich *selbst* in diese Situation bringen. Obwohl sie die Freiheit in ihrem Herzen tragen, entscheiden sie sich für die Fremdbestimmung!"

„Und der Kollege ‚Geschichtenerzähler' reibt sich dabei die Hände, oder?"

Leif schmunzelte und warf einen Stein ins Wasser.

„Wie bunt und kraftvoll die Welt wohl aussähe, wenn jeder seine innere Freiheit auch im Äußeren leben würde?", überlegte ich.

Wir machten uns auf den Rückweg zum Lagerfeuerplatz. Ich kühlte meine Beule und Leif sortierte seine Gedanken für eine neue Geschichte.

≈

„Hast du schon mal gehört, wie ein Jägerstamm in Südostasien Affen mit einem Kürbis fängt?", warf Leif kurz vor der Landspitze eine Frage auf, die mindestens so überraschend war wie seine Erkenntnisse zu unserem kurzen Angelausflug.

„Nein, ich glaube nicht!", lachte ich.

„Die Jäger schneiden ein Loch in den Hals eines Flaschenkürbis, gerade groß genug, dass eine ausgestreckte Affenhand durchpasst", erklärte Leif. „Dann höhlen sie den Kürbis durch das Loch vollständig aus. An der anderen Seite wird der Kürbis mit einem Seil an einem Pflock befestigt, der fest in der Erde verankert ist. Jetzt legen die

Jäger in den ausgehöhlten Kürbis eine Frucht, der die Affen kaum widerstehen können und die sie schon von Weitem riechen. Von der Duftspur angezogen kommen die Affen zum Kürbis, einer der Affen greift hinein und umschließt die Frucht mit seiner Hand. Dann versucht er, die Faust mit der Frucht wieder aus dem Kürbis zu ziehen, was ihm natürlich nicht gelingt.

Statt die Frucht loszulassen und sich für die Freiheit zu entscheiden, hält der Affe krampfhaft fest und versucht vergeblich, sich zu befreien, bis er seinen Jägern in die Hände fällt!"

„Also, was will uns diese Geschichte lehren? Lass los, was dich festhält", dachte ich laut, „sonst verlierst du deine Freiheit und fällst deinen Feinden in die Hände!"

„Das ist wirklich ein guter Satz." Leif schaute mich an. „ Lass los, was dich festhält!"

Ich dachte darüber nach, woran ich die letzten Jahre festgehalten hatte. Mein Statusdenken, meine Annahme, dass meine Träume nicht dazu bestimmt waren, gelebt zu werden, und das Gefühl, dass ich meine Existenzangst nur dann im Zaum halten konnte, wenn ich funktionierte und einfach so weitermachte wie bisher. Durch dieses Festhalten war mein Leben in den letzten Jahren immer enger, immer bedrückender und letztendlich immer fremdbestimmter geworden. Ich hatte den Zugang zu meiner inneren Freiheit verloren … und ich kühlte eine Beule, die mich daran erinnerte.

Als wir den Bach überquerten, bewegte ich mich mit noch mehr Umsicht fort als auf dem Hinweg. Ich war sicher, dass die ersten Fische unseren Watweg bereits passiert hatten und in den Bach aufgestiegen waren.

Vertrauen ist die Basis für Erfolg

Am Lagerfeuerplatz glühten nur noch die Reste eines ehemals kräftigen Lagerfeuers vor sich hin. Mit etwas Birkenrinde und trockenem Reisig hauchten wir dem Feuer schnell wieder Leben ein.

Wir setzten uns und tranken einen Becher Kaffee. Die Sonne senkte sich langsam Richtung Horizont und der Seewind hatte in den letzten zwei Stunden noch etwas zugelegt. Das Wetter meinte es gut mit den Fischen.

„Hast du Lust, mir etwas über den siebten Stein des Jägerhandwerkszeuges zu erzählen?“, fragte ich Leif, während wir den Kaffee genossen.

„Gern!“ Er nahm den siebten Stein aus dem Kreis in seine Hand, schloss sie zu einer Faust und sagte: „Der siebte Stein des Jägerhandwerkszeuges ist der *Stein des Vertrauens.* In den Herzen der Jäger war das Vertrauen auf sich selbst und das eigene Tun tief verankert. Sie vertrauten ihrer Erfahrung, ihrem Wissen und vor allen Dingen ihrer Intuition. Das war die Basis für ihren Jagderfolg.“

Ich hatte gelernt, nicht mehr ständig vorschnelle Fragen zu stellen, sondern einfach den Moment auszuhalten, den Leif manchmal schweigend verbrachte, bevor er seine Gedanken weiter ausführte.

Er trank einen Schluck Kaffee und dann ging es weiter: „Nehmen wir mal unsere Situation vorhin vor der Steilküste“, spannte Leif den Bogen zu unserem kleinen Ausflug. „Deine innere Stimme zu hören ist das eine – etwas anderes ist es, ihr tatsächlich zu vertrauen. In dem Moment, in dem du dich für einen Platz und einen Blinker entschieden hast, aus vollem Herzen zu fühlen: ‚Ja, ich vertraue meiner Intuition! Ich werde mit *dem* Blinker auf *den* Platz gehen und ich werde erfolgreich sein!‘“

„Du meinst, ohne Vertrauen auf meine Entscheidungen kann sich mein inneres Wissen nicht nach außen kehren?“, fragte ich nach.

„Genau so ist es! Und du hast so eine Situation am ersten Tag erlebt, als du dich für einen Blinker aus deinem überquellenden Angebot entscheiden musstest“, erinnerte Leif mich noch einmal an die „Qual der Wahl“, die es angeblich niemals gibt, wenn man seiner Intuition folgt. Eine Qual ist das nur für Menschen, die ihre Entscheidungen mit dem Verstand treffen, davon war er überzeugt.

„Du warst deiner Intuition gefolgt und hattest dich für das rotschwarze Modell entschieden, aber du hast deiner Wahl nicht vertraut“, erinnerte Leif mich an meine Selbstzweifel. „Genauso, wie der eine der beiden Angler aus Norddeutschland das Vertrauen auf seine Köderwahl verlor, als sein Kollege den ersten Fisch fing. Aber in unserem Herzen tragen wir das Wissen, dass wir unserer Intuition vertrauen können.“ Leif blickte auf den siebten Stein des Jägerhandwerkszeuges.

„Vermutlich ist es auch so, dass wir ohne das Vertrauen auf unsere Entscheidungen und Vorhaben auch schneller die Geduld und den Willen verlieren, die Dinge wirklich umzusetzen“, spann ich den Faden weiter.

„Wohl wahr!“, bestätigte Leif. „Das Vertrauen ist der Energielieferant für deine Geduld und für deinen Willen! Und wenn du erlebst, dass es mit deinem Willen und deiner Geduld in einer Sache nicht weit her ist, war diese Sache vermutlich keine Herzenssache!“, brachte Leif es auf den Punkt.

„Aber das gilt doch nicht nur für das Vertrauen auf mich selbst, sondern auch für das Vertrauen auf andere. Schließlich waren die Jäger früher doch häufig gemeinsam unterwegs“, fiel mir ein.

„Das stimmt. In uns steckt auch die Anlage dazu, anderen zu vertrauen!“, gab Leif mir recht. „Ein Mammut erlegt man nicht allein. Da muss man sich aufeinander verlassen können!“

„Dann hätte ich mich heute Nachmittag vor der Steilküste auch auf dich verlassen sollen?“, sagte ich etwas überrascht.

„Ja“, schmunzelte Leif, „aber auf die Idee bist du gar nicht gekommen, weil dir deine Intuition etwas anderes gesagt hat und du dieser inneren Stimme folgen wolltest. Vertrauen auf andere zu setzen gelingt dir nur dann, wenn du das Gefühl hast, dass ihre Vorhaben, ihre Ratschläge deinem inneren Wissen nicht widersprechen.“ Leif erklärte seine Gedanken an einem weiteren Beispiel: „Wenn jemand das Talent und den Wunsch in sich trägt, unbedingt Musik machen zu wollen, wird er es schwer haben mit Menschen, die aus ihm einen Seemann, Bäcker oder Finanzbeamten machen wollen. Er wird eher Menschen vertrauen, die sein Talent sehen und fördern. Du setzt Vertrauen auf die Menschen, bei denen du fühlst, dass sie dich und deine Wahrnehmung der Welt stärken und nicht versuchen, dich zu manipulieren.“ Leif schaute ins Lagerfeuer.

„Also Menschen, die akzeptieren, dass ich das Riff so erlebe und sehe, wie ich es tue, und mir nicht ihre Sichtweise des Riffs aufdrücken!“, fiel mir unser Gespräch über die unterschiedlichen Wahrnehmungen wieder ein.

„Ja, Menschen, die dich so annehmen und lieben, wie du bist, mit deiner Sicht der Welt!“

Liebe deinen Nächsten wie dich selbst

Leif kramte nach seiner Schokolade und bot mir erneut ein Stück an. Unser Gespräch hatte mir dermaßen das Herz gewärmt, dass sogar die Zartbitter-Schokolade an Schrecken verlor und ich mit Freude ein Stückchen davon zum Kaffee genoss.

„Diese Fähigkeit, dich selbst und deine Mitmenschen mit ihrer Sicht des Riffes anzunehmen, zu akzeptieren und zu lieben, ist auch der achte Stein unseres alten Jägerwissens: Es ist der *Stein der Liebe*!“ Leif legte den Stein des Vertrauens zurück in den Kreis und nahm den nächsten Stein in die Hand. „Nur das, was du liebst, wirst du achtsam und respektvoll behandeln."

Er begann eine kurze Geschichte zu erzählen: „Im letzten Jahr bin ich auf meinem Weg zu einem Angelplatz an der Südküste einer alten Frau begegnet. Sie lief ein gutes Stück vor mir am Strand, und ich konnte nur erkennen, wie sie sich ab und zu bückte, etwas aufhob und es ins Meer warf. Neugierig geworden, was die Frau da tat, ging ich etwas schneller, hielt aber einen gewissen Abstand ein, sodass ich sie in ihrem Tun nicht störte oder ablenkte. Dann konnte ich endlich erkennen, womit die Frau beschäftigt war: Sie sammelte den angespülten Plastikabfall auf und warf ihn zurück ins Meer. Durch den ablandigen Wind wurden die Fundstücke schnell auf das offene Meer hinausgetrieben. Sie war so versunken in ihr Tun, dass sie nicht bemerkte, wie ich mich langsam näherte. Ich sprach die Frau behutsam an und fragte, warum sie den Müll zurück ins Meer warf, und mit verbitterter Stimme antwortete sie mir: ‚Damit das Zeug wieder dorthin zurückgeht, wo es hergekommen ist!' Damit wandte sie sich von mir ab und setzte ihren Weg fort. Ich schaute ihr noch eine ganze Zeit lang nach, wie sie sich bückte, ein Stück Abfall aufhob und es zurück ins Meer warf."

„Komische Idee!" Ich schaute etwas verwirrt ins Lagerfeuer.

Leif zuckte die Achseln. „Die Frau konnte das Meer nicht mehr fühlen. Sie hatte den Respekt und die Achtung vor dem großen Wasser verloren. Ich sammle den Abfall am Strand auf, weil ich das Meer liebe."

„Das kann ich seit dieser Woche sehr gut verstehen!" Ich schaute zu Leif hinüber. „Mit jedem Stück, das ich vom Strand auflese, wende ich mich dem Meer zu, und statt wegzusehen, übernehme ich die Verantwortung, die ein Jäger für sein Revier übernimmt!", blieb ich in dieser wunderbaren Bilderwelt.

„Das ist wirklich sehr anschaulich!" Leif sah mich an. „Du hast das ganz klar erkannt: Ein Jäger übernimmt Verantwortung für sein

Revier! Es gibt übrigens einen weiteren Aspekt des alten Wissens, der mit dem Stein der Liebe zu tun hat, und der steht in der Bibel!“

Leif nahm den Stein und legte ihn in seine andere Handfläche. „*Liebe deinen Nächsten wie dich selbst!*, heißt es da, und wenn du etwas genauer hinsiehst, geht es bei diesem Satz nicht nur um Nächstenliebe, sondern auch darum, dass man sich selbst lieben muss. Wenn ich mich selbst liebe, erzähle ich mir keine Geschichten, sondern bin ehrlich mit mir selbst und übernehme die Verantwortung für mein Leben. Verliere ich diese Selbstliebe, diesen Kontakt zu meinem Herzen, macht sich in meinem Leben Fremdbestimmung und Verbitterung breit. Müll ins Meer zurückzuwerfen ist nichts anderes als ein Zeichen von Verbitterung“, kam Leif an den Anfang seiner Geschichte zurück. „Und Verbitterung ist genauso sinnlos wie das Tun dieser Frau – es bringt niemanden weiter.“

„Bedeutet das dann im Umkehrschluss, dass ich meinen Nächsten nur lieben kann, wenn ich mich selbst liebe?“ Ich konnte das Bild der alten Frau noch vor meinem geistigen Auge sehen.

„Das ist meine Überzeugung! Selbstliebe ist die Basis dafür, Liebe für den Nächsten, für Tiere und Pflanzen und für den Planeten zu fühlen.“ Leif sah mich fragend an. „Erinnerst du dich an die Geschichte von den Jägern auf Grönland?“

„Ja, klar!“, nickte ich.

„Weil die Jäger so viel Respekt und Liebe für die Tiere empfinden, wären sie niemals in der Lage, das Fleisch von Tieren aus Massentierhaltung zu essen. Sie können das Elend der Tiere schmecken, weil sie ihre Mitgeschöpfe lieben!“, erklärte Leif.

Ich war überhaupt zum ersten Mal in meinem Leben mit der Frage in Berührung gekommen, was meine Ernährung und mein Einkaufsverhalten mit Liebe zu meinen Mitgeschöpfen zu tun hatte. Aber mit den beeindruckenden Bildern der wilden Meerforellen und ihrem freien Leben im Hinterkopf stellte sich mir bei den Gedanken von Leif durchaus die Frage: *Wie viel Respekt und Liebe stecken eigentlich in einem Fastfood-Restaurant?*

Als ich Leif von meinen Gedanken erzählte, musste er herzhaft lachen und fand in dieser Assoziation gleich einen weiteren Aspekt der Selbstliebe. „Zur Selbstliebe gehört es übrigens auch, sich mit guten Dingen zu füllen. Wer nicht auf seinen Körper achtet, der wird irgendwann nicht mehr aus seinem Zelt kommen! Dicke Jäger sind einfach schneller aus der Puste!“ Er schmunzelte in sich hinein.

Ich musste an die zweite Filethälfte denken, die wir im Strandsand eingegraben hatten, und an die beiden Fischmahlzeiten der Vortage.

Nicht nur Liebe geht durch den Magen, auch Selbstliebe geht durch den Magen!, wurde mir mit einem Mal klar. Und dass die Art und Weise, wie ich mich in den letzten Jahren ernährt hatte, nicht gerade meine Vitalität gefördert hatte, begriff ich erst auf dieser Reise. Mein Lebensstil war über weite Strecken nicht vom Wissen um das *Survival of the fittest*, sondern eher vom Motto: *Survival of the fattest* geprägt gewesen. Die Geschichtenerzähler der Fastfood-Ketten hatten in mir einen folgsamen Zuhörer gehabt.

„Der wichtigste Aspekt unserer Selbstliebe ist aber der, dass wir uns nicht für Dinge verurteilen, die wir in der Vergangenheit so oder so oder anders gemacht haben“, kehrte Leif zum Ursprung des Gebots zurück. „Selbstliebe bedeutet in erster Linie, sich mit sich selbst und seinem Leben zu versöhnen.“ Nun schaute Leif mich an. „Stell dir mal einen Jäger vor, der auf der Jagd ständig mit sich selbst hadert: mit seinem Leben, seinen Entscheidungen und seiner Vergangenheit. Was glaubst du, wie erfolgreich der sein wird?“

„Na ja, er würde wahrscheinlich vom Bären gefressen werden, weil er sich überhaupt nicht auf die Jagd fokussieren kann!“ Ich sah es schon fast vor mir.

Mir wärmten die Gedanken an Selbstversöhnung das Herz. In den letzten Tagen hatte ich oft genug angefangen, mit meinem bisherigen

Leben zu hadern, und damit hatte ich mich selbst geschwächt. Alles war gut so gewesen, wie es war, weil ich ohne diese Erfahrungen nicht hierhergekommen wäre, diese Reise niemals angetreten hätte.

Das war eine wunderbare Erkenntnis für mich. „Sich mit sich selbst auszusöhnen ist der erste Schritt zurück in die eigene Kraft!", kapierte ich.

„Das ist ein wunderbarer Satz!" Leif holte etwas frisches Brot aus seinem Rucksack und bot es mir an. Das Brot stand dem selbst gefangenen Fisch energetisch in nichts nach, und während wir davon aßen, hörte ich plötzlich die Geräusche eines kleinen Außenbordmotors.

Ich schaute auf das Wasser und sah, wie sich ein kleines Boot von der Landspitze vor der Steilküste in Richtung Bachmündung näherte.

„Was hat der Typ vor?" Ich schaute etwas ungläubig zu Leif hinüber.

„Er wird vor die Bachmündung ein hundert Meter langes Netz setzen!"

„Was wird er?!", fragte ich völlig entsetzt zurück.

„Ja, das ist ein Nebenerwerbsfischer, der gekommen ist, um Meerforellen zu fischen."

„Aber die Fische sind doch voller Laich und unterwegs, um für die nächste Generation zu sorgen!" Jetzt schaute ich Leif völlig fassungslos an.

Der Mann in dem kleinen Boot ließ sich von unserer Anwesenheit nicht beirren, hielt seinen Abstand ein und begann damit, direkt vor der Bachmündung sein Netz ins Meer zu stellen.

„Das ist doch Wahnsinn!", rief ich fast schon verzweifelt.

„Ja, das ist Wahnsinn! Aber das, was er macht, steht im Einklang mit dem Fischereigesetz. Er darf dort Netze stellen und er darf Fische fangen. Er darf nur keine gefärbten Meerforellen anlanden!", erläuterte Leif mir dir Gesetzeslage etwas genauer.

„Aber das Netz wird sich doch mit den ganzen gefärbten Aufsteigern füllen!“ Ich konnte einfach nicht glauben, was ich sah.

„Ja, das ist die traurige Wahrheit. Er wird mit vielleicht zwei, drei blanken Fischen wieder zurück in den Hafen fahren.“

„Und die anderen Fische tot zurück ins Meer werfen?“, wollte ich es nun ganz genau wissen.

„Nein! Er wird die gefärbten Fische gleich hier vor Ort filetieren. Wenn du den Fischen die Außenhaut entfernst, wird dir keiner nachweisen können, ob der Fisch blank oder gefärbt war“, erläuterte Leif mir, wie man so eine Situation gewinnbringend auflöst.

„Aber da werden heute Nacht doch mindestens hundert laichreife Fische in dem Netz sterben!“, vermutete ich.

„Eher mehr“, war Leif sich sicher. „Das ist ein Grund, warum ich für mich vor dreißig Jahren entschieden habe, nur noch Fische zu essen, die ich selbst mit der Angel gefangen habe. Mit der Angel hast du die Chance, die Lebensgesetze einzuhalten und die Fische wohlbehalten ins Meer zurückzusetzen, für die es gerade einen anderen Plan im großen Kreislauf des Lebens gibt. Ein Netz, egal, ob es das eines Nebenerwerbsfischers oder das eines großen Hochseetrawlers ist, nimmt auf so etwas keine Rücksicht. In einem Netz sind alle Fische gleich: laichreife, kleine, große, solche, die gerade gelaicht haben … sie sterben alle zusammen den Erstickungstod!“

„Aber es muss doch eine Möglichkeit geben, das anders zu regeln!“ Aufgebracht schaute ich dem Mann vor der Bachmündung beim Aussetzen des Netzes zu.

„Es ist wie in der Geschichte mit der alten Frau und dem Plastikmüll“, nahm Leif meine Frage auf. „Die Frau würde den Müll erst dann aufsammeln, wenn sie das Meer wieder fühlen könnte. Und der Mann würde erst dann sein Netz im Boot lassen, wenn er die Fische wieder fühlen könnte! Dann würde er sein Netz jetzt nicht direkt vor der Bachmündung auswerfen oder den Platz erst später im Jahr aufsuchen, wenn die Fische ihre Laichwanderung beendet haben. Da siehst du den Unterschied zwischen den alten Jägerstämmen der Inuit oder der Natives und unserer modernen westlichen Gesellschaft. In unserer sogenannten zivilisierten Welt gibt es keine Mitgeschöpfe mehr, sondern nur noch *Ressourcen*", machte Leif die unterschiedlichen Weltsichten klar. „Und wenn es keine wilden Bestände mehr gibt, werden die *Ressourcen* eben in riesigen Ställen ohne Bewegungsfreiheit und Tageslicht gezüchtet. Oder, wie im Falle der Fische, in engen Netzkäfigen. Ein Lachs, der in seinem freien, wilden Leben Strecken von mehr als viertausend Kilometern zurücklegt, wird dazu verdammt, in einem zwanzig mal zwanzig Meter großen Netzgehege darauf zu warten, dass der Schlachter kommt!"

Leif trank einen Schluck Kaffee und wandte sich dann erneut dem Thema zu.

„Und diese Sicht der Welt beschreibt nicht nur das Verhältnis der Menschen zu den Mitgeschöpfen und Pflanzen, sondern auch den Umgang mit den Naturelementen. Wasser ist eine Ressource, Wind ist eine Ressource, Bodenschätze sind Ressourcen. Was heute im zivilisatorischen Sinne Ressourcen sind, das sind unserem alten Wissen zufolge unverzichtbare Teile im großen Netz des Lebens, denen wir mit Respekt und Achtung begegnet sind, weil wir in den Elementen dem Schöpfer begegnet sind. Wir haben die Dinge mit liebenden Augen betrachtet und dieses Wissen tragen wir immer noch in uns! Erst wenn wir beginnen, die Tiere und Pflanzen auf diesem Planeten wieder zu fühlen und in ihnen wieder Mitgeschöpfe zu sehen, werden wir uns wirklich dafür einsetzen, ihre und damit unsere natürlichen Lebensräume zu erhalten."

„Lass uns noch ein wenig Feuerholz sammeln!", schlug ich vor, denn ich musste die Geschichte mit dem Netz wirklich erst einmal verdauen.

Leif sah mir meine Niedergeschlagenheit wohl an. Er stand auf und nahm mich kurz in den Arm. „Dass dich das jetzt so beschäftigt, ist gut!“, munterte er mich auf. „Du bist gerade wieder ein Stück näher an dein altes Wissen gekommen!“

Die größte Kraftquelle heißt Sinn

Mit vier Armen voller Holz kehrten wir an das Lagerfeuer zurück. Langsam senkte sich die Sonne Richtung Horizont, doch bevor wir den Strand verließen, wollte ich unbedingt noch die Bedeutung des letzten Steins erfahren.

„Der neunte Stein ist der *Stein der Kraft*!“

Leifs Schokolade landete wieder bei mir, als er begann, mir die Bedeutung des Steins näher zu erklären: „In uns steckt das Wissen, dass wir nur erfolgreich auf die Jagd gehen können, wenn wir im Vollbesitz unserer Kraft sind. Damit meine ich unsere physische und psychische Kraft.“ Leif zeigte auf die vier Steine in der Mulde neben mir. „Ob du kraftvoll bist oder nicht, hat auch sehr viel mit den vier Steinen neben dir zu tun!“

„Du meinst, das, was mir am wichtigsten ist und was ich zuerst in meine Flasche füllen würde, spendet auch Kraft?“, fragte ich nach.

„Davon bin ich überzeugt!“, nickte Leif. „Das, was dir Sinn gibt, ist gleichzeitig auch deine Kraftquelle!“

„Bedeutet das im Umkehrschluss auch, dass ich Kraft verliere, wenn mir der Sinn in meinem Leben abhandenkommt?“

„Die Frage kannst du wahrscheinlich selbst am besten beantworten!“, spielte Leif den Ball zurück.

Ich blickte noch einmal auf den Steinkreis, den Leif in den Sand gelegt hatte, und im Stillen sprach ich noch einmal diesen wunderbaren Satz nach: „Ich bin ein mutiger, achtsamer, klarer, feinfühliger, verantwortungsvoller, selbstbestimmter, vertrauender, liebender und kraftvoller Mann. Das ist das Handwerkszeug, das in mir steckt!“ Plötzlich wurde mir etwas klar und ich zog überrascht die Luft ein.

„Was ist?“, fragte Leif.

„Ich bin noch einmal in Gedanken die Handwerkszeuge durchgegangen, und als ich die Steine der Reihe nach noch einmal benannt habe, ist mir aufgefallen, dass sie männliche und weibliche Prinzipien, so wie wir sie in unseren modernen westlichen Gesellschaften einordnen würden, in sich vereinen. Die Eigenschaften, die wir eher der männlichen Handwerkskiste zuordnen würden, wie Mut, Kraft und Freiheit, stecken genauso in uns wie die, die wir eher den Frauen zuschreiben, wie Intuition, Achtsamkeit, Liebe und Vertrauen. Na gut, Klarheit und Verantwortung würden in einer Diskussionsrunde vielleicht beiden Lagern zugetraut!“, grinste ich.

„Na, ob da jeder deiner Meinung ist?“, zweifelte Leif meine grobe Einteilung an. „Aber es ist deine Sicht des Riffs“, grinste er dann, „und egal, wer welches Handwerkszeug wem zuordnen würde, am Ende vereint ein guter Jäger sie alle in sich und nutzt sie für seinen Jagderfolg.“

„Und das heißt dann wohl, dass ich nur zurück zu mir selbst und meiner Kraft finde, wenn ich aus allen Quellen schöpfe!“, wurde mir langsam klar.

„So würde ich das auch sehen!“, stimmte Leif zu. „Was hilft es einem Mann, wenn er all seinen Mut und seine ganze Kraft für etwas einsetzt, aber nicht achtsam mit sich selbst umgeht und nicht auf sein Herz hören kann?“, griff Leif einige der Steine auf. „Dass die Männer heute so ausgebrannt sind wie die Welt, in der sie leben, hat viel damit zu tun, dass sie die ‚weiblichen‘ Anteile des Kreises im Laufe der Generationen mehr und mehr verdrängt haben, obwohl auch diese in ihnen stecken! In vielen Lebenswirklichkeiten ist nur noch das eher männliche ‚Höher-schneller-weiter‘-Prinzip vorherrschend. Ein

Prinzip, das alles ausbrennt: die Menschen, die Mitgeschöpfe und den Planeten. Deshalb ist der äußere Klimawandel eigentlich nichts anderes als ein Spiegel des inneren Klimawandels, den viele Menschen erleben."

Das war irgendwie typisch Leif – da lieferte er mal eben in einem Nebensatz eine Zustandsbeschreibung unserer Welt, die kaum treffender hätte sein können.

„Es geht heute mehr denn je darum, den Kontakt zu dem alten Wissen in uns wiederherzustellen und es als Handwerkszeug für einen neuen Lebensentwurf zu nutzen. Einen Entwurf, der den weiblichen und den männlichen Teil in uns braucht und der sich dem Netz des Lebens wieder zuwendet", brachte Leif seine Ideen in einem Satz zusammen.

„Du hast vorhin gesagt, dass ich den Zugang zu meinem inneren Wissen, meinem Handwerkszeug, nur über die Ehrlichkeit mit mir selbst hinbekomme", nahm ich den Gedanken noch einmal auf.

„Das stimmt, und diese Ehrlichkeit ist auch eine gute Möglichkeit, dir erst einmal eine Bestandsaufnahme, sozusagen einen energetischen Überblick über dein Leben zu verschaffen."

Ich griff nach meiner Thermoskanne und bot Leif stillschweigend auch etwas von meinem Kaffee an, denn mittlerweile kannte ich ihn gut genug, um ihm anzusehen, dass gleich eine seiner Geschichten kommen würde.

„Zweimal in der Woche gehe ich morgens zum Laufen an den Strand. Es ist eine herrliche Strecke, die über festen sandigen Untergrund an einer Dünenküste vorbeiführt.

Eines Morgens lief ich auf zwei Möwen zu, die am Strandsaum nach frisch angespülter Nahrung suchten. Ich behielt mein Lauftempo bei, und als ich vielleicht noch zwanzig Meter von den Möwen entfernt war, drehte sich die eine Möwe zu mir um, schaute mir in die Augen, stieg auf, flog über mich hinweg und landete dort, wo ich vor fünf Sekunden noch meine Spuren in den Sand gedrückt hatte. Die andere Möwe flog auch auf, bevor ich ihr zu nahe kommen konnte – aber sie flog fünfzig Meter weiter den Strand entlang und setzte sich wieder in meinen Laufweg. Zehn Sekunden später kam also die gleiche Situation: Ich lief auf die Möwe zu, sie drehte sich kurz ängstlich um und flog dann fünfzig Meter weiter, um zehn Sekunden später wieder in der gleichen Situation zu landen. Ich lief ... sie flog ... ich lief ... sie flog. Die erste Möwe war unterdessen schon längst wieder dabei, in aller Ruhe ihrer Beschäftigung nachzugehen!"

Wir lachten beide gleichzeitig trocken auf und Leif blinzelte mir achselzuckend zu. „Wenn du den Dingen, die dich verfolgen, sinnvoll begegnen willst, musst du dich ihnen zuwenden und ihnen in die Augen schauen – nur so kannst du sie überwinden. Wenn du nur kopflos davor wegläufst, holen sie dich früher oder später immer wieder ein. Du wirst irgendwann entkräftet zusammenbrechen, denn sie haben den längeren Atem."

Eigentlich hatte ich gedacht, Leifs Geschichte wäre nun zu Ende. Doch dann ging es plötzlich richtig ans Eingemachte!

„Stell dir vor, du wärst ein neunzylindriges Auto!" Leifs Bilderwelt schien wirklich unerschöpflich zu sein. „Deine neun Zylinder sind deine neun Handwerkszeuge. Je mehr Zylinder verstopft sind, desto schlechter fährt dein Auto." Die Gleichung war so weit einfach und nachvollziehbar. „Also musst du alle Zylinder durchpusten, damit sie die bestmögliche Leistung bringen. Je mehr Zylinder du klarkriegst, desto besser läuft das Auto, so einfach ist das!"

„Und das von jemandem, der einen vorsintflutlichen Landrover fährt!", grinste ich und wollte dann von ihm wissen, wie ich die verstopften Zylinder wieder in Schwung bekommen konnte.

„Da sind wir wieder bei dem Stein im Inneren des Kreises, der Ehrlichkeit mit dir selbst. Am besten nimmst du heute Abend dein Tagebuch zur Hand und machst dir für jedes Handwerkszeug eine

Skala von eins bis zehn. Eins bedeutet total mutlos, zehn total mutig. Und so weiter. Du markierst für jedes der neun Handwerkszeuge deinen aktuellen Zustand auf der Skala."

Das fand ich eine gute Idee und Leif gab mir noch einen weiteren Ratschlag mit auf den Weg. „Damit die Karre überhaupt erst einmal wieder ein bisschen in Schwung kommt, ist es eine gute Idee, dir als Erstes die drei Handwerkszeuge vorzunehmen, die in deiner Selbstanalyse am schlechtesten abgeschnitten haben. Nehmen wir mal an, du stellst fest, dass es um deinen Mut nicht gerade zum Besten bestellt ist."

Hier stimmte das Beispiel von Leif wahrscheinlich sogar mit meiner Selbsteinschätzung überein …

„Dann überlegst du dir drei Schritte, die den Pegel in deinem Mut-Zylinder wieder anheben. Es können große Schritte sein oder Tippelschrittchen – das ist nicht wichtig, weil sich in dem Moment etwas ganz Entscheidendes bei dir verändern wird: Du läufst nicht mehr weg, sondern wendest dich deinem Mut wieder zu."

Und natürlich ließ Leif es sich nicht nehmen, mir ein paar praktische Beispiele zu nennen. „Ich war einmal mit einem Freund in einem Restaurant zum Essen. Wir bestellten ein Drei-Gänge-Menü, und um es mal vorsichtig auszudrücken: Das Ganze sah recht übersichtlich aus. Da überkam meinen Freund die Idee, statt der Nachspeise noch einmal den Hauptgang zu bestellen. Die Idee war das eine, der Mut, dem Kellner diesen Wunsch auch kundzutun, das andere. In ihm kamen alle Feinde hoch, die in so einem Moment hochkommen können: ‚Aber so etwas macht man doch nicht!', ‚Wie kannst du nur!', ‚Die gucken dich alle an', und, und, und … Und dann sagte mein Freund sich plötzlich: ‚Egal, ich tue es einfach!' Und er bestellte als Nachspeise noch einmal den Hauptgang. Er nahm einfach seinen Mut zusammen, um einem Impuls zu folgen, und das war ein großer Schritt für ihn."

Ich stellte mir natürlich sofort das Gesicht des Kellners bei dieser Szene vor und musste grinsen.

„Wenn du Dinge tun willst, die du noch nie getan hast, dann musst du mutig sein! Ein Schritt könnte also sein: ‚Zukünftig bestelle ich im Restaurant genau das, was mein Bauch mir sagt!' Vielleicht fällt dir aber auch etwas ein, das mit unserer Situation vor der Steilküste vergleichbar ist. Ein Schritt zu mehr Mut könnte es sein, in so einer Situation zu sagen: ‚Vielen Dank, aber ich weiß selbst am besten, wo und womit ich angeln gehe!' Du kannst auch den Mut in dir stärken, indem du endlich zu deinen Träumen stehst: die Reise zum Nordpol, der selbst geschriebene Song, ein Leben auf dem Land, dein erster Roman, die Versöhnung mit einem Freund oder was sonst in deinem Leben darauf wartet, endlich gelebt zu werden. Schreib die drei Dinge auf, die dir zuerst in den Sinn kommen, wenn du an das Wort *Mut* denkst. Und nicht vergessen: Mit deiner Intuition solltest du keine Spielchen treiben!" Jetzt lächelte Leif mich an. „Sie ist der Zugang zu deinem Herzen und zu dem, was dich stärkt. Also: Wenn du die drei Schritte für den ersten schwach besetzten Stein gefunden hast, nimmst du dir den nächsten Stein vor und überlegst dir ebenfalls drei Schritte, die den Zylinder wieder durchpusten und in seine Kraft bringen."

„Da habe ich ja erst mal gut zu tun", freute ich mich.

„Ja, und der Weg ist das Ziel, denn mit jedem Schritt, den du in diese Richtung gehst, wirst du zu mehr Kraft und Stärke zurückfinden!"

≈

Die Sonne war schon vor einer halben Stunde im Meer versunken, und die Meerforellen waren wahrscheinlich längst dabei, ihrer inneren Stimme zu folgen.

Ich konnte mich nicht erinnern, wann ich zuletzt so einen perfekten Tag erlebt hatte. Der Geschichtenerzähler war von der Klippe gestürzt, und statt weiter davonzufliegen, würde ich jetzt stehen bleiben und hinschauen, um im Bild mit den Möwen zu bleiben. Ich freute mich auf mein Tagebuch, das Ferienhaus und darauf, meine verstopften Zylinder wieder auf Vordermann zu bringen!

„Das war ein guter Tag für mich!" Ich schaute Leif mit einem Lächeln an. „Danke!"

Als wir den Strand verließen, machten sich, wie schon am ersten Tag, drei Enten im Schutz der Dunkelheit auf den Weg zu ihren Fischgründen. *Survival of the fittest!*, ging es mir durch den Kopf, als ich den ausgebufften Vögeln hinterherschaute.

Auf der Rückfahrt zum Ferienhaus schwieg der Kassettenrekorder. Der Weg vom Strand ins Ferienhaus war ein Übergang in Stille, und ich genoss es, den Eindrücken des Tages nachzuspüren, während die Landschaft langsam an mir vorüberzog.

Bevor wir uns am Ferienhaus verabschiedeten, gab Leif mir noch ein Versprechen für den nächsten Tag: „Morgen werde ich dir etwas über den Zusammenhang zwischen dem Steinkreis des Jägerhandwerkszeuges und deinen vier Steinen in der Mulde erzählen!"

Wir umarmten uns und ich machte mich auf den Weg in mein Ferienhaus.

Ich freute mich schon auf ein wärmendes Feuer im Ofen und einen leckeren Tee. In dem kleinen Holzhaus fühlte ich mich sehr wohl. Der Blick aus den großen Fenstern aufs Meer wurde niemals langweilig, selbst wenn es in der Nacht nur ein Blick auf diffuses Restlicht war, das der Mond auf die Wasseroberfläche zauberte.

Ich nahm mein Tagebuch zur Hand und machte mich daran, meine Zylinder durchzupusten.

„Der Weg ist das Ziel! Und seit diesem Tag hat eine neue Reise für mich begonnen – die Reise zu meinem alten Wissen und damit zu mir selbst!“

Erst nach Mitternacht konnte ich mich von meinem Tagebuch und meinem Innenblick trennen. Zufrieden und glücklich schlief ich ein und träumte davon, wie ein alter Mann mit einem Stetson auf einen rot-schwarzen Blinker eine fünf Kilo schwere, silberblanke Meerforelle fing. Er stand fünfzig Meter rechts von zwei bequemen Sitzsteinen und teilte sich den Platz mit einen Stück Treibholz. Das Besondere an dem Traum war, dass der alte Mann den Fisch trotz eines unendlich rostigen Hakens sicher landen konnte.

Der siebte Tag

Wenn es für die, die nach uns kommen, eine Welt geben wird, in der sie leben können, dann nur deshalb, weil wir es verstanden haben, den Wandel von der industriellen Wachstumsgesellschaft zu einer langfristig lebenserhaltenden Gesellschaft zu vollziehen.

Joanna Macy

Der Landrover rollte auf den Parkplatz und Leif drückte mit einem verschmitzten Lächeln die *Temptations* in die Abgründe seines Kassettenrekorders. Einen Augenblick später ertönte, etwas leiernd und kratzig, der Song „My Girl". Für einen Moment überkam mich der Gedanke an eine Reinigungskassette, aber irgendwie war einfach alles gut, so wie es war. Wir fuhren in dem alten Landrover die Küstenstraße entlang und sangen lauthals mit.

Auch eine Karaoke-Einlage kann ein Übergangsritual sein!, dachte ich und spürte mal wieder, wie perfekt Musik und Lebensfreude zusammenpassten.

Das letzte Stück zum Strand war, wie immer, ein Weg in Stille, und der erste Becher Kaffee des Tages schmeckte mit dem weiten Blick zum Horizont besonders gut.

Das Wetter meinte es gut mit uns. Die Sonne stieg langsam über dem Kiefernwald hinter den Dünen empor und weit und breit war keine einzige Wolke zu sehen. Der Wind, der gestern Nachmittag noch die Wellen vor sich hergetrieben hatte, war eingeschlafen. Nur noch ein paar letzte kleine Wellen rollten auf die Sandbänke zu, um dort all das, was sich in ihnen angestaut hatte, wieder loszulassen.

Mein Blick fiel auf die zwei Flaggen, die das unselige Netz vor der Bachmündung markierten. *Wie viele Meerforellen sind dieser Falle über Nacht wohl zum Opfer gefallen?*, fragte ich mich und war gleichzeitig froh darüber, dass schon viele Fische direkt vor der Bachmündung standen und so ihre Reise mit ihrer wertvollen Fracht fortsetzen konnten.

„Jetzt würde ich gern den Bach entlanggehen und sehen, wie die Meerforellen laichen!", erinnerte ich mich an unseren gestrigen Plan.

„Das ist eine gute Idee!", stimmte Leif mir zu. „Komm, wir machen uns auf den Weg!"

Wir gingen an die Bachmündung und folgten von dort über einen kleinen verschlungenen Pfad dem Bachlauf ins Landesinnere. Es war ein kleiner Bach, kaum breiter als fünf Meter und nicht sehr tief; das Bachbett war gut zu erkennen. Das Wasser kannte keine Widerstände. Von einem leichten, aber stetigen Gefälle zum Meer getrieben, umlief es die kleineren und größeren Hindernisse mit einer Leichtigkeit, die in dem balsamischen Geräusch eines leisen Plätscherns Gestalt gewann.

Der Untergrund des Bachs war durchsetzt mit Sand- und Kiesbänken und der ewige Lauf des Wassers hatte über die Jahrtausende auch tiefere Gumpen und kleine Wasserfälle im Bachlauf entstehen lassen. An einigen Stellen sammelte sich Totholz, das darauf wartete, mit dem nächsten Hochwasser die letzte große Reise zum Meer anzutreten.

Wir folgten dem kleinen Uferpfad, der uns durch dichtes Gestrüpp und über einige umgestürzte Bäume, die quer über dem Bach lagen, bis an eine freiere Uferstrecke führte. Schon von Weitem konnten wir unzählige Schwanz- und Rückenflossen erkennen, die durch die Wasseroberfläche brachen. Vorsichtig näherten wir uns den Fischen und ich glaubte meinen Augen kaum zu trauen: Der kleine Bach war voll mit Meerforellen! Vielleicht 200 oder sogar 300 Fische, die wir auf dem nächsten Kilometer Bachstrecke beobachteten.

Die Weibchen schlugen mit ihrer Schwanzflosse Laichgruben in das Kiesbett. Größere Fische wählten gröberen Kies, kleinere Fische suchten nach feinerem Kies. Die Kieselsteine wurden so lange beiseitegewedelt, bis eine Laichgrube entstanden war. Dann begannen die Weibchen mit der Eiablage, und die Männchen, die dem Bau der Gruben nur zugesehen hatten, besamten die Eier sofort nach ihrer Ablage. Anschließend versiegelten die Weibchen das Gelege wieder mit ihrer Schwanzflosse.

„Es ist wichtig, dass die Fische den richtigen Untergrund und den idealen Standort für ihre Eiablage wählen", erklärte mir Leif. „Ist zu viel Sand zwischen dem Kies, bekommen die befruchteten Eier nicht genug Sauerstoff und gehen ein. Andererseits muss das Gelege so gut gesichert sein, dass die Eier nicht sofort ausschwemmen, wenn der Bach durch die Schneeschmelze oder Regenwasser plötzlich den zwei- oder dreifachen Strömungsdruck entwickelt!"

Das Wunder des Lebens offenbarte sich mir in einem kleinen Bach! Staunend sah ich zu, wie die Fische ein paar Meter weiter schwammen und eine weitere Laichgrube anlegten.

„Es ist ganz normal, dass die Fische zwei, drei Laichgruben hintereinander anlegen!", erklärte Leif. „Und wenn sie ihre wertvolle Fracht abgeliefert haben, gibt es für sie nur ein Ziel: So schnell wie möglich zurück ins Meer! Und viele von ihnen werden die Reise im nächsten Jahr wieder unternehmen!"

„Wenn sie nicht gleich in diese blöde Falle tappen, die da draußen vor der Bachmündung lauert!", warf ich ein.

„Oder als blanker Fisch auf einen rot-schwarzen Blinker reinfallen!", grinste Leif mich an. „Es ist der große Kreislauf des Lebens, und unsere Verantwortung ist es, dieses lebendige System nicht auszubeuten, sondern ihm mit Respekt und Liebe zu begegnen. Fische sind Mitgeschöpfe. Du hast jetzt erlebt, mit wie viel Mut, Willen und Verantwortungsbewusstsein sie das Überleben ihres Stammes sichern, und ich hoffe, dass das deine Wahrnehmung für den großen Kreislauf des Lebens sensibilisiert hat. Denn wie die Meerforellen hat jedes Tier und jede Pflanze auf diesem Planeten seine ganz einmalige und faszinierende Geschichte zu erzählen. Dazu sage ich dir gleich am Strand noch mehr."

Darauf war ich schon sehr gespannt, denn die Arbeit des gestrigen Abends hatte mir mächtig Rückenwind für die Zeit nach meinem Besuch auf dieser Insel gegeben, und ich konnte gut noch etwas mehr „Futter" gebrauchen. Die „alte Karre" war wieder in Schwung gekommen, und deshalb freute ich mich nun besonders darauf, noch etwas mehr über die vier Steine in meiner Mulde zu erfahren.

Wir schauten den Meerforellen noch eine ganze Zeit lang zu, bevor wir an den Strand zurückkehrten.

≈

Draußen auf dem Meer war gerade ein Mann damit beschäftigt, ein langes Netz aus dem Wasser zu ziehen. Ein Netz voller Fische, die das Ziel ihrer Lebensreise nicht mehr erreichen würden …

Ich ging in den Kiefernwald, um nach Feuerholz zu suchen, und auf dem Weg dorthin kam ich an unserem Fisch vorbei, der unter einer dicken Dillschicht im Strandsand ruhte.

Während ich nach Holz suchte, hielt der alte Mann Ausschau nach weiteren Steinen am Strand. Steine, mit deren Hilfe er mir etwas über den Sinn des Lebens beibringen wollte. Er wählte die Steine mit großer Sorgfalt aus, ganz versunken in sein Tun. Er tat das, was er tat, mit voller Hingabe.

Als ich zurückkam, war Leif gerade damit beschäftigt, die Steine zum Steinkreis des Jägerhandwerkszeuges hinzuzufügen.

„Geh ruhig noch eine Runde fischen“, sagte er zu mir, „ich brauche noch etwas Zeit!“

Das war eine sehr gute Idee, denn schließlich war die Mission „Familienfisch“ gestern kläglich gescheitert. Die Beule war zwar über Nacht verschwunden, aber ein blauer Fleck markierte immer noch die Stelle, wo ich auf den Findling geprallt war. Einen Satz in meinen Tagebuchaufzeichnungen hatte ich dieser Beule gewidmet, und ich freute mich darauf, zukünftig mutig zu dem zu stehen, was mein Herz mir sagte!

„Alles zurück auf null“, sagte ich und machte mich auf den Weg zum Riff.

Der Wasserstand war, trotz des abflauenden Windes, etwas höher als am Vortag. Das Wasser, das gestern in den östlichen Teil der Ostsee gedrückt worden war, schwappte heute dorthin zurück, wo es herkam, in den westlichen Teil. „Badewanneneffekt“ heißt dieses Phänomen, und wer schon einmal mit seinen Kindern in der Badewanne gesessen hat, der weiß, wie verlässlich dieses Prinzip funktioniert.

Ich warf meinen Blinker aus und war guter Hoffnung, als erfolgreicher Jäger ans Lagerfeuer zurückzukehren.

Es war vielleicht der zehnte Wurf, als ich plötzlich einen kurzen Ruck in der Angelrute spürte, ganz so, als würde jemand unangemeldet an eine Haustür klopfen.

Ein Fisch hatte den Blinker attackiert, ihn dann aber schlauerweise wieder losgelassen. Aber eines war nun sicher: Da draußen war ein Fisch für mich unterwegs!

Ich warf den Blinker erneut so aus, dass der Fisch unweigerlich in die gleiche Situation geriet, die er eben noch souverän gemeistert hatte. Und dann dasselbe Spiel: beim Einholen ein kurzes Anklopfen … und wieder ließ der Fisch den Blinker ziehen.

Ich weiß nicht, wie ich auf die folgende Idee kam, aber sie wurde sicherlich von der Ahnung gespeist, dass wir dieses Spielchen noch unendlich fortsetzen konnten, ohne dass ich den Fisch an den Haken bekommen würde: Ich warf den Blinker erneut aus, und noch bevor er überhaupt einen Zentimeter im Meer versinken konnte, begann ich, ihn im höchsten Tempo wieder einzudrehen.

Wie ein Speedsurfer sauste der Blinker über die Wasseroberfläche. Setzte kurz auf, hob wieder ab, um gleich wieder aufzusetzen; das Ganze in einem ungeheuren Tempo. Als sich hinter dem surfenden Blinker eine Bugwelle aufbaute, wusste ich, dass mein Plan aufgehen würde.

Als die Bugwelle den Blinker einholte, kochte im selben Moment das Wasser, und die Rute bog sich im Halbkreis. Es war der härteste Biss, den ich in meinem bisherigen Anglerleben erlebt hatte!

Der Fisch sprang aus dem Wasser, fast, als wolle er sehen, wer sich diese schlaue Strategie ausgedacht hatte, und schwamm dann über das Riff in Richtung Landrover-Stein. Der Haken saß sicher im Fischmaul, das wusste ich, denn wer so wild zupackt, der packt richtig zu!

Es dauerte ein paar Minuten, bis sich der Fisch in sein Schicksal ergab und ich eine silberblanke Meerforelle von geschätzten 60 Zentimetern Länge in meinen Händen hielt! Ich war der glücklichste Mann auf dem gesamten Planeten!

Die Rückkehr von Reinhold Messner nach seiner Solobesteigung des Mount Everest war wahrscheinlich bei Weitem nicht so triumphal wie mein Einzug ans Lagerfeuer.

Leif kam mir mit einem strahlenden Lächeln entgegen und umarmte mich mit den Worten: „ … und das alles ohne Beule!“

„Diesmal hat mir ja auch niemand reingequatscht!“, lachte ich.

≈

Bevor wir uns ans Lagerfeuer setzten, nahm ich den Fisch am Wasser aus. Die Meerforelle hatte alles gefressen, was ihr in den Weg gekommen war: In ihrem Magensack fanden sich drei Garnelen, ein Tobiasfisch, zwei Tangläufer und ein kleiner Stichling. Einer der Tangläufer fing vor Freude an zu zappeln, als ich ihn aus dem Sack pulte und er wieder das Tageslicht sah. Er schwamm genauso fröhlich davon wie seine Kollegen vor zwei Tagen.

„So, jetzt ist es genug!", strahlte ich Leif an. „Ich freue mich auf unser Lagerfeuer und vor allen Dingen auf deinen Steinkreis!"

Das Rad des Lebens

Und dieser Kreis sah nun noch beeindruckender aus als der des Jägerhandwerkszeuges vom Vortag. Zu meiner Überraschung aber hatte Leif den Kreis des Handwerkszeuges einfach in seinen neuen Kreis integriert. Und bei genauerem Hinsehen gab es noch eine zweite Überraschung: Leif hatte meine vier Steine aus der Mulde ebenfalls in den Kreis mit eingebaut.

Einer Windrose gleich lag ein Stein im Norden, einer im Osten, einer im Süden und einer im Westen des Kreises. Ihre Verbindung zum inneren Kreis des Jägerhandwerkszeuges bestand jeweils aus einer Achse von drei kleineren Steinen.

„Hier im Sand liegt das *Rad des Lebens.* Es ist zusammengesetzt aus dem alten Jägerhandwerkszeug im inneren Kreis und dem Sinn in deinem Leben, symbolisiert durch die vier Steine aus deiner Mulde, im äußeren Kreis", begann Leif mir das Rad zu erklären. „Dieses Rad ist eine Vision, die getragen ist von der Verantwortung, dem Mitgefühl und dem Respekt allem Lebendigen gegenüber. Es ist eine Vision, die alles umschließt: eine erfüllte, selbstbestimmte Arbeit, die Verantwortung für die nächste Generation und den Stamm, die

Verantwortung für die eigene Gesundheit und Spiritualität und die Verantwortung für die Schöpfung."

„Wow! Und wofür stehen jeweils die drei Steine, die meine Steine mit dem Jägerhandwerkszeug verbinden?" Auf die Erklärung war ich jetzt wirklich gespannt.

„Sie vertiefen noch einmal die Bedeutung des jeweiligen Sinnsteins", antwortete Leif. Und bevor er damit begann, die Steine näher zu erklären, machte er unverhohlen klar, warum wir heute oftmals an der Grenze unserer Belastbarkeit ankommen. „In ihrem Rad des Lebens haben die meisten Männer heute nicht mehr vier Agreements, sondern nur noch eins, und das heißt Arbeit. Sie tragen zwar noch das innere Wissen in sich, dass sie sich um ihre Kinder, um sich selbst und um die Bewahrung der Schöpfung kümmern sollten, aber sie halten sich nicht an diese Abmachung, sondern haben sich in der Falle des ewigen wirtschaftlichen Wachstums verrannt. Die Kraftlosigkeit vieler Männer hängt mit den gebrochenen Agreements zusammen. Das Rad des Lebens lebt von der Balance. Es lebt davon, dass alle vier Teile die gleiche Wichtigkeit in deinem Leben haben!"

Ja, das Rad sah wirklich sehr harmonisch aus, wie es dort vor mir im Strandsand lag. Ich stellte mir vor, wie seine Form in den letzten Jahren bei mir ausgesehen hatte: ein etwa fußballgroßer Stein für die Arbeit, ein tennisballgroßer Stein für den Stamm und zwei mickrige Kieselsteine für meinen Innenblick und für die Bewahrung der Schöpfung. Das war wirklich mächtig unrund. Und irgendwann platzt dann der Reifen …

„Es ist auch wieder wie in der Geschichte mit den zwei Möwen", holte Leif mich aus meinen Gedanken. „Du kannst zwar immer wieder aufsteigen und kurz das Gefühl haben, dass du der Verantwortung für dich selbst, deine Kinder und den Planeten davonfliegen konntest, aber deine Agreements werden dich immer wieder

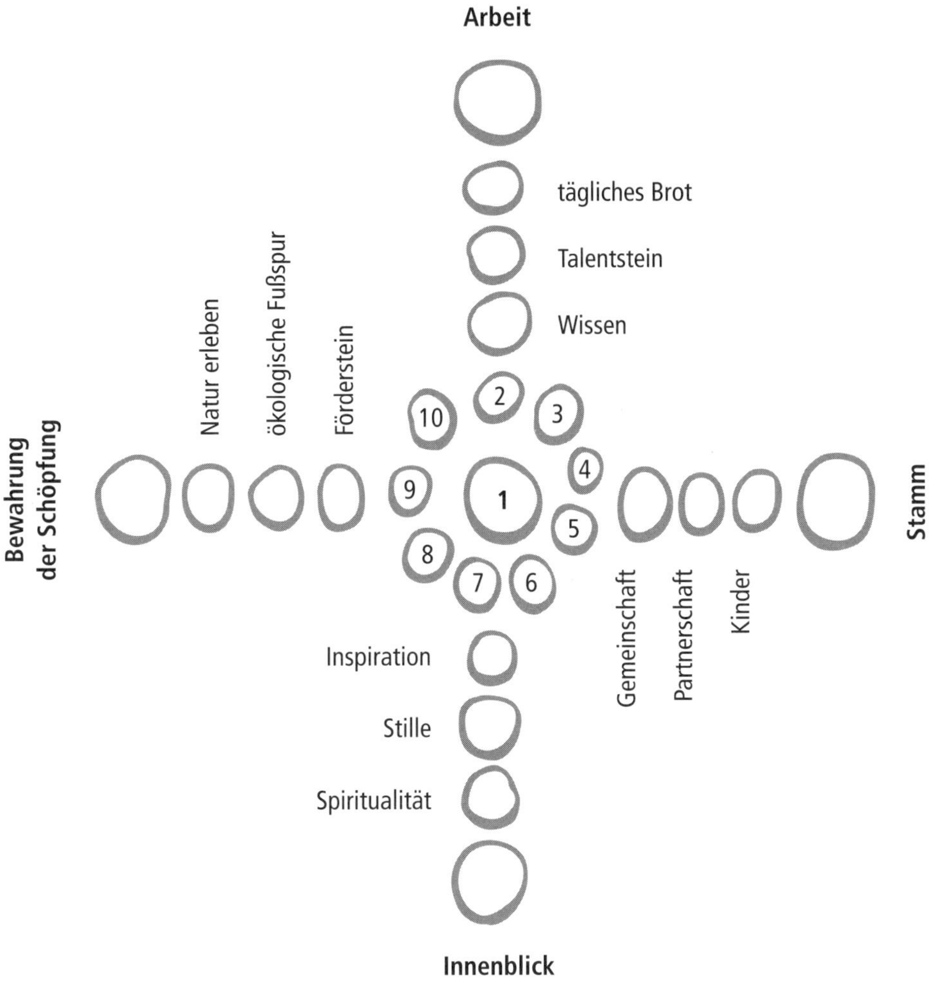

1	**Ehrlichkeit**				
2	Mut	5	Intuition	8	Vertrauen
3	Achtsamkeit	6	Verantwortung	9	Liebe
4	Klarheit	7	Freiheit	10	Kraft

einholen. Das Gefühl, das dich dann beschleicht, heißt ‚schlechtes Gewissen'!"

Leif verzog das Gesicht zu einer Grimasse, sah mich an und löste seine verknoteten Gesichtszüge dann in einem freundlichen Lächeln wieder auf. „Das schlechte Gewissen ist nichts anderes als eine Botschaft deiner Intuition, die dich an dein altes Wissen erinnern und dich zurück in deine Kraft bringen will. Die einzige Chance, dich mit deinem Gewissen zu versöhnen und zu dir selbst zurückzukommen ist, dass du dich den Dingen wieder zuwendest und deine Agreements mit Leben füllst, ohne dich zu verurteilen, weil du bisher nicht den Mut und die Achtsamkeit dafür gehabt hast. Jetzt hast du dich entschieden und nur das zählt!"

Ich konnte es schon fast spüren: Der Mann am Strand läuft zukünftig ins Leere! Aus dem Gejagten wird wieder ein Jäger, der sich den Kindern, sich selbst und seinem Revier voller Liebe und Respekt zuwendet. *Es verändert tatsächlich das ganze Lebensgefühl, wenn man sich diesen Dingen zuwendet*, dachte ich.

Nichts anderes hatte ich am letzten Abend im Ferienhaus gespürt, als ich mir mein inneres Handwerkszeug ehrlich angeschaut hatte. Ein herrliches Gefühl, den Weg aus der Fremd- in die Selbstbestimmung zu gehen!

Leif erklärte weiter: „Der Stein im Norden des Rades ist der *Stein der Arbeit*. Der Stein im Osten des Rades ist der *Stein des Stammes*. Der Stein im Süden ist der *Stein des Innenblickes*. Und der letzte Stein, im Westen, ist der *Stein der Schöpfung*. Auf die Jagd zu gehen, die nächste Generation einzuweihen, dich um dich selbst und um dein Revier zu kümmern, das gehört alles untrennbar zusammen."

Arbeit

„Unser tägliches Brot gib uns heute!"

„Wie heißen die drei Steine auf der Achse, die den Stein der Arbeit mit dem Jägerhandwerkszeug verbinden?" Ich war beinahe überrascht, wie begierig ich darauf war, mehr über den Sinn der einzelnen Steine zu erfahren.

„Das ist der *Täglich-Brot-Stein*, der *Talentstein* und der *Wissensstein.*" Leif nahm jeden Stein einzeln in die Hände und wies ihm seine Bedeutung zu. „Der *Täglich-Brot-Stein* steht dafür, dass wir mit unserer Arbeit unser tägliches Auskommen erwirtschaften sollen. Nicht mehr und nicht weniger!" Damit erinnerte Leif mich an unsere gemeinsame Erfahrung des zweiten Tages.

„Es geht darum zu begreifen, dass wir uns nur dann den anderen Agreements in unserem Leben zuwenden können, wenn wir zu dem Ursprung dieser Bitte zurückfinden: *Unser tägliches Brot gib uns heute*", meinte Leif. „Eine Grundbotschaft dieser Bitte ist es, dass die Dinge in Balance gehalten werden müssen. Alles, was wir über den täglichen Bedarf hinaus in die Arbeit investieren, geht auf Kosten unserer Zeit für uns selbst, den Stamm und die Schöpfung."

„Du meinst, dass man erst wieder ein Gefühl dafür entwickeln muss, wann es genug ist, statt nach immer mehr zu streben?", fragte ich nach.

„Ja, das ist der Punkt: wirklich nur so viel zu erwirtschaften, wie du zu deinem täglichen Überleben brauchst." Und mit einem verschmitzten Lächeln fügte Leif hinzu: „Denn schließlich beten wir ja nicht: … *und gib uns unser zehnfaches tägliches Brot!* In dem Stein steckt also auch die Ermutigung, dein Leben mehr und mehr zu vereinfachen, damit der Aufwand, den es braucht, um deinen Status zu erhalten, nicht auf Kosten deiner anderen Agreements geht! Ein kleines Haus mit einfacher Ausstattung hält genauso den Regen ab wie eine 300 Quadratmeter große Luxusvilla!", verbildlichte Leif noch einmal seinen Gedanken.

„Du hast doch mal gesagt, dass jeder das Riff mit seinen Augen und seiner Lebensgeschichte sieht und dass das auch für die Sinnsteine gilt!", erinnerte ich mich.

„Ja, und ob du gerade dabei bist, über das tägliche oder das zehnfache Brot nachzudenken und die entsprechende Vision mit Leben zu füllen, kannst du nur über die Ehrlichkeit mit dir selbst klären. Und du wirst schnell spüren, wie sich bei dieser Abwägung dein Geschichtenerzähler zu Wort meldet!" Leif grinste mich an und fügte dann hinzu: „Aber denk dran, in dir steckt das Wissen des ehrlichen Jägers!"

„Das Bild, wie du dich nach deinem ersten Fisch in die Dünen gelegt hast, statt wieder hinaus zum Angeln zu gehen, hat sich tief bei mir festgesetzt!", nickte ich.

Deine Talente leben – oder zur richtigen Zeit am richtigen Ort sein

Jetzt nahm Leif den nächsten Stein auf der Achse der Arbeit in die Hand. „Der zweite Stein der Achse ist der *Talentstein*."

„Der steht dafür, dass jeder von uns mit bestimmten Talenten gesegnet ist, oder?" Diesmal konnte ich mir unter dem Stein direkt etwas vorstellen.

„So ist es! Jeder von uns hat ein Talent oder mehrere. Es sind seine ganz individuellen Begabungen, mit denen er sein inneres Wissen nach außen kehrt!"

Mir war nicht klar, wie ich meine besonderen Gaben erkennen konnte. „Woher weiß ich denn, mit welchem Talent ich gesegnet bin?"

„Das Gesetz der Widerstandslosigkeit verrät es dir!", sagte Leif simpel und führte den Gedanken gleich weiter aus: „Alles, was dir besonders leichtfällt und bei dem du nicht viel Energie aufwenden musst, um es zu tun, sondern was dir sogar noch Kraft gibt, weist schon mal auf ein Talent hin. Du hast jeden Tag das Gefühl, zur richtigen Zeit am richtigen Ort zu sein, oder anders ausgedrückt: Wenn du dein Talent zum Beruf gemacht hast, dann gehst du gefühlt nicht zur Arbeit, sondern du verwirklichst dich selbst!"

Leif schenkte uns noch einen Kaffee ein und ich nutzte die Gelegenheit zu einer Nachfrage. „Meinst du, dass viele Leute auch deshalb ausbrennen, weil sie ihr Talent nicht ausleben?"

„Tja, was passiert denn wohl, wenn ein begnadeter Fährtenleser sein Leben lang Bogen baut und Pfeile schnitzt?", stellte Leif mir eine Gegenfrage.

„Er wird ziemlich unglücklich sein und, während er die Pfeile schnitzt, wahrscheinlich immer daran denken, wie schön es jetzt wäre, rauszugehen und nach Tierfährten Ausschau zu halten!" Ich konnte mich in die Seelenlage des Mannes gut hineinversetzen.

„Und wie wird es dem Mann damit nach einem, zwei oder zehn Jahren gehen?", stellte Leif die nächste Frage.

„Er wird wahrscheinlich von Jahr zu Jahr verbitterter und irgendwann wird er darüber vielleicht sogar krank!", malte ich mir die Zukunft des Mannes aus.

„Dein Talent ist eine Gottesgabe, aber nicht nur für dich, sondern auch für deinen Stamm! Wenn du nichts aus deinem Talent machst, es nicht einsetzt und nicht immer weiter ausbaust, gibst du deinem Stamm nicht das, zu dem du berufen bist!", stellte Leif den Zusammenhang zwischen unseren Talenten und der Gemeinschaft her. „Jeder muss seine Talente einsetzen, weil davon der ganze Stamm profitiert. Fährtenleser sollen Fährten lesen und Bogenbauer sollen Bogen bauen!"

Ich stellte mir für einen Moment vor, wie die Welt wohl aussähe, wenn jeder Mensch seine Talente ausleben würde …

Unsere größten Lehrer sind unsere Erfahrungen

„Der dritte Stein ist der *Wissensstein.*" Jetzt nahm Leif den letzten Stein der Arbeits-Achse in die Hand. „Um deine Arbeit gut zu machen, benötigst du Wissen und Erfahrungen. Generationen von Jägern haben aus ihren Erfahrungen gelernt und diese an die nächste Generation weitergegeben."

„Hast du deshalb vor der Steilküste zu mir gesagt, die nächste Viertelstunde würde vielleicht mein Leben umkrempeln?" Jetzt fiel mir unser Gespräch auf den Sitzsteinen wieder ein.

„Ja. Wir hätten uns stundenlang über Fremd- und Selbstbestimmung unterhalten können. Du hättest unzählige Bücher zu dem Thema lesen können, aber nichts auf dieser Welt ist so kostbar wie die Erfahrung, die du selbst in dieser Viertelstunde mit dem Thema gemacht hast", blickte Leif noch einmal zurück. „Die größten Lehrer in unserem Leben sind unsere Erfahrungen! Zum Studieren brauchst du deinen Verstand, aber wenn du Erfahrungen machst, lernst du mit dem Herzen! Du fühlst Mut, Klarheit, Achtsamkeit, Freude, Enttäuschung, Müdigkeit, Erleichterung, Ehrlichkeit, Vertrauen,

Hoffnung, Freiheit, Nähe, Liebe, Geborgenheit, Wärme, Lampenfieber, Anerkennung, Rückenwind, Gegenwind, Seitenwind, Angst, Willen, Verbitterung, Kälte, Stille, Verzweiflung, Stillstand, Euphorie … Dieses Wissen ist dein *Erfahrungsschatz* und der Zugang zu diesem Schatz ist deine Intuition." So spannte Leif also den Bogen zu unserem Handwerkszeug.

„Ja – ich glaube nicht, dass ich die Geschichte von meinem ersten Fisch oder die von meinem größten Fisch oder die Beule der Fremdbestimmung je wieder vergessen werde!", nahm ich den Gedanken auf. „Weil sich diese Erfahrungen in mein Herz gebrannt haben!"

„Wenn du jemandem Angeln beibringen willst, dann kannst du ihm viel über Techniken erzählen und ihm Bücher schenken … oder du drückst ihm einfach eine Angel in die Hand!", verbildlichte Leif noch einmal seine Gedanken.

„Ich glaube, viele Männer haben Angst davor, Dinge auszuprobieren und neue Erfahrungen zu machen, weil sie Angst vor dem Scheitern haben!", warf ich ein.

„Aber es gibt kein Scheitern!" Leif sah mich mit einem entrüsteten Blick an. „Vor ein paar Jahren habe ich eine Familie kennengelernt, die ihr Land verlassen hat, um auf unserer Insel zu leben. Sie haben einfach eines Tages ihre Sachen gepackt und sind ausgewandert. Wenn sie anfangs im Sommer Menschen aus ihrem Heimatland trafen, die auf unserer Insel Urlaub machten, wurden sie immer wieder gefragt, was denn passieren würde, wenn es ihnen in ihrer neuen Heimat nicht gefallen würde. Und ihre Antwort war immer die gleiche: ‚Dann ziehen wir eben wieder zurück!' Aber ob das nicht furchtbar sei, so zu scheitern, wurden sie dann gefragt. Und sie antworteten: ‚Wieso scheitern? Wir haben dann jede Menge neuer Erfahrungen im Gepäck, die wir ohne den Aufbruch nicht gemacht hätten!'"

So langsam war ich schon so weit in Leifs Denkweise eingestiegen, dass mich die Einstellung dieser Familie weniger erschreckte als vielmehr erfreute – und vielleicht ein kleines bisschen neidisch machte.

Leif lächelte, als er mich grinsen sah. „Ich finde, das ist ein ganz wunderbares Beispiel dafür, wie unsere innere Einstellung unser Bewusstsein beeinflusst! Du hast die Wahl, ob du ein *Whynotler* oder ein *Yesbutler* sein willst. Die Entscheidung liegt bei dir! In uns steckt auf alle Fälle das Wissen, dass wir ohne den Mut, neue Erfahrungen zu machen, niemals in der Wildnis überlebt hätten."

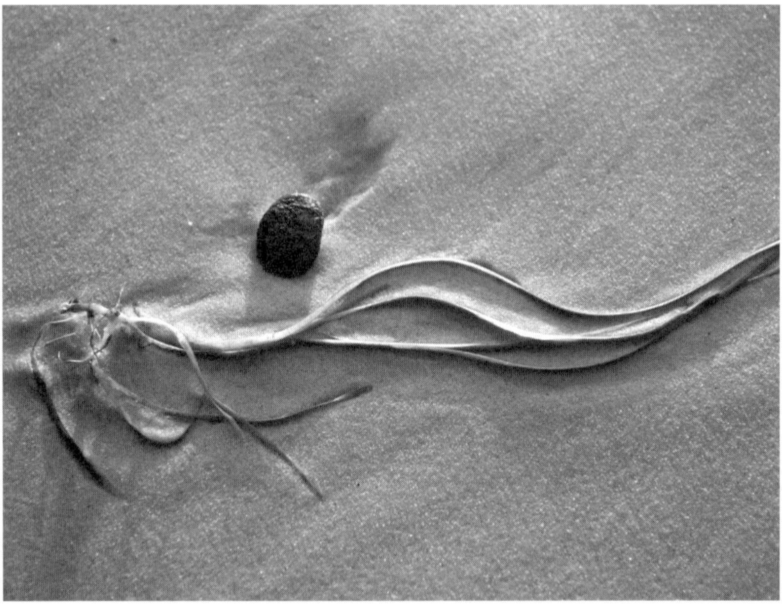

Der Stamm

Der nächsten Generation eine Welt übergeben, die Zukunft hat

„Da wären wir auch schon beim Übergang zu unserem zweiten Agreement, dem mit unserem Stamm. Die drei Steine dieser Achse heißen: *Kinderstein, Partnerschaftsstein* und *Gemeinschaftsstein*." Wieder wies Leif jedem Stein seine Bedeutung zu und nahm als Erstes den *Kinderstein* in die Hand.

„Zu unserem Agreement mit unserem Stamm gehört, dass wir die Verantwortung für die nächste Generation übernehmen. Das bedeutet nicht nur, sie mit Essen und Kleidung zu versorgen, sondern auch, ihre Herzen mit Aufmerksamkeit, Liebe und guten Geschichten zu füllen. Die wunderbarste Art, unsere Erfahrungen weiterzutragen, ist es doch, Kindern Geschichten zu erzählen. Wenn wir davon erzählen, wie wir die Dinge erlebt haben, ohne das gleich zu bewerten, ohne zu sagen, was richtig und was falsch ist, lassen wir den Kindern die Freiheit und den Raum, ihre eigenen Erfahrungen zu machen! Auch in Kindern steckt das Potenzial, aus Erfahrungen zu lernen!"

„*Vieles hätte ich verstanden, wenn man mir es nicht erklärt hätte!*", fiel mir in diesem Augenblick ein wunderbarer Satz von Stanislaw Jerzy Lec ein.

„Das sagt alles!", freute sich Leif. „Erklären wir den Kindern nicht die Welt, sondern lassen wir sie Erfahrungen machen! Ich kann mich gut daran erinnern, wie ich mal einen kleinen Jungen beim Angeln an der Nordküste traf. Seine Rute war vielleicht einen Meter lang und auf seiner Angelrolle war gerade mal Platz für fünf Meter Schnur. Er hatte ein kleines Gewicht an das Ende der Schnur geknotet und ein kurzes Stück darüber einen Haken festgebunden, auf den er einen winzigen Wurm gesteckt hatte. Er warf den Wurm so weit ins Meer, wie es ging … also fünf Meter. Nach dem Auswerfen hielt er die Rute mit beiden Händen fest und schaute gebannt auf die Rutenspitze.

‚Hallo!', sprach ich ihn an. ‚Willst du auch Schollen fangen?'

‚Ja!', antwortete er und wandte sich nur für einen kurzen Augenblick von seiner Rutenspitze ab.

‚Darf ich mich neben dich stellen? Ich möchte auch gerne Schollen fangen!'

‚Kannst du machen!' Diesmal kam die Antwort, ohne dass der Junge seinen Blick vom Meer wandte.

Ich baute meine Brandungsrute zwanzig Meter neben ihm auf. Eine über vier Meter lange Rute mit zweihundert Gramm Wurfgewicht, und auf der Rolle lagen dreihundert Meter feinste Angelschnur. Ich war ein erfahrener Brandungsangler und ein geübter Werfer und so landete mein Wurm samt Haken und Blei rund hundert Meter weit draußen im Meer. Ich stellte die Rute in einen stabilen Rutenständer und hatte die Hände frei. Mein Blick fiel immer wieder auf den kleinen Jungen, der völlig in sich versunken auf das Meer schaute und mit einer bewundernswerten Entschlossenheit mit beiden Händen seine Rute festhielt. Sein Blick war nach wie vor fest auf die Rutenspitze gerichtet.

Ich drehte alle Viertelstunde meine Angel rein und steckte einen frischen Wurm auf den Haken. Frischer Wurm bedeutet stärkeren Geruch, bedeutet mehr Fische, hieß die Gleichung, nach der ich angelte. Der Junge schien nach einer anderen Gleichung vorzugehen, denn auch nach einer Stunde hatte er seinen Wurm noch nicht ausgewechselt.

Was uns verband, war ein leerer Fischeimer. Mit jedem Wurmwechsel legte ich noch ein paar Wurfmeter drauf und mittlerweile lag meine Montage rund hundertdreißig Meter weit draußen im Meer. Auch in der nächsten halben Stunde sollte sich nichts an der Situation ändern. Ich hielt an meinem viertelstündigen Rhythmus und der kleine Junge an seiner Rute fest. Ich war gerade damit beschäftigt, meine Rute in den Halter zu stecken, als der kleine Junge urplötzlich mit ein paar schnellen Kurbelumdrehungen eine tellergroße Scholle auf den Strand drehte.

Der Fisch schaute genauso verwirrt wie ich. Ich ging zu dem kleinen Jungen und beglückwünschte ihn zu seinem Fang: ‚Da hast du aber Glück gehabt!', und klopfte ihm väterlich auf die Schulter. ‚Wieso Glück?' Er schaute mich mit großen, freudigen Augen an. ‚Ich habe den Fisch gestern beim Baden gesehen!' Er nahm seinen Fisch und ging fröhlich nach Hause. Das war für mich eine der wunderbarsten Begegnungen meines Lebens."

Wir schenkten uns noch einen Kaffee ein, und mir war jetzt schon klar, dass zu den Dingen, die ich ab übermorgen vermissen würde, auch der Kaffee am Lagerfeuer gehören würde.

„Aber wenn in den Kindern auch das alte Wissen ruht, aus Erfahrungen zu lernen, dann dürften wir sie doch eigentlich nicht in langen Stuhlreihen vor große grüne Tafeln setzen und ihnen so die Welt erklären, oder?" Plötzlich konnte ich mich ganz neu in die Lage der Kinder hineinversetzen.

„Tja – meiner Meinung nach nicht!" Leif schaute auf den *Kinderstein*. „Vielleicht ist das der Grund, warum sie nach wenigen Minuten Stillsitzen schon ungeduldig hin und her zappeln. Sie wollen raus und die Welt entdecken, aber wir zwingen sie dazu, sitzen zu bleiben!"

„Dann ist das Wichtigste an unserer Zuwendung, dass wir den Kindern so viel Raum wie möglich für eigene Erfahrungen lassen!", wurde mir plötzlich klar.

„Tja. Du kannst sie vor eine Tafel setzen und ihnen die Welt erklären, oder du gehst stattdessen mit ihnen in die Welt hinaus und lässt sie eigene Erfahrungen machen!", antwortete Leif. „Wir bringen ihnen bei, mit dem Verstand zu lernen, aber die Herzensbildung und die Erfahrungen sind mindestens genauso wichtig."

„Das würde aber eine Revolution in der Bildungspolitik bedeuten!"

„Nein, es würde bedeuten, dass wir zu unserem alten Wissen zurückkehren und unsere Verantwortung als Väter wieder neu wahrnehmen", grinste Leif mich an. „Greifen wir mal das Thema von heute Vormittag wieder auf, als wir uns über den Fischfang unterhalten haben, erinnerst du dich? Mit Kindern einen Fisch zu fangen oder mit ihnen Pilze sammeln zu gehen oder ein kleines Gemüsebeet anzulegen – das bedeutet, dass die Nahrung, die wir zu uns nehmen, wieder eine Geschichte bekommt!"

„So wie die Geschichte von meinem ersten Fisch?", fragte ich nach.

„Ja. Nahrungsmittel im Supermarkt haben keine Geschichte mehr. Die Lebensmittelproduktion ist ein seelenloses, globalisiertes Geschäft geworden, ohne Bezug zu unserem Lebensalltag.

Wie soll ein Kind die Verantwortung für ein viereckiges, schockgefrorenes Ding mit brauner Panade übernehmen, das mit zehn anderen viereckigen Teilen in einem ziemlich kalten Karton liegt?"

Die Antwort auf diese Frage konnte ich jetzt zum ersten Mal *fühlen.*

„Wir können viel über Nachhaltigkeit, Umweltschutz, gesunde Ernährung, das Meer oder den Garten auf die große grüne Tafel schreiben. Das berührt nicht die Herzen der Kinder, weil das, was auf der Tafel steht, nicht mit einer Geschichte verbunden ist. Ich bin mit vielen Kindern zum Angeln ans Meer gegangen. Die Kinderwelt ist eine Welt, in der alles beseelt ist. Die Fische, das Meer, die Blumen, die Vögel, die Bäume, einfach alles. Kinder haben einen unbeschwerten, lustvollen und neugierigen Zugang zur Welt. Sie können die Schöpfung mit ihrem Herzen sehen. Kinder sind mittendrin statt nur dabei!"

Leif schaute mich mit einem Augenzwinkern an. „Als die Jünger Jesus fragten, wer der Größte im Himmelreich sei, antwortete er: ‚Wahrlich, ich sage euch: Wenn ihr nicht umkehrt und werdet wie die Kinder, so werdet ihr nicht in das Himmelreich kommen.' Er wusste Bescheid über Kinder. Sie besitzen eine Verbindlichkeit des Herzens und nicht des Verstandes. Und so findest du auch den Zugang zu deiner Spiritualität und zu deiner Verantwortung für alles Lebendige. Jesus hat seine Jünger in der Geschichte an dieses Wissen erinnert. Wir haben die Welt von unseren Eltern und Großeltern übernommen, um sie eines Tages an unsere Kinder und Enkel weiterzugeben. Ähnlich wie die Kinder beim Angeln den lebendigen Fisch fühlen, müssen wir wieder anfangen, unsere Kinder und ihr Recht auf ein Leben in einer intakten Umwelt zu fühlen, um diese Verantwortung wieder zu übernehmen. Wir haben mit unseren Kindern das Agreement, ihnen eine Welt zu übergeben, in der es für sie eine lebenswerte Zukunft gibt. Das hat mit dem Weitblick zu tun, der oft verloren geht, wenn der Stein der Arbeit so übermächtig wird, dass die Kraft und Energie für die anderen Agreements im Leben fehlt. Weitblick bedeutet, nicht in Legislaturperioden, sondern in *sieben Generationen* zu fühlen und zu handeln."

„Wieso denn sieben Generationen?", wollte ich wissen.

„Die Idee stammt aus der indianischen Kultur. Es ist ein interessanter Gedanke, alles, was du heute tust, in Verantwortung für die siebte Generation nach dir zu tun. Das bedeutet, dass du heute dein Bewusstsein dafür schärfst, was für Auswirkungen dein Denken und Handeln auf diese zukünftige Generation hat", erklärte Leif.

„Wir haben eigentlich keinen Generationenvertrag mehr!", wurde mir in diesem Augenblick klar. „Nicht nur, dass wir der Erde Rohstoffe und Ressourcen entreißen, als gäbe es nach uns keine Generationen mehr, wir haben unseren Kindern und Enkeln auch eine Schuldenlast aufgedrückt, die ihnen den Spielraum zur Gestaltung ihrer eigenen Visionen völlig nimmt! Es ist wirklich höchste Zeit, zu unserem Agreement mit unseren Kindern zurückzukehren!" Langsam spürte ich eine lange verschüttete Entschlossenheit in mein Leben zurückkehren.

„Und die Rückkehr zu diesem Agreement ist auch eine Rückkehr in deine eigene Kraft!", fügte Leif hinzu.

„Wie hast du das mit den Ritualen und Initiationen gemeint, als du angefangen hast, über den *Kinderstein* zu sprechen?", fiel mir der Anfang unseres Gespräches wieder ein.

„Komm mit, ich werde dir etwas zeigen!" Leif stand auf und ging schnurstracks zurück zu dem kleinen Bach.

Die Kraft der Übergänge

Wir folgten dem Bachlauf bis zu der Stelle, wo das dichte Gestrüpp bis zum Wasserlauf reichte. Bei unserem ersten Besuch heute Vormittag hatte ich dem Bach auf dieser Strecke wenig Beachtung geschenkt. Aus Angst, jeden Moment über einen Ast zu stolpern und meine Beule wieder zum Blühen zu bringen, war ich völlig auf das Astgewirr konzentriert gewesen.

Nun standen wir zwischen großen und kleinen Ästen und riesigen Baumstämmen an einem kleinen Bach, der leise vor sich hinplätscherte.

„Das freie Stück am oberen Bachlauf hat mir besser gefallen!" Ich schaute zu Leif, doch dort, wo er eben noch gestanden hatte, ging mein Blick ins Leere. Der alte Mann saß längst auf einem umgekippten Baumstamm und seine Beine baumelten einen halben Meter über der Wasseroberfläche.

„Setz dich zu mir!", forderte er mich auf. „Hier gibt es etwas zu sehen, was wir uns ganz genau anschauen sollten!"

Ich fühlte mich an den Sportunterricht im Gymnasium erinnert. Dort gab es genau vier Dinge, die ich gar nicht leiden konnte: Turnen an den Ringen, Kastenspringen, Barrenturnen und Seilklettern. Die Aufforderung, mich neben Leif auf den Baumstamm mitten über dem Bach zu setzen, erinnerte mich komischerweise frappierend an diese Anti-Übungen.

Vorsichtig tastete ich mich auf dem Baumstamm in Richtung Bachmitte. Als ich Leif endlich erreicht hatte und die harte Baumrinde unter meinem Allerwertesten spürte, machte sich eine tiefe Zufriedenheit in mir breit.

„Was um Himmels willen hat das denn nun mit meiner Frage nach den Ritualen und Initiationen zu tun?", ächzte ich.

„Wir können von den Meerforellen viel über Initiationen lernen!" Leif schaute mit weit vorgebeugtem Oberkörper unter den Stamm. „Siehst du die kleinen Meerforellen da im Schatten? Dort!" Er deutete auf die Stelle, die er meinte. „Sie stehen genau unter dem Baumstamm!"

Ich sah sie nicht, und nur sehr widerwillig beugte ich mich weiter nach vorn, die Hände hinten fest in den Baumstamm gekrallt. Erst, als ich fast vornüber vom Stamm fiel, konnte ich die kleinen Fische endlich entdecken.

Im Strömungsschatten eines Steines schwammen fünf kleine Meerforellen. Ruhig der Strömung zugewandt warteten sie auf Nahrung, die der Bach ihnen auf der Wasseroberfläche zutrug. Fliegen, Mücken, Asseln – immer, wenn ein Leckerbissen über ihnen auftauchte, stießen sie aus der Tiefe nach oben, und das Insekt verschwand in ihren gierigen Mäulern. Die Fische mussten ihre ganze Aufmerksamkeit auf die Wasseroberfläche richten. Reagierten sie zu spät, trug die Strömung die Nahrung schnell vorbei, und sie gingen leer aus. Doch die Fische reagierten nie zu spät!

„Initiation bedeutet nichts anderes als *Übergang*." Leif hing immer noch kopfüber über dem Bach und schaute den Fischen zu, während er anfing, mir seine Gedanken zu meiner Ursprungsfrage näher zu erklären. „Wir ahnen noch etwas von Ritualen und Initiationen. Für unsere Kinder waren diese Initiationsriten früher Wegweiser auf ihrem Weg zum Erwachsenwerden. Jeder Übergang, jede neue Lebensphase war eine Initiation, die wir mit festgelegten Ritualen gefeiert haben. Einer der größten Momente dieser Art für einen Jungen war der Tag, an dem er zum ersten Mal mit auf die Jagd gehen durfte. – Schau dir diese wundervollen kleinen Fische an!", spannte er plötzlich wieder den Bogen zu dem Geschehen unter unseren Füßen.

„Sie sind jetzt zwei Jahre alt und werden in Kürze ihre große Reise ins Meer antreten. Die ersten zwei Jahre haben sie im Süßwasser gelebt und sich hauptsächlich von Insekten ernährt. Ihr Schuppenkleid glich dem einer Bachforelle. Es ist bräunlich und eine dünne Schleimschicht schützt die Außenhaut vor Verletzungen. Bevor sie ihre Reise antreten, werden sie diese Haut ablegen und durch ein silbriges Schuppenkleid ersetzen. Ein Schuppenkleid, das perfekt an die Lichtverhältnisse im Meer angepasst ist. Ihre Reise führt sie vom Süßwasser in das Salzwasser, ein bedeutender Übergang, auf den sie perfekt vorbereitet sind. Sie verlassen ihre Kinderstube und ziehen in die große, weite Welt. Da draußen warten viele neue Gefahren, die sie vom Leben im Bach nicht kennen: Seehunde, Dorsche und Kormorane – Zeit zum Kennenlernen gibt es nicht. Die erste Begegnung mit einem von denen wird auch die letzte sein und irgendwoher wissen sie das. Aber nicht nur die Zahl der Feinde wird sich erhöhen, auch das Nahrungsangebot wird viel größer und abwechslungsreicher sein als in diesem kleinen Bach. Heringe, Garnelen, Seeringelwürmer und alle möglichen anderen Tiere, die die kleinen Fische bisher noch nicht gesehen haben, bereichern fortan ihren Speiseplan. Ein großes Abenteuer, das sie nur überleben, wenn sie vorbereitet sind."

Vor meinem inneren Auge hatte sich ein ganzer Unterwasserfilm abgespielt, während Leif geredet hatte. Er schwieg einen Moment, bevor er fortfuhr: „Ein Satz von Robert Bly hat sich tief in mein Herz gebrannt. Ein Satz, in dem er über die Jungen in unserer Gesellschaft spricht. Er sagt, dass ein Junge eine zweite Geburt braucht, um zum Mann zu werden, und dieses zweite Mal muss er von Männern geboren werden."

Leif saß längst wieder aufrecht neben mir und ich hörte gebannt seinen Ausführungen zu.

„Viele Männer können die Agreements in ihrem Leben nicht halten und nicht die Initiatoren für ihre Kinder sein, weil sie selbst den Übergang aus der Kinderstube in die Lebenswirklichkeit des Erwachsenen nicht geschafft haben. Sie sind zwar im Meer unterwegs, stecken emotional aber noch im Bach! Statt Männern sind da draußen ziemlich viele kleine Jungs unterwegs, die ihren Feinden und ihren Verantwortungsbereichen nicht gewachsen sind, Männer, die immer noch darauf hoffen, dass ihnen ihr eigener Vater ein einziges Mal sagt: ‚Ich liebe dich, mein Sohn!' Sie können nicht erwachsen sein, weil sie, statt selbstbestimmt ihren Weg zu gehen, immer noch darauf warten, endlich den Segen und die Anerkennung von ihrem Vater zu bekommen. Auch eine Form der Fremdbestimmung. Um ihre Verantwortung gegenüber ihren Kindern wahrnehmen zu können, müssen sie sich nicht nur mit sich selbst, sondern auch mit ihrem Vater versöhnen."

„Aber wie soll das denn gehen?", fragte ich, noch bevor ich mich von dem Schreck darüber erholt hatte, wie treffend das Bild, das Leif da zeichnete, mein eigenes Verhältnis zu meinem Vater beschrieb.

„Versöhnung gelingt nicht mit dem Verstand, sondern nur mit dem Herzen!", sagte Leif. „Danke deinem Vater für alles, was er für dich getan hat. Du musst deine Enttäuschungen und Erwartungen an ihn loslassen, ihn umarmen und dir sagen: ‚Das, was er tun konnte, das hat er getan!‘ Häufig sind unsere Väter ja selbst noch kleine Jungen im großen Meer des Lebens, die ihrerseits immer noch auf die Zuwendung ihres Vaters warten. Schließ Frieden mit ihm und dann geh deinen eigenen Weg. Der Weg der Versöhnung mit deinem Vater macht dich frei für deine Aufgabe im Leben deiner Kinder und deine Kinder brauchen dich!“

Du liebe Güte! Ich hatte mich zwar darauf gefreut, noch tiefer in meine eigene Geschichte und meine wunden Punkte vorzudringen, aber dass Leif jetzt so zur Sache kam, das überforderte mich doch im Moment.

Er schien das zu spüren, denn er wechselte jetzt von der sehr persönlichen Ebene wieder zum Ursprungsthema: „Wir müssen wieder anfangen, unsere Kinder mit Initiationen auf ihre große Reise vorzubereiten, damit aus Jungen wieder Männer und aus Mädchen wieder Frauen werden. Diese Übergänge mit ihnen gemeinsam zu feiern gibt ihnen die Möglichkeit, sich ihrer eigenen Entwicklung bewusst zu werden. Klar zu sehen: ‚Ja, ich habe den nächsten Schritt in meinem Leben gemacht! Ich stecke nicht fest, es geht voran, und mit jedem nächsten Schritt eröffnen sich neue Perspektiven.‘ Ich habe solch eine Initiation erst im letzten Herbst mit meinem Enkel erlebt!“

Jetzt strahlte Leif mich an. „In dem Ort, in dem ich wohne, gibt es einen kleinen Hafen, und neben diesem Hafen erstreckt sich ein langes Steinriff aus ebenen Sandsteinen weit hinaus ins Meer. Das Riff selbst ist also kinderleicht zu begehen – wenn man erst einmal drauf ist. Und genau da liegt der Hase im Pfeffer: Um auf das Riff zu gelangen, muss man durch eine Rinne waten, die rund einen Meter zwanzig tief ist. Ich gehe mit meinem Enkel seit seinem dritten Lebensjahr zum Angeln, und schon mit vier Jahren war ihm klar: *Wenn ich eines Tages allein durch diese Rinne waten kann, bin ich groß!* In den letzten Jahren hatte ich ihn immer einfach auf den Arm genommen und das kurze Stück durch die Rinne hinüber aufs Riff getragen. Letzte Woche hat mein Enkel zum ersten Mal die Rinne allein durchquert! Es war das erste Mal nach einer längeren Winterpause, dass wir auf das Riff hinausgingen, und er wusste genauso gut wie ich, dass sein großer Moment gekommen war. Dafür hatte er in den Monaten davor die entsprechenden Wachstumsschmerzen ausgehalten", grinste Leif.

„Weil ich wusste, dass es sein Tag werden würde, schenkte ich ihm vor unserer Tour eine neue Wathose. Sie war zwei Nummern größer als das Vorgängermodell, und es war die erste Hose, die er statt mit angenähten Stiefeln mit richtigen Watschuhen tragen konnte. Er zog die Hose an, schnürte seine Schuhe und ging das erste Mal allein durch die Rinne auf das Riff. Du hättest das Strahlen in seinen Augen sehen und seine Körpersprache erleben sollen. Vor mir auf dem Riff stand ein Junge, der aus jeder Pore ausstrahlte: ‚Nun bin ich groß!' Mit diesem neuen Bewusstsein hat er zwei Stunden später als initiierter Junge das Riff wieder verlassen. Und das Symbol für diese Initiation war seine neue Wathose."

Es war richtig schön zu sehen, wie sehr Leif sich immer noch über das gemeinsame Erlebnis mit seinem Enkel freute. „Initiation bedeutet, mit den Kindern und Jugendlichen die Übergänge in ihrem Leben zu feiern! Egal, ob es die Schultüte ist, eine Wathose oder eine Bibel mit Konfirmations- oder Firmungsspruch – es gibt viele große und kleine Anlässe, um mit Kindern den nächsten Schritt auf ihrer Reise zum Meer zu feiern!", knüpfte Leif noch einmal an das Bild von den Meerforellen an.

„Ich erinnere mich noch gut daran, wie ich als Fünfjähriger mit meinem ersten selbst gefangenen Fisch nach Hause kam." Gerade war mir diese Geschichte aus meiner Kindheit wieder eingefallen, die mich an Leifs Begegnung mit dem Jungen an der Nordküste erinnerte. „Es war ein kleines Rotauge, das ich in unserem Dorfteich gefangen hatte. Die Rute war aus einem Haselnussstock geschnitzt,

Schnur und Haken waren ein Geschenk von meinem Großvater. Er hatte mir auch gezeigt, wie man aus einem Korken und einem Gänsekiel einen Schwimmer baut. Ich grub ein paar Regenwürmer aus und ging an den Teich. Dieses Herzklopfen, als der Schwimmer unter der Wasseroberfläche verschwand und beim Herausheben der Angel dann wirklich ein Fisch an der Leine zappelte, kann ich noch heute fühlen!“ Ich musste ein wenig schmunzeln, als ich mich wieder in meine Gefühle als Knirps hineinversetzte.

„Mit stolzgeschwellter Brust legte ich den Fisch zu Hause auf den Küchentisch, und meine Mutter war so weise, aus diesem kleinen Fisch ein Festessen zu machen und mir zum ersten Mal in meinem Leben das Gefühl zu geben, dass ich etwas zum Unterhalt der Familie beitragen konnte! Jetzt, wo du mir die Geschichte von deinem Enkel erzählt hast, wird mir klar, dass dieses Ereignis auch eine kleine Initiation und das gemeinsame Essen eine Feier für mich war!“

„Und du hast die Geschichte nie vergessen, weil es eine Erfahrung war, die sich in dein Herz gebrannt hat!“ Leif beugte sich noch einmal vornüber, um nach den Meerforellen zu sehen. „Ich sage dir doch, das Wissen um solche Dinge ist fest in uns allen verankert!“

Leifs Geduld darin, den Fischen zuzuschauen, war schier unerschöpflich, und deshalb beugte ich mich ebenfalls noch einmal nach vorn und schaute dem Treiben im Strömungsschatten des Steines zu.

Nach einer gefühlten Ewigkeit beschlossen wir, wieder zum Strand zurückzukehren, natürlich nicht, ohne den Fischen eine gute Reise zu wünschen.

≈

Als wir an die Bachmündung kamen, sahen wir, wie ein paar größere Fische den Strand in Richtung Meer überquerten. Sie hatten ihre Aufgaben im Bach erledigt.

„Selbst für ihre Laichwanderung legen sich die Fische ein besonderes Gewand zu!“ Staunend blickte ich auf die dunkelbraun gefärbten Fische, die nach sechs Wochen im Meer wieder ein strahlendes silbriges Schuppenkleid tragen würden. „Sie sind wahre Meister der Anpassung und sie beherrschen die Kunst der Übergänge!“

Mir kam noch einmal das Gesetz der Widerstandslosigkeit in den Sinn. Es war das eine, sich auf den Übergang vorzubereiten, und das andere, den richtigen Moment abzupassen, um den Weg auch zu gehen. Der Enkel von Leif hatte den richtigen Moment für sich gefunden.

Zurück am Lagerfeuerplatz gab es zwei Männer und einen Gedanken: *Der Fisch im Strandsand*!

Wir gruben die zweite Filethälfte aus und bereiteten unser gemeinsames Essen am Strand vor. Leif hauchte dem Dip frisches Leben ein und verlängerte die Köstlichkeit mit etwas mildem Senf und zwei Esslöffeln Blütenhonig. Ich strich den Dill vom Fisch, spülte ihn mit ein wenig Süßwasser ab und schnitt dann hauchdünne Scheiben von dem Filet, die ich auf dem Treibholzbrett servierte. Leif zauberte noch ein frisch gebackenes Brot aus dem Rucksack und verfeinerte die zarten Fischstücke mit einer Prise getrockneter Dillspitzen.

Vor ein paar Minuten waren wir stille Zeugen eines Naturschauspiels geworden. Wir hatten dem Meerforellenstamm bei seiner wichtigsten Reise zugesehen und waren nun dabei, ein Stammesmitglied zu essen, damit wir selbst bei Kräften blieben und überlebten. Ein Mitglied, das den anderen das Versprechen gegeben hatte, draußen im Meer zu warten, falls in den Bächen etwas schiefging.

Mich rührten diese Gedanken und diese Erfahrungen so, dass ich während des Essens eine große Dankbarkeit und einen großen Respekt für das Leben spürte. „Einen selbst gefangenen Fisch zu essen schärft wirklich das Bewusstsein!“

„Unsere Nahrung hat keine Geschichte mehr“, hatte Leif heute Vormittag gesagt, und in diesem Augenblick fühlte ich den riesengroßen

Unterschied zwischen einem Fischfilet aus dem Kühlregal und einem „richtigen“ Fisch so deutlich wie noch nie.

„Möchtest du etwas über den nächsten Stein erfahren?“, fragte Leif mich nach einer langen Pause in Stille und hielt mir mit einem Blick voller Tatendrang den zweiten Stein der Achse entgegen.

„Aber ja doch, ich bin wirklich gespannt!“

Die Partnerschaft – eine Tankstelle für die Seele

„Der zweite Stein auf der Achse ist der *Partnerschaftsstein*. Unsere Partnerschaft ist einer der Orte in unserem Lebensrad, an dem wir uns fallen lassen und ganz wir selbst sein können. Ein Ort für Vertrautheit und Intimität … eine Tankstelle für die Seele.“

„Aber gilt das denn noch? Heutzutage zerbrechen doch die meisten Partnerschaften!“, sagte ich, wohl wissend, dass ich mit meiner Beziehung auch von einem Sturm in den nächsten geraten war.

„Ja, und sie zerbrechen häufig daran, dass die Menschen sich nicht an ihre Agreements halten. Modern ist es, den riesigen Stein der Arbeit vor sich herzurollen und alles darunter zu begraben. Auch die Räume für sich selbst, für die Partnerschaft, die Kinder und die Bewahrung der Schöpfung.“ Leif sah mich mit einem weichen Blick an und stellte mir dann eine Frage, die mir gefühlt die letzten zehn Jahre nicht in den Sinn gekommen war: „Wann hast du zum letzten Mal Zeit ganz allein mit deiner Frau verbracht?“

Ich blickte etwas verlegen vor mich, und wie sehr ich mich auch anstrengte – ich konnte mich nicht erinnern, wann das gewesen sein könnte.

„Viele Partnerschaften haben heute ein früheres Verfallsdatum als so manche Lebensmittel. Trotzdem ist der Wunsch nach der ganz großen, ewigen Liebe und der Glaube daran so alt wie die Menschheit."

„Du bist ja ein richtiger Romantiker!", stellte ich überrascht fest. „Zu dem Thema hätte ich ein paar nicht ganz so rosarote Takte zu sagen. Aber eines ist mir in den letzten Stunden tatsächlich klar geworden: Ob wir uns dessen bewusst sind oder nicht, wir haben eine Verantwortung für unsere Kinder. Egal, ob Vater-Mutter-Kind, Patchworkfamilie, alleinerziehend oder sogar kinderlos, wir Erwachsenen sind, unabhängig von unserem Lebensmodell, dafür zuständig, die nächste Generation für ihre Zukunft auszurüsten."

„Dann sind wir uns ja einig!", grinste der alte Mann, bot mir einen Kaffee an und nahm den dritten Stein der Achse in die Hand.

Ein Mammut kann man nicht allein erlegen

„Der dritte Stein auf der Achse des Stammes ist der *Gemeinschaftsstein*. Wir alle sind Teil einer größeren Gemeinschaft. In den Jägerkulturen lebten alle Generationen miteinander im Stamm, und jede hatte ihre Aufgaben und ihre Verantwortung für den Stamm. Wir sind gemeinsam auf Jagd gegangen, haben gemeinsam gegessen, gefeiert, die Kinder erzogen und den Geschichten der Alten zugehört. Unsere Zelthäuser standen dicht beieinander, und das Lagerfeuer war der Platz, an dem wir uns versammelt haben. Und tief in unserem Inneren sehnen wir uns dahin zurück."

„Glaubst du wirklich?" Ich war mir unsicher, ob da nicht die Fantasie etwas mit Leif durchging. Ich legte jedenfalls keinen gesteigerten Wert darauf, ständig andere Leute um mich zu haben.

„Ja, ich glaube, dass sich die Bedürfnisse und Wurzeln der Menschen nicht wirklich verändert haben." Leif schaute ziemlich überzeugt in das Lagerfeuer.

„Der Trend der heutigen Zeit geht aber doch immer mehr in Richtung Individualisierung und nicht Gemeinschaft!", meinte ich.

„Das eine ist das, was in uns steckt, und das andere ist das, was wir daraus machen!" Leif hob einen kleinen Treibholzstock auf und malte ein Schiff in den Strandsand. „Nehmen wir mal die Gemeinschaft in ihrer kleinsten und ursprünglichsten Form – die Familie", fing er an und deutete auf seine Zeichnung.

„Das hier ist ein Familienschiff. Früher waren auf diesem Schiff alle gemeinsam unterwegs: die Urgroßeltern, die Großeltern, die Kinder, die Mütter und die Väter. Das Familienleben war tagtäglich gelebte Gemeinschaft. Stück für Stück wurden dann die Generationen im wahrsten Sinne des Wortes *ausgebootet*. Zuerst wurden die Alten in ihre eigenen Boote gesetzt und dann die Kinder. Und zuletzt haben die Männer und Frauen das Boot auch noch verlassen, natürlich jeder in seinem eigenen Kanu. Papas Kanu ist etwas sportlicher als Mamas, dafür hat ihres aber ein Schiebedach. Tagsüber ist das große Familienschiff völlig leer und dümpelt allein im weiten Meer vor sich hin. Abends treffen sich dann die Besatzungsmitglieder wieder an Bord. Nicht die Alten; die bleiben irgendwo da draußen, aber zumindest die Eltern mit ihren Kindern. Und dann leben sie Gemeinschaft, so zwischen Viertel vor sieben und Viertel nach acht."

Ich lachte kurz auf; er hatte mal wieder recht mit seiner Zustandsbeschreibung, und ich musste mir an die eigene Nase fassen, wenn es darum ging, ein Gespräch mit meinen Kindern zugunsten des *Tatort* sausen zu lassen.

„Manchmal kommt der Vater auch nicht nach Hause, oder die Mutter, weil sie ja beide damit beschäftigt sind, die Kohle für das große Schiff zu verdienen. Soll ich dir ehrlich was sagen?" Leif schaute mich mit einem festen, überzeugten Blick an. „Ich glaube, die allermeisten Kinder würden lieber mit ihren Eltern auf einem alten, maroden Fischkutter statt auf einer modernen Luxusjacht leben, Hauptsache, sie werden nicht ständig ausgebootet! Gemeinschaft heißt *gemeinsam leben* und nicht *gemeinsam möglichst effektiv die Kinder von Bord schaffen*, von den Alten mal ganz zu schweigen! Die sind wahrscheinlich schon froh, wenn sie Wasser und Brot mit an Bord ihres Ruderboots bekommen!"

Leif hatte in der Zwischenzeit auch ein paar kleinere Boote in den Strandsand gemalt. „Weißt du, was die Kinder, die den größten Teil ihrer Kindheit unter fremder Flagge segeln, jeden Tag denken? *Wie schön wäre es, wenn wir alle gemeinsam auf dem großen Boot unterwegs wären!* Kinder können ihre Sehnsucht nach Leben in Gemeinschaft noch ehrlich aussprechen. Und da sind wir wieder bei dem Stein in der Mitte des Rades. Wenn wir ehrlich mit uns selbst sind, wissen wir, dass unsere Kinder recht haben mit ihren Gefühlen. Weil wir, genau wie sie, dieses alte Wissen um die Schönheit lebendiger Gemeinschaft immer noch in uns tragen!"

Ganz tief in meinem Inneren begann eine Ahnung davon zu wachsen, dass ich tatsächlich irgendwo eine solche Sehnsucht begraben hatte. Doch ich kam nicht dazu, diesem Gefühl nachzuspüren.

„Und weißt du, was besonders die Jungs am allermeisten vermissen?" Leif zeigte mit dem Treibholzstock auf eines der kleinen Boote. „Am meisten vermissen sie den starken und mutigen Kapitän, der ihnen vorlebt, wie man so ein Schiff sicher auf dem großen Meer des Lebens steuert. Sie wollen einen Seewolf, einen Shackleton, aber stattdessen treffen sie tagtäglich auf Kindermädchen, Tagesmütter, Kindergärtnerinnen und Lehrerinnen. Ihre Welt ist eine Welt voller Frauen, weil sich ihre Väter in ihren schnittigen Einzelbooten aus dem Staub gemacht haben!"

Stille machte sich breit am Strand. Eine wohltuende Stille, in der ich spürte, wie ich mich innerlich wieder meinen Kindern und der Gemeinschaft mit ihnen zuwendete. Ich war lange genug davongerudert und schon jetzt war für mich klar: In Zukunft werde ich wieder mehr auf dem großen Schiff zu Hause sein und nicht mehr fast ausschließlich in meinem Büro!

Mich übermannte eine zufriedene Müdigkeit, und ich wollte etwas tun, was ich in den letzten 10 Jahren nicht mehr getan hatte: mich in die Dünen legen und ein kleines Nickerchen machen. Leif war von der Idee begeistert, und noch bevor ich eingeschlafen war, hörte ich von der Nebendüne ein zufriedenes leises Schnarchen unter einem tief in das Gesicht gezogenen Stetson hervorkriechen.

Die wärmende Sonne auf meiner Haut und das friedliche Ausrollen kleiner Wellen im Strandsaum – mein Übergang in das Reich der Träume wurde sanft begleitet. Vor fünf Tagen war ich noch wie aufgedreht davongelaufen, als Leif sich nach seinem Fang erst einmal ein Nickerchen gegönnt hatte …

≈

Geweckt wurden wir durch das aufgeregte Geschrei einer Raubmöwe, die sich mit einer Nebelkrähe um die Überreste einer gestrandeten Meerforelle stritt. Ein Fisch, der das Gesetz der Widerstandslosigkeit nicht verinnerlicht hatte, wurde zum Streitobjekt von zwei kräftigen Vögeln, die an dem Fisch zerrten, ohne den Gegner aus den Augen zu lassen. Zu groß war der Respekt vor dem kräftigen Schnabel des anderen. Zum Glück gab der Fisch nach und teilte sich in zwei ansehnliche Reststücke.

„Geht doch!“ Der alte Mann schob sich seinen Hut wieder an den richtigen Platz und freute sich mit mir, dass nun die Entschleunigung auch in der letzten Zelle meines Körpers angekommen war.

„Weißt du, wie lange ich so etwas schon nicht mehr gemacht habe?“ Ich setzte mich aufrecht hin und blickte aufs Meer.

„Ist doch beruhigend, dass du es noch kannst, oder?“ Leif hatte sich auch aufgesetzt und ließ den feinen Strandsand durch seine Finger rieseln.

„Sehr beruhigend“, nickte ich, „und ich werde in Zukunft öfter in die Düne fallen! Der Jever-Mann weiß eben einfach, was er tut!“ Lachend musste ich an den Beginn meiner Reise denken.

Mir kam noch einmal der *Gemeinschaftsstein* in den Sinn. Leif hatte gesagt, die kleinste Form der Gemeinschaft sei die Familie, aber es gab ja auch größere Gemeinschaften, in die wir eingebunden waren: die Fußballmannschaft, der Kirchenchor oder die freiwillige Feuerwehr.

„Ja, klar!“, stimmte Leif mir zu, als ich ihm von meinen Gedanken erzählte. „Was das alte Wissen um Teamwork angeht, sind wir in solchen Gemeinschaften, die wir außerhalb der Arbeit leben und gestalten, oft viel weiter als in unseren Jobs. So weit, dass wir von dieser Gemeinschaft auch eine ganze Menge für unsere Arbeitswelt lernen können!“

„Was meinst du denn damit?“, fragte ich etwas verwirrt nach.

„Wir haben doch vorhin über unsere Talente gesprochen und davon, dass es auch für die Gemeinschaft ein großer Nutzen ist, wenn jeder seine Talente auslebt, fördert und einbringt. Und das gelingt den Menschen in ihrer Freizeit oftmals ja ganz wunderbar. Außerhalb der Arbeitswelt lebt man meist viel selbstverständlicher seine Talente aus. Eine Fußballmannschaft würde nie einen begnadeten Mittelstürmer ins Tor stellen oder einen eisenharten Verteidiger auf die linke Außenbahn. In einem Kirchenchor würde man keine Frau mit einer Sopranstimme Alt singen lassen oder den Dirigenten ans Klavier setzen“, erklärte Leif. „Deshalb ist das Leben in der Gemeinschaft nicht nur gemeinsames Erleben und Spaß, es ist auch ein perfekter Schauplatz, um zu sehen, wie das Leben fließt, wenn man seine Talente von innen nach außen kehrt!“

Die Krähe flog noch mal an den Platz zurück, an dem sie der Möwe die Fischhälfte abgerungen hatte, aber der Platz war leer. Mehr gab es hier nicht zu holen.

Drittes Agreement

Der eigene Innenblick

Auf der Jagd waren wir mit Gott verbunden

Wir machten es uns wieder am Lagerfeuer bequem und Leif wandte sich den Steinen auf der Achse des *Innenblicks* zu.

„Der erste Stein hier ist der Stein der *Spiritualität.* Unser Jägerwissen ist zu einem großen Teil auch geistliches Wissen. Auf der Jagd waren wir verbunden mit Gott. Wir haben früher im Rhythmus der Natur gelebt, und statt linearen Lebensentwürfen zu folgen waren wir beseelt von dem ewigen Kreislauf des Lebens."

„Wie meinst du das mit dem linearen Lebensentwurf?" Darunter konnte ich mir überhaupt nichts vorstellen.

Leif nahm noch einmal den Treibholzstock zur Hand und zog einen langen, geraden Strich in den Sand. „So sehen wir unser Leben heute: als Strich. Am Anfang steht unsere Geburt …" Leif markierte einen etwas dickeren Punkt dort, wo der Strich begann. Dann fuhr er mit dem Stock über den Strich und malte in unregelmäßigen Abständen 11 Punkte auf den Strich. Am Ende folgte als Abschluss ein zwölfter Punkt.

„Das ist unser moderner, linearer Lebensentwurf!" Er zeigte auf die Strichzeichnung; dann erklärte er die einzelnen Punkte: „Geburt … Einschulung … Konfirmation oder Firmung … Schulabschluss … Ausbildung oder Studium … erster Job … Hochzeit … Kind … Scheidung … schwere Krankheit … Pensionierung und Tod." Beim letzten Punkt verharrte der Stock ein wenig.

„Vielleicht ist es etwas pauschalisiert; aber im Großen und Ganzen ist das ja der Lebensentwurf der westlichen Kulturen. Der Verlauf, den viele Menschen durchleben; und wenn das Leben es gut mit ihnen meint, findet zwischen den Punkten ‚schwere Krankheit' und ‚Pensionierung' noch der Punkt ‚Selbstfindung' statt! Es gibt in ihrem Bewusstsein kein Leben vor dem Strich und kein Leben nach dem Strich. Irgendwie kommen sie aus dem Nichts und sie verschwinden wieder im Nichts!"

Leif legte noch etwas Feuerholz nach und nahm dann den Gedanken vom ewigen Kreislauf des Lebens noch einmal auf. „Das alte Jägerwissen in unserem Herzen trägt einen anderen, lebendigeren Lebensentwurf in sich." Nun malte er einen großen Kreis in den Sand. „Alles in der Natur ist als ewiger Kreislauf angelegt. Und als Jäger haben wir das Leben auch stets in seinen immer wiederkehrenden Kreisläufen erlebt."

Leif malte vier Punkte auf den Kreis – einen im Osten, einen im Süden, einen im Westen und einen im Norden.

„Wir haben den immer wiederkehrenden Rhythmus des Tages gelebt. Den Morgen im Osten, den Tag im Süden, den Abend im Westen und die Nacht im Norden, bevor der neue Tag im Osten folgte." Beim Reden zeigte er auf die vier Punkte des Kreises. „Wir hatten auch den ewigen Rhythmus der Jahreszeiten verinnerlicht. Den Frühling im Osten, den Sommer im Süden, den Herbst im Westen und den Winter im Norden, bevor sich im Osten erneut der Frühling anbahnte." Wieder machte der Stock die Runde über die Punkte.

„Unsere Jagd war bestimmt vom Rhythmus der Natur. Und diesen Rhythmus konnten wir auch in allen Tieren und Pflanzen sehen, denen wir begegneten. Die Bäume, die im Frühling Knospen austreiben, im Sommer blühen, im Herbst ihre Früchte abwerfen und im Winter ruhen, um im Frühling erneut zu knospen. Die Meerforellen, die im Frühling aus den Bächen ins Meer ziehen und jeden

Herbst in die Bäche zurückkehren, um dann erneut ins Meer zu schwimmen. Alles Leben in der Natur war Zeugnis vom großen, ewigen Kreislauf des Lebens. Es gab keinen Anfang und kein Ende in einer Welt, in der nicht nur die Tiere und Pflanzen beseelt waren, sondern alles, was uns umgab. Als Jäger konnten wir auch in der Erde, den Steinen, dem Wind, dem Wasser, dem Feuer und den Jahreszeiten die Fingerabdrücke Gottes erkennen. Hinter all diesen wunderbaren, harmonischen Abläufen musste ganz klar ein großer Konzertmeister stehen, der all das dirigierte. Jemand, der das alles erschaffen hatte und es mit liebenden Augen ansah. Eine Trennung der alltäglichen und der spirituellen Welt, wie wir sie heute erleben, gab es in unserem Jäger-Bewusstsein nicht. Erst mit der Entdeckung der Wissenschaften haben wir uns mehr und mehr von diesem natürlichen Verständnis von Gott abgewandt und es durch ein neues, wissenschaftlich geprägtes Denken ersetzt. Wir haben uns aus dem Kreislauf des Lebens verabschiedet und uns über die Schöpfung gestellt. Aus Bewahrern sind Ausbeuter geworden, die den zyklischen Lebensentwurf gegen das lineare Modell ausgetauscht haben! Und weißt du, was das Bequeme an diesem linearen Modell ist?"

Leif schaute mich an und beantwortete im nächsten Moment selbst die Frage. „Wir können nach dem Motto leben: ‚Nach uns die Sintflut!', weil Verantwortung in den linearen Denkmodellen nicht wichtig ist. Nach dem zwölften Punkt ist ohnehin Schluss … Feierabend! Unser Umgang mit der Schöpfung und mit unseren Kindern spiegelt tagtäglich dieses moderne, kopfgesteuerte und verwissenschaftlichte Weltbild wider. Höher-schneller-weiter, eine Überholspur und ein Wachstumsbeschleunigungsgesetz gibt es eben nur auf der Geraden!" Leif zog den Strich im Sand kräftig nach.

„Die zyklischen Lebensentwürfe beruhen dagegen auf dem Prinzip der Verantwortung. *Seven Generations* steht für dieses Prinzip", wies Leif noch einmal auf das indianische Urwissen hin. „Unser Verstand hat uns aus der natürlichen Gottesbeziehung gedrängt. Wenn wir diese Beziehung wiederherstellen wollen, können wir von unseren Kindern lernen, wie das geht. Das ist es wohl auch, was Jesus seinen Jüngern in der Geschichte mit den Kindern verdeutlichen wollte."

„Aber die Aufklärung war ja auch nicht nur schlecht", warf ich ein. „Es ist doch nichts Verkehrtes am Wissen, am Verstehen-Wollen, oder? Der moderne, kritische Mensch glaubt eben nicht mehr einfach alles, was ihm vorgesetzt wird. Und das kannst du nicht mehr zurückdrehen." Und dann stellte ich Leif einfach eine der ganz großen Fragen: „Glaubst du an Gott?"

Leif blickte ins Feuer und schwieg einen Moment.

„Mit Gott ist es wie mit dem Wind", sagte er dann. „Du kannst den Wind selbst nicht sehen, nicht greifen, aber du kannst sehen und fühlen, was er bewegt. Schau dir die Wellen an oder die Wolken oder die Strandkiefern, die ihm den Rücken zugedreht haben, und du siehst, was der Wind bewegt. Kein Mensch würde jemals auf die Idee kommen zu fragen: ‚Gibt es eigentlich den Wind?', oder? Warum bloß fragen die Menschen, ob es einen Gott gibt, wenn man überall sehen kann, was er bewegt?" Leif schaute mich fragend an. „Wie kann man angesichts eines Dietrich Bonhoeffer, eines Martin Luther King, eines Evangelischen Kirchentags mit über hunderttausend Besuchern fragen, ob es einen Gott gibt? Gott bewegt die Menschen wie der Wind das Meer! Und er bewegt mich!" Leif grinste mich breit an. „Ja, ich glaube an Gott! Und dieser Stein hier erinnert dich an deine alte Verbindung zu Gott."

Er nahm den ersten Stein der Achse in die Hand und streckte ihn mir entgegen. Ich nahm den Stein und hielt ihn eine ganze Zeit lang in meinen Händen.

„Der Zugang zu diesen Dingen führt aber nicht über deinen Verstand, sondern nur über dein Herz, deine Intuition. Sie sind es, die wir mit unseren Wissenschaften begraben haben!", sagte Leif.

„Da bin ich mittlerweile auf einem guten Weg, glaube ich!“ Ich reichte Leif den Stein zurück. „Ich habe gestern Abend schon reichlich Zylinder durchgepustet und meine Intuition war auch dabei.“

Die Welt des Jägers ist eine leise Welt

Leif legte den Stein zurück an seinen Platz im Rad des Lebens und nahm den nächsten Stein in die Hand. „Der zweite Stein auf der Achse des Innenblicks ist der *Stein der Stille*. Die Welt des Jägers ist eine leise Welt. Dieses Thema hatten wir ja auch schon einmal am Anfang deiner Reise.“

Leif hielt sich für einen kurzen Moment den Treibholzstock ans Ohr und ahmte ein Telefonat nach. „Stille ist die Tür zu unserem Herzen und unserer Seele, auch wenn es für viele Menschen immer schwerer wird, Stille auszuhalten. Vielleicht sind sie zu gehetzt; vielleicht haben sie aber auch einfach Angst davor, dass sich etwas von innen nach außen kehren könnte, was sie im Moment lieber nicht ansehen wollen. Oder dass sie vielleicht tatsächlich etwas von Gott hören könnten … Stille könnte der Anfang von Veränderung sein und das macht vielen Menschen Angst.“

Natürlich fragte ich mich sofort, ob ich auch zu den Menschen gehörte, die Angst vor dem hatten, was sie in ihrem Inneren finden könnten. Doch bevor ich darüber nachdenken konnte, sprach Leif weiter: „Wer sein Leben neu ordnen will oder die Antwort auf eine dringende Frage sucht, der braucht dazu Stille. Auch Jesus ist den Weg der Stille gegangen, bevor er seine eigentlichen Aufgaben auf dieser Erde angepackt hat. Nach den vierzig Tagen in der Wüste kam er fokussiert zurück“, erinnerte Leif. „Auch in dir steckt das Wissen, dass die Stille dich stärkt, dir Orientierung und Kraft gibt!“ Leif brach den Treibholzstock durch und warf ihn ins Feuer.

„Es stimmt schon, nach anfänglichen Entzugserscheinungen habe ich es total genossen, mein Handy einfach mal links liegen zu lassen. Und bisher habe ich es noch nicht vermisst!"

Ich griff nach meiner Thermoskanne, und wohl wissend, dass Leif einen Kaffee niemals ablehnen würde, schenkte ich unsere beiden Becher voll, die immer noch im Sand am Lagerfeuer standen.

„Den meisten Krach hast diese Woche jedenfalls *du* gemacht!" Ich musste bei dem Gedanken an die Musik im Landrover lachen.

„Komm schon, du hast ordentlich mitgebrüllt!", kam postwendend die Retourkutsche.

„Ich liebe einfach Musik! Selbst wenn sie aus so einer antiken Blechbüchse wie deinem Kassettenrekorder kommt!"

Tom Sawyer und „Driving Home for Christmas"

Leif legte den *Stein der Stille* zurück in das Rad des Lebens und nahm den letzten Stein der Achse in die Hand. „Dieser Krach steckt unter anderem in der Bedeutung dieses Steines." Nun sah er mich mit einem verschmitzten Grinsen an. „Der dritte Stein auf der Achse ist der *Stein der Inspiration.* Um uns selbst tiefer zu verstehen und neu auszurichten brauchen wir nicht nur Stille, sondern auch Inspiration. Was einmal mit Felsenzeichnungen, überlieferten Geschichten und rituellen Tänzen begonnen hat, ist heute die Literatur, die Musik, die Malerei, die Fotografie, das Theater oder das Kino. Kunst und Kultur inspirieren uns, weil sich in ihnen unser Leben widerspiegelt. Wenn wir uns inspirieren lassen, wenden wir uns unseren ureigenen Sehnsüchten und Träumen zu, und das berührt unser Herz." Leif hielt den Stein immer noch in seinen Händen.

„Wahre Worte!“ Ich dachte an die vielen Lieblingssongs, die bei mir nicht nur für Gänsehaut sorgten, sondern oftmals auch die Tränengänge wieder durchpusteten. Van Morrison war für mich ganz klar so ein inspirierender Künstler! Ein Mann, der meine verstopften Kanäle ohne Umwege über den Kopf öffnete. *Und da ist auch die Verbindung zum* Talentstein *und zu dem, was Leif über das Entwickeln von Talenten erzählt hat,* fiel mir unser Gespräch vom Vormittag wieder ein.

„Unsere Talente sind nicht nur Gaben für unseren eigenen Weg, es sind auch Gaben, die wir in die Gemeinschaft einbringen. Künstler haben das Talent, die Menschen zu inspirieren.“

„Jetzt sag mal: Welches Buch und welches Lied würdest du auf eine einsame Insel mitnehmen?“, fragte ich Leif, der gerade genüsslich einen Schluck Kaffee trank.

„Die Bibel und ‚The Rose‘ von Bette Midler“, kam die Antwort wie aus der Pistole geschossen. „Und du?“, fragte er neugierig zurück.

„‚Tom Sawyer‘ von Mark Twain und ‚Driving Home for Christmas‘ von Chris Rea.“ Ich musste selbst ein wenig über meine Auswahl schmunzeln. „Lach nicht! Das waren meine ersten Gedanken, also kann es doch nicht verkehrt sein, oder?“

„Ganz bestimmt nicht!“ Leif begann, „Driving Home for Christmas“ zu singen, und ich stimmte mit ein, mitten im März an einem Lagerfeuer am Strand. Irgendwann ging uns der Text aus und wir brachen lachend ab.

„Wollen wir uns noch mal auf den Weg machen und den angespülten Plastikmist vor der Steilküste aufsammeln?“ Ich verspürte wirklich große Lust, noch ein paar Strandmeter aufzuklaren.

„Das machen wir!“ Leif holte zwei große Müllsäcke aus seinem Rucksack und wir machten uns auf zur „Steilküste der Fremdbestimmung“. So hatte ich den imposanten Küstenabschnitt nach unserer gestrigen Aktion getauft.

Viertes Agreement

Die Bewahrung der Schöpfung

Ein Gefühl von Nach-Hause-Kommen

Als wir an den Resten des alten Holzboots vorbeikamen, konnten wir erkennen, dass in den frühen Morgenstunden schon ein anderer Angler am Strand gewesen sein musste. Er hatte die hölzerne Sitzbank des Boots als Filetierbrett benutzt. Auf dem Brett hafteten noch unzählige silbrige Schuppen und die Reste von Fischblut.

„Wow, da war jemand ja schon erfolgreich heute Morgen!", sagte ich mit einem Blick auf die verräterischen Überreste.

Leif schien das nicht wirklich zu interessieren. Er bückte sich und sammelte drei Zigarettenkippen auf, die der erfolgreiche Jäger an seinem Arbeitsplatz in den Sand gedrückt hatte.

„Wie kann das sein?" Er legte die drei Kippen auf die Sitzbank und schnaubte unwillig: „Ich kapiere das nicht! Wie kann ein Mann ans Meer kommen, in der Absicht, einen gesunden wilden Fisch zu fangen, und dann Mutter Erde drei Kippen ins Gesicht drücken?"

In der ganzen Woche hatte ich Leif noch nicht so wütend gesehen wie in diesem Augenblick, und der Held der Morgenstunde konnte wahrscheinlich heilfroh sein, dass er nicht mehr hier war.

„Dieser Mist hier hat viel mit unserem vierten Agreement zu tun, der Bewahrung der Schöpfung. Das geht nur, wenn wir kapieren, dass wir ein Teil im großen Netz des Lebens sind. Das hier ist eher das Prinzip *Nach mir die Sintflut*." Leif sah grimmig auf die Kippen hinunter.

Dann begann er wieder zu reden: „Vor zwei Jahren war ich auf einem langen Riff an der Südküste zum Angeln. Die Bedingungen waren perfekt: alte Wellen, angetrübtes Wasser und ein guter Wasserstand – schon als ich am Strand ankam, wusste ich, dass es nicht viele Würfe brauchen würde, bis der erste Fisch überlistet war. Der Platz hat allerdings eine kleine Besonderheit: Hundert Meter weit draußen liegt ein Stehstein, und weitere fünfzig Meter vor diesem Stein gibt es eine tief ausgespülte Kuhle, etwa so groß wie drei Tischtennisplatten. Kurzum, du musst da raus auf diesen Stehstein und die Kuhle abfischen, denn bei solchen Bedingungen steht dort nicht nur ein Fisch!

Ich ging also raus auf das Riff und konnte mit etwas Mühe den Stehstein in den alten Wellen erklimmen. Schon beim ersten Wurf hatte ich Fischkontakt, aber der Fisch packte nicht richtig zu. Doch zwei Würfe später war der erste Fisch überlistet. Ich tötete die Meerforelle und wollte sie an den Strand bringen. Als ich mich umdrehte, sah ich, wie zwei weitere Angler sich auf den Weg hinaus zu meinem Stehstein machten. Noch hielten sie einen respektvollen Abstand, aber ich wusste, sobald ich den Platz verließ, um den Fisch zum Strand zu bringen, wäre mein Platz auf dem Stehstein besetzt gewesen.

Nun bin ich wahrlich kein ‚Fleischmacher', aber ich wollte an diesem Tag noch einen zweiten Fisch fangen, denn an dem darauffolgenden Wochenende hatten sich Freunde zu einem Besuch angekündigt … und Freunde vom Festland essen nun mal am liebsten Fisch! Also band ich den Fisch an den Gummizug meiner Watjacke und angelte weiter. Die alten Wellen rollten immer noch mit gehöriger Kraft auf das Riff, und durch den Druck der Wassermassen bildete sich eine Unterströmung, die das Wasser wieder hinaus ins Meer zog. Zwei, drei Würfe später sah ich einen größeren Fisch, der meinem Blinker bis kurz vor den Stehstein folgte. Mir kamen Zweifel, ob mein Haken noch scharf genug war für den Fall, dass der Fisch den Köder beim nächsten Wurf attackieren würde.

Ich holte den Blinker aus dem Wasser und kontrollierte mit den Fingern die Schärfe des Hakens. Dabei fiel mein Blick auch auf den Gummizug meiner Watjacke, und zu meinem Schrecken musste ich feststellen, dass die Meerforelle nicht mehr daran hing. Der Knoten hatte sich gelöst und die Strömung hatte den Fisch davongetragen. Ich war wie vor den Kopf gestoßen. Ich hatte einen Fisch getötet und durch meine Unachtsamkeit war es ein sinnloser Tod gewesen.

Ich haderte mit mir und verließ das Riff in der Gewissheit, einen dummen Fehler gemacht zu haben. Als ich den Strand erreichte, sah ich, wie die beiden anderen Angler gerade über die Dünen Richtung Parkplatz verschwanden. Als ihnen klar geworden war, dass ich meinen Platz wohl nicht hergeben würde, hatten sie das Riff kurze Zeit vor mir verlassen.

Ich setzte mich an den Strand und suchte für mich nach einem Weg, die Dinge zwischen mir und dem Fisch wieder stimmig zu machen. Eine ganze Zeit lang hockte ich da und schaute aufs Meer. Meine Gedanken hingen dem toten Fisch nach, der jetzt irgendwo da draußen herumtrieb, und mitten in meine Gedanken über die Sinnlosigkeit der ganzen Aktion kam mir die Idee, mit dem Fisch ein Abkommen zu schließen. Ich gab dem toten Fisch das Versprechen, den nächsten drei Fischen, die ich fangen würde und eigentlich mit nach Hause genommen hätte, die Freiheit zu schenken."

Leif lachte trocken auf. „Kannst du dir das vorstellen? Ich hatte ein Agreement mit einem toten Fisch! Am nächsten Morgen fuhr ich an einen anderen Strand und am Parkplatz traf ich die zwei Männer vom Vortag wieder. Sie hatten das ganze Drama mitbekommen, und einer der beiden begrüßte mich mit den Worten: ‚Schöner Fisch, der sich da vom Band gelöst hat!' Ich erzählte den beiden, wie sehr mich die Sache schmerzte und dass ich eine Abmachung mit dem toten Fisch geschlossen hatte. Der Blick in die Gesichter der Männer zeigte reines Unverständnis. Sie erzählten mir dann von ihren bisherigen

Erlebnissen. Seit zehn Tagen waren sie nun auf der Insel. Jeden Tag hatten sie von Sonnenaufgang bis Sonnenuntergang geangelt, ohne bisher auch nur einen einzigen Fisch gefangen zu haben. Und während sie mir ihre Geschichte erzählten, drückte der eine der beiden seine Zigarettenkippe in den Strandsand, ganz so, als sei das das Selbstverständlichste auf der Welt.

Ich schaute ihn an und stellte ihm dann genau die Frage, die uns gerade bewegt: ‚Du bist doch auf diese Insel gekommen, um in der Natur zu sein und gesunde wilde Fische zu fangen. Warum drückst du dann der Natur deine Kippe ins Gesicht?'

Etwas verstohlen und irritiert schaute der Mann mich an, sammelte die Kippe auf und steckte sie in seine Watjacke. So eine Frage hatte er sich offensichtlich noch nie in seinem Leben gestellt. Die Bedingungen waren auch an diesem Tag perfekt, und ich lud die beiden ein, mit mir angeln zu gehen. Eine Einladung, der sie gern folgten, zumal sie nach den Erfahrungen der letzten zehn Tage doch sehr verunsichert waren, welcher Platz sie noch zu ihrem ersehnten Fisch bringen würde.

Wir packten unsere Sachen und machten uns auf zum Strand. Der Weg führte uns zu einer kleinen Steilküste, einen Kilometer vom Parkplatz entfernt. Wir fingen sofort an zu angeln, und es dauerte gefühlte zehn Minuten, bis der Mann, der eine halbe Stunde zuvor noch die Zigarettenkippe in den Strandsand gedrückt hatte, lauthals ‚FISCH!' brüllte.

Ich eilte zu ihm und half ihm, den Fisch mit seinem Kescher zu landen. Vor uns am Strand lag eine drei Kilo schwere, silberblanke Meerforelle. Der Mann war außer sich vor Freude. Nach zehn Tagen endlich der erste Fisch, und dann stellte sich auch noch heraus, dass es die größte Meerforelle war, die er bisher in seinem Leben gefangen hatte.

Überglücklich strahlte er mich an, und ich fragte ihn, was er aus der Geschichte gelernt habe. Mit einem breiten Grinsen antwortete er: ‚Dass jederzeit alles möglich ist!'

‚Wunderbar!', antwortete ich, ‚und du kannst die Erkenntnis mitnehmen, dass die Natur dir etwas zurückgibt, wenn du sie mit Respekt behandelst!'" Leif zwinkerte mir zu und trank noch einen Schluck Kaffee.

„Glaubst du wirklich, dass es so einfach ist?" Nur mühsam tauchte ich aus der Geschichte wieder auf. „Dann würde ja jeder, der anfängt, seine Kippen aufzusammeln, gleich dicke Fische fangen!"

„Vielleicht", schmunzelte Leif, „aber in jedem Fall füllt sich sein Kescher mit einer anderen Beute, und die heißt: Sinn, Respekt, Haltung. Jemand, der anfängt, seine Kippen aufzusammeln, der fängt auch an, sich der Natur wieder zuzuwenden, und damit wendet er sich auch wieder sich selbst zu, weil er ein Teil im großen Kreislauf des Lebens ist. Der Weg zu diesem vierten Agreement der Bewahrung der Schöpfung ist, wie der Weg zurück zu unseren Kindern und zu uns selbst, eine Frage des Fühlens. Wir müssen von der Geraden zurück in den Kreis, der uns mit allem verbindet: den Tieren und den Pflanzen, unserem Revier und letztendlich mit uns selbst!"

Leif ließ die Zigarettenkippen in seinen Müllsack fallen und dann machten wir uns weiter auf den Weg zur Steilküste.

Zurück zum Gefühl

„Der erste Stein auf der Achse der Bewahrung der Schöpfung heißt *Natur erleben*", begann er. „Wenn wir uns nur in klimatisierten Büros, Flugzeugen, Autos und Wohnhäusern aufhalten, geht unsere ursprüngliche Verbindung mit der Welt mehr und mehr verloren – die Verbindung zur Natur! In unserem Bewusstsein sind wir dann irgendwann nicht mehr Teil eines großen Naturgefüges, in dem alles miteinander verbunden ist, sondern wir leben in unserer ganz eigenen, künstlich geschaffenen Welt. Eine Welt, die durch das Internet noch mehr Dynamik und Entfremdung vom Ursprung erfährt. Ich glaube, viele Menschen sitzen in ihren Büros, schauen ab und zu aus den Fenstern und denken, der Klimawandel würde gerade in einer anderen Welt passieren. Diese Entfremdung ist ein Weg in die Sackgasse, für die Menschen und für den Planeten."

Leif hatte wahrhaft die Gabe, die Dinge sehr bildhaft darzustellen, und das, was er sagte, berührte mich sehr persönlich, weil ich genau diese Entfremdung nur zu gut kannte.

„Dieser erste Stein der Achse erinnert uns daran, hinaus in die Natur zu gehen und diese alte Verbindung wieder zu *spüren*. Du kannst auf einen Berg steigen, einen Pilgerweg gehen, einen Garten anlegen oder ans Meer zum Angeln gehen. Lass dir den Sand durch die Finger rieseln, atme tief den Geruch der Erde nach einem Frühlingsregen ein oder forme mit den bloßen Händen einen Schneeball", zählte Leif ein paar Beispiele auf. „Hauptsache, du kehrst in deine ursprüngliche Welt zurück! Dein Bewusstsein verändert sich, sobald du die Welt in der Welt verlässt und dorthin zurückkehrst, wo du herkommst! Du wirst sehen, dann macht sich ein Gefühl von Nach-Hause-Kommen breit!"

Wir erreichten die Landspitze vor der *Steilküste der Fremdbestimmung*, und ich blickte hinaus zu den drei Steinen, die mich gelehrt hatten, in Zukunft mein Leben selbstbestimmter zu gestalten.

Noch bevor wir anfingen, uns dem zivilisatorischen Strandgut zu widmen, kam Leif noch einmal auf unser Agreement mit dem Handy zu sprechen. „Es ist auch deshalb eine gute Idee, dein Handy dort zu lassen, wo es im Augenblick liegt, wenn du in der Natur unterwegs bist, weil es die Verbindung zur Welt in der Welt ist!", sagte Leif, der wahrscheinlich nicht einmal ein Handy besaß.

Während der ersten 100 Meter hing jeder von uns seinen Gedanken nach, und ich merkte, wie sich das *Rad des Lebens* mehr und mehr in mein Herz brannte. Was mit einer PET-Flasche begonnen hatte, war nun zu einem ganzheitlichen Bild des Lebens geworden, und ich hatte begriffen, dass mein Ausgebranntsein und meine ewige Flucht vor mir selbst eine ganze Menge mit den gebrochenen Agreements in meinem Leben zu tun hatte.

Alles ist miteinander verbunden

Wir trafen uns auf den Sitzsteinen vor der Steilküste wieder und ich setzte mich neben Leif auf einen großen Findling.

„Was ist mit dem zweiten Stein auf der Achse?“, wollte ich wissen.

„Der zweite Stein handelt von den Zigarettenkippen!“, grinste Leif.

„Von den Zigarettenkippen?“ Ich verstand nicht recht, was er meinte.

„Er handelt von dem, was du und ich tagtäglich unserer Umwelt ins Gesicht drücken. Es ist der Stein der *ökologischen Fußspur*!“ Damit löste Leif meine Verwirrung noch nicht wirklich auf, aber er war noch nicht fertig. „Das schließt alles ein, was wir tun und haben: unsere Mobilität, unsere Ernährung, unsere Wohnungen, unsere Kleidung, unsere Blinkerboxen und Bücherregale – einfach alles!“, zählte Leif ein paar Bereiche aus unserem täglichen Leben auf. „Der Stein erinnert uns daran, uns bewusst zu machen, was wir im Lauf unseres Lebens so alles auf der Welt verbrauchen und hinterlassen. Dabei ist der Weg das Ziel, und jede Veränderung, die wir aus dem Bewusstsein heraus machen, dass wir auf der Erde einen Fußabdruck hinterlassen, ist ein Schritt auf diesem Weg.“

Leif hielt den Sack mit dem Plastikmüll in die Höhe. „Das hier ist ein gutes Beispiel aus meiner Geschichte. Ich bin jahrelang an den

Strand gegangen, ohne Müll aufzusammeln. Der Tag, an dem ich begann, mich um den Müll zu kümmern, war ein Schritt auf dem Weg, die Dinge zwischen mir und der Erde wieder stimmiger zu machen. Und für den Mann aus der Geschichte eben war es ein Schritt, seine Zigarettenkippen nicht mehr an den Strand zu werfen. Mit jedem Schritt kehrt mehr Balance und Sinn in dein Leben zurück und du allein bestimmst das Tempo!" Leif schaute mich an. „Es gibt kein Richtig oder Falsch, kein Zuviel und kein Zuwenig, kein Besser und kein Schlechter, nur ein Hinwenden oder Abwenden", erklärte Leif den Ansatz des Agreements.

Ich ahnte schon, dass gleich wieder eine Geschichte kommen würde, die das Ganze noch mehr verdeutlichen sollte – und ich musste nicht lange warten.

„Letzte Woche war eine Gruppe von vier Anglern hier auf der Insel. Für zwei Tage hatten sie mich als Guide gebucht und wir kamen schnell auf die kleinen und großen Geschichten aus der Welt des Küstenangelns. Dabei stellte sich heraus, dass sie ihre Reise kurzfristig umgebucht hatten. Eigentlich hatten sie an einer anderen Destination an der Ostsee fischen wollen, aber dort war es, sehr zu ihrem Leidwesen, zu einer riesigen Algenblüte mit einem großen Fischsterben und katastrophalen ökologischen Folgen für die sensiblen Uferbereiche gekommen. Nun ist eine Algenblüte im Sommer für die Ostsee nichts Ungewöhnliches, aber diese fand mitten im Winter statt, und sie breitete sich über weite Gebiete der Ostsee aus. Diese Jahreszeit ist auch die Hauptsaison der Meerforellenfischerei.

Während die Angler mir ihr Leid klagten, lagen auf einem riesigen Grill zwölf Schweinekoteletts und acht Bratwürstchen. Auch am Tag zuvor war der Grill voll mit Schweinefleisch gewesen und im Kühlschrank lag der Nachschub für weitere Grillabende. Der Hauptproviant der Reise bestand aus Schweinefleisch … und der Hauptproviant der Alge mit dem lieblichen Namen *Chattonella* ist Schweinegülle! Die Überdüngung der Ostsee mit den daraus folgenden Algenblüten hängt maßgeblich mit dem Ausbringen von großen Mengen Schweinegülle auf die Felder zusammen. Durch Niederschläge wird die Gülle ausgeschwemmt und in Bäche und Flüsse getragen und gelangt von dort ins Meer. Vielerorts liegen die Felder sogar direkt am Meer. Die Angler waren entsetzt über die Katastrophe, die in ihrer Wahrnehmung mit allem Möglichen zu tun hatte, nur nicht mit den Fleischbergen auf ihrem Grill und in ihrem Kühlschrank. Da hast du wieder die Welt in der Welt."

Leif musste trotz des ernsten Themas ein wenig schmunzeln. „Diese Jungs konnten zwischen ihrem Tun und den Auswirkungen keinen Zusammenhang herstellen, obwohl das Meer doch eigentlich ihr Revier war! Dieser zweite Stein auf der Achse ist daher auch eine Erinnerung an uns, wieder Sinnzusammenhänge in unserem Leben herzustellen. Du musst dir darüber im Klaren sein, dass alles miteinander zusammenhängt – und was das Kotelett auf deinem Grill mit den Meerforellen zu tun hat. Das klingt erst mal unangenehm und anstrengend. Aber es ist auch eine Rückkehr zu deiner eigenen Kraft!", war Leif sich sicher. „Denn unser größter Energielieferant heißt Sinn!"

„Was waren denn weitere Schritte, die du selbst gegangen bist, nachdem du den Strandmüll auf dem Zettel hattest?" Ich war wirklich neugierig darauf, was Leif auf seinem Weg noch so unternommen hatte. Praktische Beispiele waren doch immer am hilfreichsten.

„Ich habe mit meiner Familie schon vor vielen Jahren damit begonnen, mehr und mehr Nahrungsmittel zu essen, die eine Geschichte haben. Wir fangen unsere Fische selbst, haben einen Gemüsegarten angelegt, Obstbäume gepflanzt und im Herbst gehen wir zum Pilzesammeln in den Wald. Jedes Stück Nahrung, das auf unserem Teller liegt und eine Geschichte erzählt, die mit uns verbunden ist, gibt uns das Gefühl, die Dinge im Einklang mit der Natur zu tun." Er lachte kurz auf, als ihm noch etwas einfiel. „Und dann habe ich die Leidenschaft für *Guerrillaplanting* entdeckt."

„Für was?" Den Begriff hatte ich noch nie gehört.

„Ich habe in den letzten drei Jahren rund zweihundert Bäume gepflanzt. An Straßenrändern, auf freien Flächen und in den Gärten von Freunden ... einfach überall dort, wo Platz war."

„Wie kommt man denn auf so eine Idee?", fragte ich erstaunt nach.

„Ich wollte ein Gegengewicht zu meinem Landrover schaffen!", lachte er, schnappte sich seinen Plastiksack und machte sich wieder daran, den Strand aufzuräumen.

Ich blieb noch einen Augenblick sitzen, schaute aufs Meer und dachte darüber nach, welche Schritte ich in den letzten Jahren unternommen hatte, um die Dinge zwischen mir und der Umwelt wieder stimmiger zu machen. Mir fiel der Bioladen um die Ecke ein, meine Bahncard und das liebevoll von unseren Kindern gemalte „Reklame – nein danke!"-Schild auf unserem Briefkasten. *Das ist doch ein Anfang ...* Während ich meinen Gedanken nachhing, fiel mir ein Bild wieder ein, das Leif verwendet hatte, als wir über die Reduktion sprachen.

„Stell dir vor, dein Leben ist ein Strandlauf, und alles, was du so brauchst, musst du in einem Rucksack mitnehmen. Je mehr du mitschleppst, desto tiefer sinkst du in den Sand ein und desto langsamer und mühevoller kommst du voran."

Je mehr ich mitschleppe, desto tiefer ist auch mein ökologischer Fußabdruck, kam mir jetzt in den Sinn. Der Müll, der in meinem Abfallsack landete, war genauso bunt wie an den Tagen zuvor. Ich fand 14 PET-Flaschen, ein Feuerzeug, eine Plastiktüte mit einer Bärentatze und der Aufschrift „Draußen zu Hause", einen Tennisball, einen roten Filzstift, einen Einmalrasierer, eine Sonnenbrille mit neongrünem Brillenband, eine Spülbürste, rund zwei Dutzend Zigarettenkippen, die Reste eines Wasserkochers und Unmengen von klein geriebenen Kunststoff-Pellets.

≈

Kurz vor dem Holzboot traf ich Leif wieder. Er stand am Strand und ließ Steine über das Wasser ditschen.

„Mein Rekord ist sechzehn!“ Er schaute mich ziemlich selbstbewusst an.

„Das schaff ich auch!“, nahm ich die sportliche Herausforderung an und suchte den Strand nach flachen Steinen ab, die geeignet schienen, mindestens 17 Mal auf die Wasseroberfläche aufzuschlagen und wieder abzuheben.

„Okay … ab jetzt!“, sagte ich, als ich einen Haufen rekordverdächtiger Steine neben mir geparkt hatte.

„Gut! Zehn Versuche. Der Verlierer muss das Lagerfeuer wieder in Gang bringen!“, schlug Leif vor.

„So machen wir's!“

Es war ein Wettkampf auf Augenhöhe und bis zum achten Versuch war das Duell völlig ausgeglichen. Jeweils der beste Wurf von Leif und mir schaffte 12 Sprünge.

Doch dann kam mein neunter Stein.

Das sollte ein Wurf für die Ewigkeit werden! 18 Mal hüpfte der Stein vor den staunenden Augen von zwei Männern mit weit aufgerissenen Mündern über die Wasseroberfläche, bevor er in den ewigen Weiten des Meeres versank.

Ich genoss den Triumph in vollen Zügen.

Doch Leif wäre nicht Leif gewesen, wenn er nicht bis zum letzten Augenblick alles versucht hätte, um die Niederlage doch noch abzuwenden. Beim letzten Versuch nahm er sogar etwas Anlauf, was allerdings nicht zum gewünschten Ergebnis führte: Mit einem lauten Platschen bohrte sich der Stein drei Meter vor unseren Füßen in die Sandbank.

Wir krümmten uns vor Lachen und blieben noch einen Augenblick im Sand liegen.

„Warum wirft eigentlich fast jeder Mensch, der an einen Strand mit Steinen kommt, erst einmal einen Stein ins Wasser?“, fragte Leif mich im Liegen und versuchte, mit einem illegalen elften Stein, aus der Hüfte geschossen, doch noch etwas zu seiner Ehrenrettung zu unternehmen … doch der Stein landete direkt neben Stein Nummer 10.

„Ich glaube, die Menschen tun das, weil sie im Sommer gern barfuß am Strand laufen wollen!“, mutmaßte ich nicht ganz ernsthaft. „Und was glaubst du?“

„In vielen Kulturen symbolisiert das Wasser unser Unterbewusstsein. Ich glaube, die Menschen werfen Steine ins Wasser, um den Kontakt zu ihrer Intuition wiederherzustellen!“

Viele gute Ideen

Während Leif spielregelkonform damit beschäftigt war, das Lagerfeuer wieder in Gang zu bringen, nutzte ich die Zeit und skizzierte das Rad des Lebens in mein Tagebuch.

„Welche Bedeutung hat eigentlich der dritte Stein auf der Achse der Bewahrung der Schöpfung?“, fragte ich Leif.

„Das ist der *Förderstein.* Es gibt viele Organisationen, Vereine oder auch einzelne Menschen, die sich dem Natur- und Umweltschutz verschrieben haben. Sie arbeiten dafür, das Verhältnis zwischen der Natur und den Menschen mit vielen guten Ideen und Engagement wieder stimmiger zu machen. Wenn wir sie unterstützen, fördern wir ihr und unser Anliegen, verantwortungsvoller mit diesem Planeten umzugehen", erklärte Leif mir die Bedeutung des Steines.

Ich blickte auf das Rad des Lebens: den inneren Kreis mit dem alten Jägerhandwerkszeug und den äußeren Kreis mit unseren Agreements. Und plötzlich hatte ich wieder ein im wahrsten Sinne des Wortes „rundes" Bild von meinem eigenen Leben vor Augen. Genau genommen war alles, was Leif mir zu den Steinen erzählt hatte, ja nichts Neues für mich, aber es war verschüttet gewesen, und er hatte es wieder ausgegraben. Neu war allerdings die Erkenntnis, dass ich all das Wissen nutzen konnte, um mein Leben wieder in die Balance zu bekommen.

„Du kannst zwar nicht ditschen, aber dafür kannst du wunderbare Steinkreise legen!", grinste ich Leif an. Ich stand auf und umarmte ihn, wie man einen Menschen umarmt, den man ganz tief in sein Herz geschlossen hat.

„Damit dich das jetzt alles nicht zu sehr umhaut und überfordert, wenn du morgen in deine Welt zurückkehrst, ist es sicher eine gute Idee, dir für jedes deiner vier Agreements drei Schritte zu überlegen, die als Nächstes dran sind. Die Steine der Achsen kannst du als Inspiration nutzen, um diese Schritte für dich zu beschreiben!", gab Leif mir eine kleine Starthilfe im Umgang mit dem Rad des Lebens. „Und nur du bist es, der die Schritte und das Tempo für dich bestimmt! Es ist dein Weg, und jedes der vier Agreements ist eine Lebensreise, nicht zu einer Ziellinie, sondern in Kreisbewegungen, die dich zu immer neuen Erfahrungen führen. Im Umgang mit deinen Talenten, im Zusammenleben mit deinen Kindern und deiner Frau, in der Entwicklung deiner Spiritualität und in deiner Beziehung zur Natur."

Leif hielt inne, als wäre ihm gerade etwas klar geworden. Dann grinste er mich an. „Weißt du was? Mit den vier Agreements ist es wie mit dem Ditschen!"

„Wie bitte?“, fragte ich etwas ungläubig nach.

„Wenn du dich deinen Agreements wieder zugewendet hast und die ersten Schritte gehst, liegt am Anfang vielleicht einige Zeit und eine lange Wegstrecke zwischen den Schritten – wie beim Ditschstein zwischen den ersten zwei Sprüngen. Wichtig ist dann nur, dass du auf dem Weg bleibst, und irgendwann folgt der nächste Schritt. Die Abstände zwischen den Schritten werden immer kürzer, und je länger du unterwegs bist, desto mehr Dynamik kommt in die ganze Sache, wie beim Ditschstein!“

„Und irgendwann saufe ich dann ab!“, meinte ich trocken.

„Ganz und gar nicht!“, war sich Leif sicher. „Irgendwann tauchst du dann ganz ein und alles wird ganz selbstverständlich!“

„Wenn man deine letzten zwei Ditschsteine als Maßstab nimmt, kann das ja schneller gehen, als man denkt!“, alberte ich.

„Tja, da kannst du mal sehen!“, machte Leif gutmütig mit.

„Eine meiner wichtigsten Erfahrungen in dieser Woche war die Erkenntnis, dass ich nicht zu schnell meinen sollte, etwas schon zu wissen!“ Aus irgendeinem Grund erinnerte ich mich gerade wieder an den Morgen des zweiten Tages, an dem ich behauptet hatte, den Strand bereits zu kennen. „Du bist trotzdem mit mir an den Strand zurückgekehrt, und was dann folgte, waren Tag für Tag neue Ansichten, neue Einsichten. Ein Strand, der mir gezeigt hat, wie dynamisch ein Lebensraum sein kann. Und dieses Bild verbinde ich jetzt auch mit dem, was du über das Rad sagst.“

„Da ist viel Wahres dran. Wenn ich meine, etwas schon zu wissen, höre ich auf zu reisen, weil ich dann in meiner inneren Wahrnehmung die Ziellinie überschritten habe.“

„Das Bild eines Reisenden gefällt mir in Verbindung mit meinen Agreements richtig gut!“, sagte ich. „Ich freu mich schon darauf, die ersten Schritte zu tun!“

Die Stille am Strand wurde von einem Geräusch durchbrochen, von dem ich gehofft hatte, es nicht mehr in Strandnähe zu hören, doch der Fischer wählte auch heute wieder dieselbe Stelle und stellte das Netz erneut quer vor den Bachauslauf.

„Der macht das doch tatsächlich wieder!“, stellte ich in einem Tonfall tiefer Entrüstung fest. Das hatte etwas von *Dinner for one*, nur mit viel fataleren Folgen. „*Same procedure as yesterday!*“, sagte ich in Anlehnung an den Fernsehklassiker.

„Klar! Und er wird es so lange machen, bis sich etwas in seinem Bewusstsein verändert. Denk mal daran, wie es bis vor einer Woche bei dir ausgesehen hat! *Same procedure everyday*, oder?“

Ich musste lachen und Leif malte das Bild genüsslich weiter aus: „Jeden Tag die blöde Kellnerschürze umgebunden und den gleichen Kram serviert und die gleiche Rolle gespielt … Tag für Tag! Und dann liegt da so ein blöder toter Tiger, über den du jeden Tag zehnmal stolperst. Ein Tiger, der dich eigentlich aufrütteln will, aber du ignorierst seine Botschaft und machst weiter. Und mit jedem weiteren Gang schwindet auch dein Bewusstsein weiter, weil du Dinge in dich hineinflößt, die du eigentlich gar nicht willst!

Ooohh, must I, Miss Sophie?, jammerst du halbherzig, statt einmal auf den Tiger zu hören und zu sagen: *No, I don't!*, die Schürze an den Nagel zu hängen und den Saal zu verlassen. Nein, auch du hast jeden Tag einfach weitergemacht – wie der Fischer da draußen! Wie so viele Männer, aus denen Gejagte geworden sind. Sie stolpern Tag für Tag über ihren Stress, ihre Schlaflosigkeit, ihr rasendes Herz. Sie stolpern … und sie machen weiter. Sie erkennen nicht, dass der Tiger eigentlich ihr größter Verbündeter ist!“

„Immerhin ist der gute James ja auch einmal beidfüßig über den Tiger hinweggesprungen!“, erinnerte ich mich an eins der Highlights aus der Geschichte.

„Ja, aber er hätte lieber noch einmal stolpern sollen", sinnierte Leif, „vielleicht wäre er dann zur Besinnung gekommen."

Leif stand auf, streckte den linken Arm aus wie James für sein Serviertuch und sagte: „James geht jetzt ein letztes Mal Holz holen!"

„Gut, dann nutze ich die Zeit, um mir ein paar Stichworte zum Rad des Lebens aufzuschreiben. Sonst kann ich mir niemals alles merken, was du mir eben erzählt hast." Ich holte Zettel und Stift aus meinem Rucksack und schaffte es tatsächlich, die Bedeutungen aller Steine und Achsen noch einigermaßen zusammenzukriegen.

Auf dem Weg über die Dünen in den Kiefernwald stolperte Leif über einige Steine, und jedes Mal drehte er sich um und warf den Stolpersteinen wild gestikulierend böse Blicke zu, bevor er seinen Weg fortsetzte und irgendwann hinter den Dünen verschwand.

„Es gibt nicht nur Stehsteine und Sitzsteine, es gibt auch Stolpersteine!" Ich musste innerlich grinsen und schenkte mir noch einen Becher Kaffee ein. An Leif war ein Komödiant verloren gegangen!

In dem Augenblick, als Leif mit einem Armvoll Holz wieder hinter den Dünen hervorkam, tauchte auch eine Gruppe von vier Anglern am Strand auf. Im ersten Moment war ich leicht irritiert, denn wir hatten die ganze Woche keinen Menschen getroffen – und die vier sahen beim ersten Hinsehen eher nach einer Spezialeinheit aus als nach einer Anglergruppe.

Jeder der Männer trug eine dunkle Polarisationsbrille, hatte einen schweren Rucksack und einen riesigen Kescher auf dem Rücken, einen Watstock in der einen und mindestens zwei Angelruten in der anderen Hand. Über ihren Baseballcaps trugen sie, wahrscheinlich aus Angst vor der nahenden Dunkelheit, Kopflampen, und an den Watgürteln hingen lange Fischmesser und Fischringe aus Nirosta-Stahl zum Einhängen der gefangenen Fische. Die Watjacken waren mit Clips ausgestattet, an denen Lösescheren, Nagelknipser, Schleifsteine und Vorfachmaterial baumelten. Zwei der Männer trugen zudem eine riesige Digitalkamera vor dem Bauch … und einer telefonierte! Irgendwie fehlten noch nur das Landungsboot und der Hubschrauber.

Leif kam vor den Männern am Lagerfeuer an. Er legte etwas Feuerholz nach und hielt mir dann mit einem breiten Grinsen seinen Kaffeebecher entgegen. Ich füllte ihn auf und gemeinsam warteten wir auf die mobile Einsatztruppe.

„Und, hat es sich gelohnt?", fragte einer der beiden Kameraträger, als sie uns erreicht hatten. Wir waren sprachlos, und noch bevor wir uns erholen konnten, schoss der Mann mit dem Telefon schon die nächste Frage hinterher: „Na, habt ihr was rausgehauen?"

Ach du liebe Zeit, wie löst man denn so eine Situation bloß auf?, dachte ich.

Leif trank seelenruhig seinen Kaffee und schaute ins Feuer.

„Heute Abend knallt es hier – die Bedingungen sind perfekt!", warf der andere Kameraträger mit überzeugtem Tonfall und Blick ein.

Und als ob sie gar nicht gemerkt hätten, dass wir ihnen bisher ein paar Antworten schuldig geblieben waren, begannen sie damit, ihre Rucksäcke direkt neben uns in die Dünen zu stellen und ihre Angeln klarzumachen. Nun gab es keine Zweifel mehr – die Jungs wollten direkt hier angeln!

„Hast du das Rad des Lebens ganz aufgezeichnet?", fragte Leif mich, und mir schien, dass er längst eine Entscheidung getroffen hatte.

„Ja, habe ich!" Und im selben Moment kam mir auch die Antwort für die Auflösung unserer Situation in den Sinn.

„Gesetz der Widerstandslosigkeit?" Ich schaute Leif lächelnd an.

„Gesetz der Widerstandslosigkeit!", lächelte er zurück und begann, seine Sachen zu packen.

So hatte ich mir den Abschied vom Strand zwar nicht vorgestellt, aber der kurzfristige Unmut, der in mir aufgekommen war, wurde von einem großen Gefühl der Dankbarkeit verdrängt. Dankbarkeit für eine fantastische Woche, die ich hier am Strand gemeinsam mit Leif hatte erleben dürfen, ohne dass wir von irgendjemandem gestört worden waren.

Ich schnappte mir meinen Rucksack, in dem ich meinen Fisch zum Glück schon vor ein paar Stunden verstaut hatte (was hätten wir sonst wohl erst für eine Pressekonferenz geben müssen?), und meine Angel. Bevor wir den Strand verließen, luden wir die Männer ein, unser Lagerfeuer zu übernehmen. Wir überließen ihnen ein wärmendes Feuer und das Rad des Lebens …

≈

Auf der Rückfahrt zum Ferienhaus kroch in mir mehr und mehr die Vorfreude auf meine Rückkehr hoch. Die Freude auf meine Familie und darauf, mein Leben mit dem Handwerkszeug und den Erfahrungen dieser Woche völlig neu zu ordnen und mit Sinn zu füllen.

Im Ferienhaus machte ich mich auf die Reise zu meinen vier Agreements. Ich war erstaunt, wie schnell ich, ohne viel zu überlegen, für jedes Agreement die ersten drei Schritte zu Papier gebracht hatte. Was es bedeutet, mutig auf die eigene Intuition zu hören und das innere Wissen nach außen zu kehren, konnte ich jetzt auf zwei Tagebuchseiten nachlesen:

Arbeit

1. *Samstag/Sonntag ganz und werktags ab 18:00 Uhr offline sein.*
2. *Zusammenarbeit mit Peter aufkündigen.*
3. *Mein Herzensprojekt „outside views“ endlich angehen.*

Stamm

1. *Jeden Tag eine ehrliche Stunde mit den Kindern ohne Hausaufgaben und Handy-Unterbrechung ;-)*
2. *Sonntag ist Familientag!!!*
3. *Zweimal im Jahr ein Ehe-Wochenende nur zu zweit!*

Innenblick

1. *Den Tag mit einer Morgenmeditation beginnen.*
2. *Einen Kraftplatz in der Natur suchen.*
3. *Jeden Monat mindestens ein Buch lesen.*

Bewahrung der Schöpfung

1. *Fördermitglied bei Greenpeace werden.*
2. *Einmal in der Woche angeln gehen.*
3. *In den nächsten zwei Jahren 25 Bäume pflanzen.*

Die neue Reise zu meinen Agreements hatte begonnen. Und mir gefiel das Gefühl, dass ich derjenige war, der die Inhalte und die Geschwindigkeit der Reise bestimmte.

„Was ist denn, wenn ich einen der Schritte in mein alltägliches Leben integriert habe?“, hatte ich Leif noch am Strand gefragt.

Und seine Antwort war dieselbe wie beim „Durchpusten meiner Zylinder“ gewesen: „Dann nimmst du dir einfach den nächsten Schritt vor! So bleibst du auf deinem Weg!“

Der achte Tag

Das Leben war nie als Kampf gedacht, sondern nur als ein sanftes Voranschreiten von einem Punkt zum anderen, wie eine Wanderung durch ein Tal an einem sonnigen Tag.

Stuart Wilde

Als ich aufwachte, mischte sich etwas Wehmut in die Vorfreude auf den gemeinsamen Tag mit Leif. Es würde, zumindest für dieses Mal, unser letzter gemeinsamer Angeltag werden.

Zuerst hörte ich Van Morrison und dann erst den alten Landrover. Leif kam in bester Laune auf den Parkplatz gefahren. Wir hatten, wie Jake und Elwood, unsere Mission längst erfüllt, und die Fahrt über die Küstenstraße hätte der entspannte Einstieg in den Ausklang einer wunderbaren Woche sein können, wenn es da nicht noch dieses letzte kleine Kopfzerbrechen gegeben hätte … Ich hatte am gestrigen Abend deutlich gespürt, wie groß immer noch meine Angst war, nach meiner Rückkehr wieder beim Thema Arbeit zu straucheln. Vor meiner Reise hatte ich oftmals den Überblick verloren und war reichlich kopflos und fremdgesteuert durch den Tag getaumelt. Ich hatte mehr und mehr Kraft gelassen, und ich wollte nach dieser Woche nicht wieder in denselben Zustand verfallen, der mich vor der Reise im Griff gehabt hatte.

Ich schraubte die Lautstärke von Van Morrison auf Wartezimmer-Niveau und ließ meinem Herzen freien Lauf. Leif hörte mir geduldig zu und kam am Ende meiner Ausführungen zu einem klaren Entschluss: „Wir brauchen siebzehn Steine und einen Strand!"

Leif hatte einen Plan, und mir war schon jetzt, nachdem ich mutig meine Gefühle nach außen gekehrt hatte, viel leichter ums Herz. So leicht, dass ich fast geneigt war zu sagen: „Ach, ist alles schon wieder gut!" Der Geschichtenerzähler feierte für einen Moment seine Auferstehung …

Das Rad der Jagd

Als wir an den Strand kamen, der mir mit jedem Tag in dieser Woche mehr ans Herz gewachsen war, musste ich erst einmal schlucken. Unser Lagerfeuerplatz glich einem riesigen Aschenbecher und das Rad des Lebens war zum größten Teil in den Sand getrampelt worden. Nur die Achse des Innenblicks lag noch in voller Schönheit auf dem Strand.

Leif schien das alles nicht sehr zu verwundern, und er machte sich sofort daran, die Zigarettenkippen aufzusammeln. Am Zustand des Rades änderte er nichts.

„Was meintest du damit, dass wir siebzehn Steine und einen Strand brauchen?", wollte ich jetzt doch etwas genauer wissen, als wir eine halbe Stunde später mit unserem Becher Kaffee am brennenden Lagerfeuer saßen.

„Wir haben davon gesprochen, dass in der Natur alles Geschehen ein ewiger Kreislauf ist", begann Leif. „Das Rad der Jagd erzählt von diesem Rhythmus und zeigt dir, wie du dieses alte Wissen nutzen kannst, um dich deinem Agreement mit der Arbeit zuzuwenden, ohne dabei auszubrennen oder den Überblick zu verlieren. Und dafür brauchen wir siebzehn Steine!" Leif sah mich mit einem breiten Grinsen an.

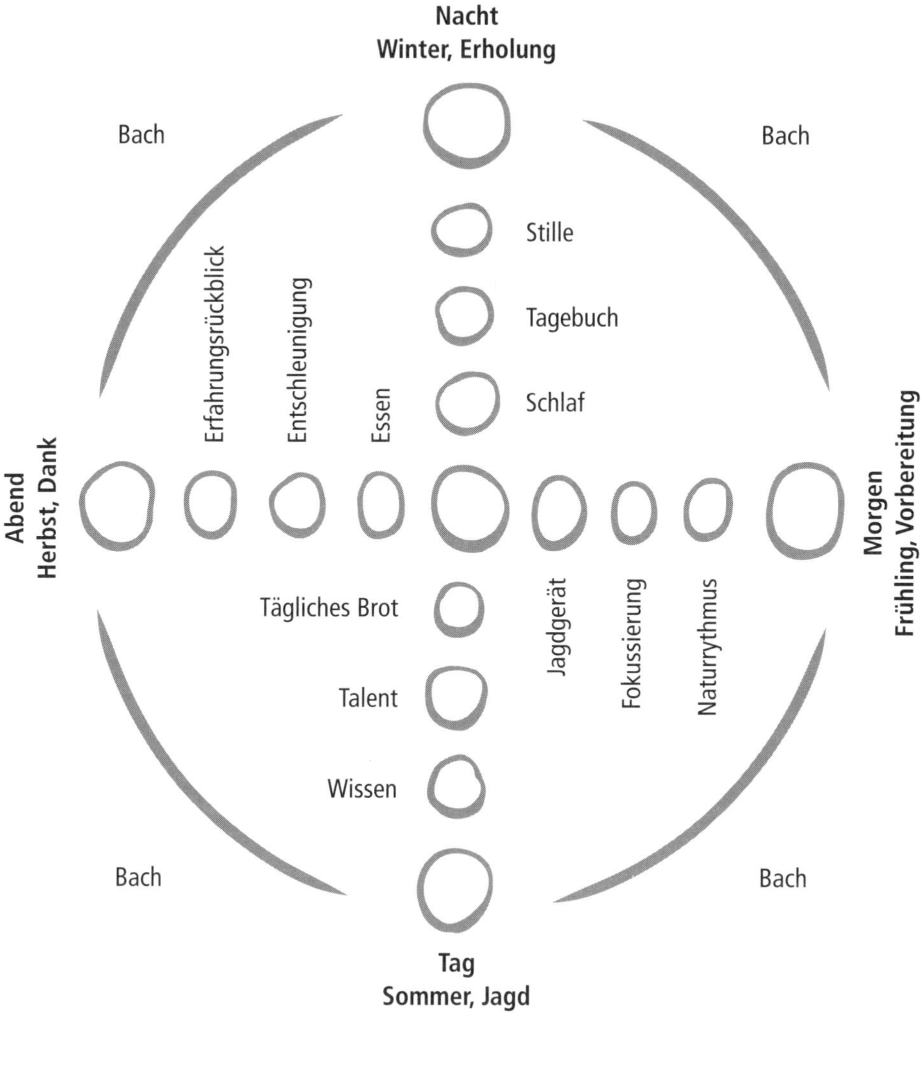
Nacht
Winter, Erholung
Bach
Bach
Stille
Tagebuch
Schlaf
Erfahrungsrückblick
Entschleunigung
Essen
Abend
Herbst, Dank
Morgen
Frühling, Vorbereitung
Tägliches Brot
Talent
Wissen
Jagdgerät
Fokussierung
Naturrythmus
Bach
Bach
Tag
Sommer, Jagd

Wir gingen zu dem Steinfeld im Ufersaum, auf dem Leif auch schon die Steine für das Rad des Lebens gefunden hatte. Nur ein paar Meter von uns entfernt floss der Bach fröhlich plätschernd ins Meer. Ich wusste, wonach wir suchten; schließlich hatte ich die Steine im Rad des Lebens lange genug angeschaut. So dauerte es nicht lange, bis wir die Bausteine für das Rad beisammenhatten.

„Was hältst du davon, wenn ich das Rad hier direkt neben dem Bach in den Sand lege?“ Leif wirkte richtig begierig darauf anzufangen. Ihm gefiel der Platz, und ihm gefiel, was er tat.

„Finde ich eine gute Idee!“, stimmte ich zu.

„Mit diesem Rad schließt sich der Kreis unserer gemeinsamen Reise, weil wir bei der Betrachtung des Rades auch an den Anfang zurückkehren ... genauer gesagt zu deinem Anreisetag“, sagte Leif.

„Ja, daran kann ich mich noch gut erinnern. Ich wollte unbedingt sofort raus zum Angeln, und du hast mich dazu verdonnert, erst einmal richtig anzukommen“, rekapitulierte ich schmunzelnd.

Leif malte mit seinem Finger einen großen Kreis in den Strandsand. Dann legte er, genau wie beim Rad des Lebens, einen Stein in jede Himmelsrichtung und anschließend jeweils drei Steine auf die Achsen, die aus den vier Himmelsrichtungen zur Kreismitte verliefen, in der ein einzelner Stein lag.

Das Rad der Jagd ähnelte dem Rad des Lebens. Der einzige Unterschied: Der Kreis mit dem Handwerkszeug fehlte.

„Das Rad symbolisiert den ewig wiederkehrenden natürlichen Rhythmus der Tages- und Jahreszeiten – ein Rhythmus, dem sich alle Tiere und Pflanzen mit ihrem Verhalten und ihren Lebensweisen angepasst haben“, begann Leif zu erklären.

„Der Morgen ... der Tag ... der Abend ... die Nacht ... der Morgen und so weiter. Du kannst diesen ewigen Rhythmus auch als Taktgeber für deine Arbeit nutzen. Der Morgen ist die Zeit der Vorbereitung, der Tag die Zeit der Jagd, der Abend die Zeit des Dankes und die Nacht die Zeit der Erholung. Alle vier Phasen sind gleich wichtig, damit du nicht ausbrennst und beständig gute Fänge machst!", erklärte Leif weiter. „Das Rad beschreibt nur die Phasen selbst, es sagt nichts über die tatsächlich aufgewendete Zeit aus. Dieses Rad soll dir einzig und allein dabei helfen, die Dinge immer bewusst und nacheinander in den vier Phasen zu tun, damit es nicht zu den von dir gefürchteten Kopflosigkeiten kommt und du den zweiten Schritt vor dem ersten machst."

Der Frühling – die Zeit der Vorbereitung

„Im Osten des Rades liegt der Morgen und im Jahresrhythmus der Frühling. Der Morgen symbolisiert die Zeit der Pläne und der Vorbereitung auf die Jagd. Zur Vorbereitung gehören die Einstimmung auf den Naturrhythmus, die Fokussierung auf die Jagd und das Vorbereiten deiner Ausrüstung. Diese drei Elemente werden durch die drei Achsensteine dargestellt."

„Alles klar!", nickte ich und wartete gespannt auf die weiteren Ausführungen.

„Nur wer sich gut vorbereitet, wird fette Beute machen!", grinste Leif und spannte den Bogen zu der Geschichte mit dem alten Weisen. „Wenn ich mich vorbereite, dann bereite ich mich vor. Wenn ich jage, dann jage ich. Wenn ich Raum für Dank lasse, bin ich dankbar, und wenn ich mich erhole, dann erhole ich mich", nahm er die anderen Phasen im Rad der Jagd schon vorweg, um aber sofort zu dem Stein der Vorbereitung zurückzukehren.

„Um einen inneren Rhythmus zu finden, der dich nicht ausbrennt und der dich jede Phase deines Arbeitslebens in vollem Bewusstsein absolvieren lässt, ist es eine gute Idee, dieser Version der Geschichte zu folgen. Wenn du während der Vorbereitung mit deinem Herzen und Verstand schon auf der Jagd bist, wirst du unachtsam sein und Fehler machen, für die du später den Preis bezahlst!"

„Erlebst du das auch hier am Meer?" Ich konnte mir noch nicht so recht vorstellen, wie sich das in der Praxis zeigte.

„Tagtäglich!", lachte Leif. „Schnell zusammengeknotete Vorfächer, die dann im Kampf mit dem Fisch reißen, Löcher in Wathosen, die längst geflickt gehörten, oder der viel zu volle Rucksack, den man schon beim letzten Mal aussortieren wollte und in dem auch noch der Müll von der letzten Jagd liegt … all das sind untrügliche Botschafter einer hektischen Vorbereitung."

Ich musste grinsen, aber Leif war mit seinen Beispielen noch längst nicht am Ende. „Und dass die Männer oftmals mit ihren Gedanken schon vorgeprescht sind, erkenne ich daran, dass sie wichtige Dinge, die sie eigentlich bräuchten, schlicht und einfach vergessen haben. Meine Lieblingsgeschichte habe ich erst in diesem Winter auf dem Riff erlebt."

Leif zeigte auf das Riff mit dem Landrover-Stein. „Ich saß am Lagerfeuer, als drei Angler über den Strand kamen und hinaus aufs Riff gingen. Sie hatten es alle unheimlich eilig, und es schien fast so, als ginge es nur darum, wer den vermeintlich besten Platz auf dem Riff eroberte. Ihr Rennen führte sie hinaus bis zum Landrover-Stein … wo dann der Schnellste von ihnen feststellte, dass er seine Angel gar nicht mitgenommen hatte. Sie lag bei seinem Rucksack am Strand!"

„Das ist ja der Hammer!" Ich schüttelte den Kopf und schaute auf das Riff hinaus. „Aber das mit dem Loch in der Wathose finde ich nicht wirklich dramatisch." In so einem Fall konnte ich über eine schlampige Vorbereitung hinwegsehen.

„Wer wird länger im kalten Wasser stehen und sich auf die Fische konzentrieren können – jemand, der warm und trocken ist, oder jemand, der sich damit auseinandersetzen muss, dass seine Hose immer noch ein Loch hat, kaltes Wasser eindringt und sich das alles ziemlich mies anfühlt?", beantwortete Leif meine laxe Bemerkung mit einer Gegenfrage.

„Übertragen auf die Arbeit bedeutet das dann also, die Dinge, die ich wirklich für den Job brauche, so gut zu pflegen oder instand zu setzen, dass sie sicher funktionieren und ich mich nicht während der Arbeit damit herumschlagen muss?"

„Genau!", schmunzelte Leif. „Geh nie mit einer löchrigen Wathose zur Arbeit, und räum vorher deinen Rucksack auf, damit du nicht ständig unnützen Kram mitschleppst – oder vielleicht sogar noch den Müll vom letzten Projekt! Damit meine ich natürlich nicht nur tatsächliches Material, sondern auch Schwierigkeiten, die du beim letzten Projekt erlebt hast, persönliche Schwachpunkte, Probleme mit irgendwelchen Leuten ... In der Vorbereitung wird kräftig aussortiert – im Kopf und im Rucksack! Diese Klarheit zahlt sich später auf der Jagd wieder aus! Fokussiere dich auf dein nächstes Projekt, und nimm nur das mit, was du wirklich dafür brauchst!"

„Und weißt du, was du auf deiner Reise in den Sommer am wenigsten gebrauchen kannst?" Leif fuhr mit einem Finger über dem Rad der Jagd entlang. „Einen Rucksack voller Sorgen! Zur Fokussierung gehört es auch, deine Sorgen und Zukunftsängste über Bord zu werfen!"

„Aber ist es nicht allzu menschlich, sich Sorgen zu machen?", warf ich ein.

„Oh ja, das ist wirklich allzu menschlich!", lachte Leif. „Stell dir mal vor, die Meerforellen stünden vor der Bachmündung und würden sich ihre Fischköpfe darüber zerbrechen, was alles auf ihrer Reise zu den Laichplätzen passieren könnte!" Leif schaute mit übertrieben sorgenvollem Blick auf die Bachmündung und malte seine Frage genüsslich weiter aus: „*Was ist, wenn auf meinem Laichplatz Totholz liegt? Was ist, wenn ich plötzlich krank werde? Was ist, wenn ich mir beim Laichgrubenschlagen den Schwanz verstauche? Hoffentlich ist das Wasser im Bach nicht zu kalt! Hoffentlich nimmt mir keiner meinen Laichplatz weg! Was ist, wenn ich im Bach nicht genug zu fressen finde?*"

Leif machte eine kleine Pause und sah mich augenzwinkernd an und fuhr dann fort: „Irgendwann stehen dann die Fische vor der Bachmündung und vor lauter Sorgen verlieren sie den Mut und treten ihre Reise gar nicht erst an!"

„Du meinst also, bevor ich mich auf die Reise in den Sommer mache, sollte ich meine Sorgen einfach über Bord werfen?"

„So ist es!"

„Wenn das mal immer so einfach wäre!", grinste ich.

„Weißt du, welche Männer bei meinen Touren immer am wenigsten Fische gefangen haben?", forderte Leif mich heraus.

„Wahrscheinlich diejenigen, die tatsächlich mehr mit ihren Sorgen und Zukunftsängsten als mit der Fischerei beschäftigt waren, oder?"

„Genau so ist es! Und das waren oftmals Menschen, die nicht nur auf der Jagd von ihren Sorgen und Bedenken geplagt waren. Sie sorgten sich schon in der Vorbereitung, konnten keine Dankbarkeit mehr empfinden und auch die Erholung fiel schlaflosen Nächten zum Opfer. Am Ende hatten ihre Sorgen diese Jäger vollständig vereinnahmt. Aus Jägern waren Gejagte geworden – wieder mal!"

Leif richtete seinen Blick wieder auf mich und schaute mich durchdringend an. „Hat sich jemals in deinem Leben irgendetwas zum Positiven verändert, weil du dir darüber Sorgen gemacht hast?" Natürlich kam die Antwort auch gleich hinterher: „Also hör auf, dir ständig Sorgen zu machen. Dadurch bringst du dich um wertvolle Lebensenergie, die du brauchst, um ein erfolgreicher Jäger zu sein! Die Natur kennt keine Zukunftssorgen, sie kennt nur das Hier und Jetzt. Und das Leben im Augenblick ist gekoppelt an die Aufgaben des Augenblicks."

≈

Leif stand auf und holte die Thermoskanne und zwei Becher, und statt der Zartbitter-Version zauberte er diesmal eine Vollmilchschokolade aus der Watjacke. Er schenkte uns Kaffee ein und dazu gab es ein Stück Schokolade.

„Hast du dann erst den Übergang in den Sommer vollzogen, solltest du dich auch nicht mehr mit den Dingen beschäftigen, die eigentlich in die Vorbereitung gehören, sondern dich ganz darauf konzentrieren, Beute zu machen", fuhr er mit seinem Kaffeebecher in der Hand fort. „Kein Eisbär würde im Sommer zurück in den Winterschlaf gehen und kein Apfelbaum auf die Idee kommen, erneut Knospen auszubilden."

Ich erinnerte mich daran, wie wichtig mir in dieser Woche auch in anderen Abläufen die Übergänge zwischen den einzelnen Phasen geworden waren. „Ich muss dann allerdings klarhaben, wann ich von der Vorbereitung zur Jagd übergehe, damit ich genau weiß, wo ich gerade bin!", sprach ich meine Gedanken aus.

„Das ist richtig! Zwischen der Vorbereitung und der Jagd, der Jagd und dem Dank, dem Dank und der Erholung, der Erholung und der Vorbereitung sollte es immer einen klaren Übergang geben, ein Übergangsritual. Darüber haben wir auch am ersten Tag gesprochen. Ein Übergangsritual kann ein Spaziergang sein, unser Becher Kaffee am Lagerfeuer, ein paar Seiten in einem Buch, ein Gebet oder ein paar Minuten der Stille. Das Ritual soll dir dabei helfen, dir klarzumachen, wo du gerade herkommst und wo du jetzt hingehst. Es ist wie der Sprung über einen Bach. Du verlässt das eine Ufer und gehst hinüber zum nächsten."

Mit vier Strichen zwischen den vier Himmelsrichtungen symbolisierte Leif die vier Übergänge im Rad der Jagd.

„Klar ist aber auch, dass du den Schritt irgendwann gehen musst. Wenn du dich nur vorbereitest und den Übergang in den Sommer nicht vollziehst, wirst du keine Beute machen! Viele Menschen haben Ideen und Träume, aber sie schaffen es nicht, den notwendigen nächsten Schritt zu tun. Ihre größte Aufgabe ist es, nach der Vorbereitung den Mut aufzubringen, ihrem Herzen wirklich zu folgen. Das macht den Unterschied aus, ob man sein Leben träumt oder seinen Traum lebt."

Leif hielt einen Augenblick inne und wandte sich dann wieder dem Steinkreis zu. „Im Süden des Rades liegt der Tag und im Jahresrhythmus der Sommer. Es ist die Zeit, in der Beute gemacht wird, die Zeit der Jagd", fuhr Leif fort. „Die Zeit ist gekommen, all das, was du vorbereitet hast, auch in die Tat umzusetzen."

„Das ist die Phase, wo ich schnell kopflos werde und mir fremdgesteuert vorkomme!", warf ich mein Gefühl vom Morgen noch einmal ein.

„An wie vielen Stränden kann ein Angler gleichzeitig angeln und Beute machen?" Leif schaute mich mit seinem typischen schelmischen Grinsen an. Und ich schaute mit einem großen Fragezeichen im Blick zurück.

„Na, komm, die Frage ist doch nicht so schwer! An wie vielen Stränden kann ein Angler gleichzeitig angeln und Beute machen?", wiederholte er noch einmal seine Frage.

„Natürlich nur an einem." Langsam dämmerte mir, worauf Leif hinauswollte.

„Verwirrung und dieses Gefühl, fremdgesteuert zu sein, hat oftmals nur einen einzigen Grund." Nun war Leif ganz ernst. „Die Menschen angeln an mehreren Stränden gleichzeitig und wollen dabei auch noch vierzehn verschiedene Fischarten fangen! Wir können aber nur an einem Strand zur gleichen Zeit angeln." Leif ließ seinen Blick über den Strand schweifen. „Und wir müssen uns vorher entscheiden, ob wir eine Meerforelle, einen Dorsch oder einen Plattfisch fangen wollen. Und von dieser Entscheidung hängt wiederum unsere Vorbereitung ab. Verwirrung entsteht nur durch die Vielzahl der Strände und der Fischarten! Entscheide dich also in der Vorbereitung, welchen Fisch du fangen willst und an welchem Strand ... und welchen Köder du dafür brauchst. Alles, was darüber hinausgeht, streichst du von deinen Listen oder nimmst es aus deinem Rucksack – das ist die Kunst der Fokussierung!"

„Wenn ich das nicht schaffe, habe ich es wahrscheinlich an vielen Stränden schwer, überhaupt was an die Leine zu bekommen! Vor allen Dingen dann, wenn an dem Strand Leute auftauchen, die sich nur auf diesen Strand fokussiert haben!", wurde mir plötzlich klar.

„An dem Hausstrand von Thomas hätte ein Autofahrer niemals so viele Fische gefangen wie er." Wieder mal fand Leif ein Bild, das passender nicht hätte sein können. „Vielleicht hätte hin und wieder schon einer Erfolg gehabt, aber das wären eher Glücksfänge gewesen, als dass sie wirklich auf der Fokussierung beruht hätten."

„Oh, so etwas kann unternehmerisch ja übel ausgehen", machte ich mir klar, „weil der erste Erfolg dann in die Irre führen kann."

„Das stimmt!", sagte Leif und nickte mit dem Kopf. „Dieses Phänomen haben auch schon viele Angler erlebt, die zufällig an irgendeinem Strand einen Fisch gefangen haben und anschließend unendlich viele Versuche gebraucht haben, um noch mal einen zu erwischen, wenn es denn überhaupt geglückt ist."

„Kenn ich!", grinste ich. Jetzt wollte ich aber wissen, wie die drei Steine der Sommerachse hießen.

„Sie heißen *Täglich-Brot-Stein, Talentstein* und *Wissensstein*!" Wie so oft sah Leif mich mit einem verschmitzten Grinsen an.

„Aber das sind ja die Achsensteine aus meinem Agreement mit der Arbeit." Für einen Augenblick war ich verwirrt.

„Ja, wir reden ja auch über deine Arbeit!", lachte Leif. „Deshalb sind es auch diese Steine, die dich durch den Sommer begleiten."

„Wenn du aus dem *täglichen Brot* ein *zehnfaches tägliches Brot* machst, wirst du im Sommer stecken bleiben, und irgendwann wird dich die Kraft verlassen. Wer nur im Sommer lebt, der brennt aus! Auch dein *Talentstein* hilft dir auf der Jagd. Dein Talent führt dich am schnellsten zur Beute, weil du am wenigsten Energie aufwenden musst, wenn du dem folgst, was du am besten kannst. Ein Angler, der ein ausgeprägtes Gefühl für Bachforellen im Süßwasser hat, wird mehr Zeit und Energie dafür aufwenden müssen, einen Dorsch von der Küste zu fangen, als ein begnadeter Küstenangler, der die Jagd auf die marmorierten Räuber liebt. Wenn du also nicht zu viel Energie auf der Jagd lassen willst, schau darauf, wo deine Stärken sind!" Dabei zeigte Leif auf den *Talentstein*.

Natürlich, das war ja eigentlich nichts Neues, nur in dieser Konsequenz war es mir noch nicht so deutlich geworden.

„Damit du auf der Jagd, um es mit deinen eigenen Worten zu sagen, nicht ins Taumeln gerätst, hilft dir auch der *Wissensstein*. Durch Erfahrungen sammelst du Wissen an, und je mehr Erfahrungen du machst, desto mehr durchdringst du dein Jagdrevier. Was hätte es dir in dieser Woche genutzt, jeden Tag einen neuen Strand zu entdecken? Vieles wäre sehr oberflächlich geblieben, und viele der Geheimnisse, die dieser Strand bereithält und die dich zu deinen Fängen gebracht haben, wären unentdeckt geblieben."

Noch so ein völlig logischer Punkt, den ich aber in der Praxis allzu oft vernachlässigte!

„Deine Erfahrungen sind auch deine unternehmerischen Wurzeln. Wenn du ständig die Strände wechselst, wird es schwer für dich, irgendwo Wurzeln zu schlagen. Vielleicht bildest du hier und dort zartes Wurzelwerk aus, aber ein Sturm oder ein Hochwasser genügen, um dich zu entwurzeln. Hast du dich aber auf einen Strand festgelegt, können deine Wurzeln sich viel kräftiger verankern, und du hast Unwettern etwas entgegenzusetzen!"

Der Herbst – die Zeit des Dankes

Ein schelmisches Grinsen von Leif unterbrach für einen Augenblick unsere Gedankenreise. Er hatte einen Ditschstein aus dem Strandsand gefischt und sah mich mit herausforderndem Blick an.

„Erst reisen wir einmal durch das Rad!", grinste ich zurück. „Und dann geb' ich dir noch mal eine Lehrstunde in Sachen Ditschen!"

„Abgemacht!", freute sich Leif und zeigte auf den Stein im Westen des Rades. „Im Westen liegt der Abend und im Jahresrhythmus der Herbst. Der Herbst ist die Zeit des Dankes. Die drei Achsensteine im Rad heißen: *Entschleunigung, Erfahrungsrückblick* und *Essen*."

„Deswegen findet im Herbst ja auch das Erntedankfest statt!", fiel mir mein altes Konfirmanden-Wissen wieder ein, und ich erinnerte mich daran, wie im Oktober die Früchte der Ernte vor den Altar gelegt wurden und die Gemeinde dieses Fest der Dankbarkeit miteinander feierte.

„Ah! Ich bin beeindruckt!" Leif fiel theatralisch hintenüber, dann richtete er sich lachend wieder auf. „Und dieses Ritual des Dankens passt auch prima in den Tagesrhythmus, weil es die beste Bewusstseinsübung ist, die es gibt! Nehmen wir noch einmal die Jagd als Metapher für dein Arbeitsleben. Der Dank verbindet dich mit Gott und mit allem Lebendigen, weil du dir bewusst machst, dass alles Leben seinen Platz und seine Bedeutung hat. Um eine Meerforelle zu fangen, brauchte es sauberes, klares Wasser im Bach. Es brauchte genügend Regen, der den Bach gespeist hat. Es brauchte die Kieselsteine für die ersten Lebensmonate. Es brauchte die Insekten, die Larven und die Würmer als Nahrung im Bach. Die wiederum brauchten saubere Luft und gesunde Böden, um zu gedeihen, und gute Nahrung, um ihrerseits zu wachsen. Gesunde Böden brauchten einen gesunden Baumbestand, der dem Boden Nährstoffe lieferte und ihn vor dem Austrocknen schützte. Es brauchte die Nahrungstiere im Meer: die Garnelen, die Tobiasfische, die Heringe, die Tangläufer, die Flohkrebse und die Aalmuttern. Sie brauchten Sauerstoff im Wasser, sie brauchten das Seegras, den Blasentang und die anderen Wasserpflanzen als Schutz und als Nahrungsquelle. Das alles und unendlich viel mehr hat zusammengewirkt, war vorhanden, hat gelebt, wenn du einer gefangenen Meerforelle in die Augen schaust!“

Wow, so betrachtet war das ja wirklich ein mittleres Wunder!

„Du dankst dem Schöpfer für das Wunder des Lebens und besinnst dich im Dank auf dein Agreement, das du mit der Schöpfung hast. Das Dankgebet schärft dein Bewusstsein dafür, dass du ein Teil im großen Kreislauf des Lebens bist. Es schärft dein Bewusstsein dafür, nicht mehr zu nehmen, als du zum Leben brauchst, und alles Lebendige zu erhalten und zu fördern.“

„Und was hat das mit meiner Arbeitssituation zu tun?“, konnte ich den Bogen noch nicht ganz nachspannen.

„Was hat alles zusammengewirkt, wenn du in deinem Job Erfolg hattest? Welche Personen, Begegnungen, Gespräche, Ideen, Inspirationen, Rückschläge, Erfahrungen, Nachrichten, Teamanstrengungen, Unterstützer und Energien waren Teil des Weges, damit du am Abend die Beute feiern konntest? Nichts ist selbstverständlich und alles ist miteinander verknüpft. Am Lagerfeuer zu sitzen und dankbar auf den Fisch des Tages zu blicken schärft dein Bewusstsein für die nächste Jagd und das, was wirklich wichtig ist im Leben!“

Am Horizont sahen wir einen Schwarm Wildgänse. Schon in den letzten Tagen waren immer wieder Schwärme von Gänsen übers

Meer gezogen. Sie waren auf dem Weg zu ihren Fress- und Brutplätzen in Skandinavien. Für sie hatte der Übergang aus dem Frühling in den Sommer begonnen, und ihr Übergang war ihre lange Reise, die durchaus einige Wochen dauern konnte. Sie navigierten nach Landmarkierungen und eine kleine Insel im Meer war ein idealer Orientierungspunkt. Sie flogen hintereinander; so sparten sie viel Energie und letztendlich auch Zeit. Eines hatten alle Vögel gemeinsam: Jeder im Schwarm hatte das Ziel verinnerlicht und so konnte jeder die Gruppe sicher zum Ziel führen. Im Herbst traten die Vögel die Rückreise zu ihren Winterplätzen in Südeuropa an. Für die vielen Jungvögel würde es dann die erste Reise sein und von den Altvögeln lernten sie das Navigieren.

„Ein Stein der Achse heißt *Erfahrungsrückblick* und der Dank ist ein Teil dieses Rückblicks", holte Leif mich aus meinen Gedanken zurück zum Rad der Jagd. „Gleichzeitig hilft dir der Blick auf die neu erworbenen Erfahrungen bei deiner nächsten Jagd: *Was war gut? Was war nicht so gut? Hatte ich das richtige Handwerkszeug dabei? War ich wirklich fokussiert oder doch immer wieder abgelenkt? Kann ich noch etwas aus dem Rucksack schmeißen? War das wirklich* mein *Strand?* ... Der Herbst ist die Zeit der Rückschau, und die Ehrlichkeit ist das Handwerkszeug, das du für diese Rückschau brauchst! Diese Fragen gehören nicht in den Frühling, den Sommer oder den Winter – dann kommst du nur durcheinander."

„Und deshalb liegt auf der Achse auch der *Stein der Entschleunigung*!" Mit neuem Verständnis schaute ich auf das Rad. „Weil ich diesen Rückblick nur in Ruhe und ohne das Adrenalin der Jagd wirklich besonnen hinbekomme!"

„Ja, so ist es!", nickte Leif. „Und nach der Jagd ist auch die Zeit, sich mit einem guten Essen zu stärken! Das symbolisiert die Verwertung unseres Fanges. Das Essen soll uns gute Energie für unser Leben und unsere Aufgaben geben – es soll uns stärken! Die beste

Energie ist in der Nahrung enthalten, du erinnerst dich sicher, die eine Geschichte hat und mit dir verbunden ist. Wichtig ist, dass es *deine* Geschichte ist."

Während Leif seine typische Schweigepause einlegte, füllte ich unsere Becher mit einem wärmenden Kaffee.

„Ich war vor zwei Monaten mit einem Mann am Meer unterwegs, der meine Dienste für drei Tage gebucht hatte. Am ersten Tag erzählte er mir, wie sehr er sich wünschte, einmal einen frisch gefangenen Fisch direkt am Lagerfeuer am Strand zuzubereiten. Die Fischerei war schwierig, und erst am dritten Tag gelang es mir, einen Fang zu machen. Ich nahm den Fisch aus, bereitete ein Lagerfeuer vor und freute mich, dass der Wunsch des Mannes in Erfüllung gehen würde. Während ich das Feuer vorbereitete, fischte der Mann weiter und fing eine halbe Stunde später tatsächlich seinen eigenen Fisch. Er nahm seinen Mut zusammen und fragte mich, ob ich mir vorstellen könnte, dass ich meinen Fisch mit meiner Familie esse und wir nur seinen Fisch am Feuer zubereiten. Für den Mann war dies das wertvollste Essen in seinem bisherigen Leben. Um dieses Gefühl geht es im Leben!" Leif sah mich mit diesem Blick an, der viel tiefer ging. „Es ist ein entscheidender Unterschied, ob man Nahrung zu sich nimmt, die mit einer eigenen Geschichte verbunden ist, oder ob man sich von etwas ernährt, was keine Verbindung zu einem selbst hat."

Diese Geschichte beeindruckte mich zutiefst, weil ich genau fühlen konnte, was der alte Mann mir in diesem Augenblick sagen wollte.

„Damit meinst du aber bildlich gesprochen auch die Fänge, die aufgrund meines inneren Wissens entstanden sind, oder? Erfolge, die ich gehabt habe, weil ich mutig meinem Herzen gefolgt bin … oder eben nicht!" Ich schaute auf das Rad der Jagd.

„Ja! Es ist gefühlt ein riesiger Unterschied, ob der Fisch, den du am Abend isst, von dir oder von deinem Geschichtenerzähler gefangen wurde."

Der Winter – die Zeit der Erholung

Ich glaubte meinen Augen kaum zu trauen, aber tatsächlich schob sich genau in diesem Augenblick eine große Meerforelle aus dem Bach über das flache Strandstück zurück ins Meer.

„Da! Sieh nur!", machte ich Leif auf den Fisch aufmerksam.

„Oh, was für ein toller Anblick!", freute er sich. „Sie hat ihren Job gemacht!"

Der Fisch verschwand in den Weiten des Meeres und wir wendeten uns der letzten Achse des Rades zu.

„Im Norden des Rades liegt die Nacht und im Jahresrhythmus der Winter. Der Winter steht für die Erholung, das Zur-Ruhe-Kommen und Kraftschöpfen für die nächste Jagd. Das symbolisieren auch die drei Achsensteine: die *Stille*, der *Schlaf* und das *Tagebuchführen*. So habe ich die Bedeutung der drei Steine an deine Erfahrungen in dieser Woche angelehnt", erklärte Leif.

Und so hatte ich es in dieser Woche ja tatsächlich erlebt. Wenn ich nach unserem gemeinsamen Tag am Meer zurück ins Ferienhaus gekommen war, hatte ich die Stille, das Tagebuchschreiben und den hier unvergleichlich tiefen Schlaf genossen. „Seeluft macht müde!", diese alte Seebärenweisheit bewahrheitete sich hier jeden Abend, und dazu gehörte auch, dass ich nicht einmal zu meinen schon fast vertrauten Schlaftabletten greifen musste.

„Ich habe hier wirklich fantastisch geschlafen!", sagte ich zu Leif.

„Die Übergänge haben dir dabei geholfen!", war Leif sich sicher. „Du hast dich diese Woche in einem natürlichen Rhythmus durch dieses Rad bewegt!"

„Und ich habe die Qualitäten des Frühlings, Herbstes und Winters wiederentdeckt!", schmunzelte ich und machte mir vor meinem inneren Auge noch einmal klar, dass es alle vier Phasen braucht, um nicht auszubrennen und ein gesundes, ausbalanciertes Leben zu führen.

„Weißt du, dieses Rad wird viel Klarheit in meinen komplexen Alltag bringen. Es dürfte mir nicht nur helfen, mir bewusst zu machen, wo ich eigentlich gerade stehe, sondern auch, nicht den zweiten vor dem ersten Schritt zu machen!"

Leif freute sich sichtlich, dass die Bedeutung des Rades bei mir angekommen war, und erweiterte die Gebrauchsanweisung auf die anderen Agreements in meinem Leben.

„An die Stelle der Arbeit kannst du im Rad der Jagd auch die Zeit mit deinen Kindern, deinen Innenblick oder die Zeit mit deiner Partnerin setzen", zeigte Leif auf. „Wenn du zum Beispiel Zeit mit deinen Kindern verbringst, ist es auch hilfreich, dich darauf vorzubereiten, sie bewusst zu erleben, dankbar zu sein und dir nachher eine Pause zu gönnen! Es geht bei dem Rad um ehrliche Zeit, und ebenso, wie du dich auf der Jagd hundertprozentig auf deine Aufgabe konzentrierst, sollte es auch bei deinen Kindern sein. Widme ihnen deine ganze Aufmerksamkeit – lieber eine ehrliche als drei reingequetschte Stunden! Kinder fühlen ohnehin sehr genau, ob du den Sommer mit ihnen lebst oder in Gedanken woanders unterwegs bist! Wie bei deiner Arbeit machst du in den ehrlichen Zeiten mit ihnen Erfahrungen, die Wurzeln bilden und euren gemeinsamen Baum wachsen lassen. Und wie nach der Arbeit ist es auch nach der Zeit mit deinen Kindern dran, deine Dankbarkeit auszudrücken und dann in die Erholung zu gehen."

„Heißt das dann", fragte ich interessiert nach, „dass ich das Rad auch zweimal an einem Tag durchlaufen kann, also zum Beispiel im Hinblick auf meine Arbeit und dann mit meinen Kindern?"

„Ja! Das Rad beschreibt ja nur die Phasen, mit denen du dich deinen Aufgaben zuwendest. Es sagt nichts über die tatsächliche Zeit aus. Dieses Rad soll dir einzig und allein dabei helfen, die Dinge bewusst zu tun und zwischen den Phasen immer über den Bach zu gehen, damit die Dinge in deinem Leben nicht durcheinandergeraten.

Und lass auf jeden Fall die Aufgaben jeweils dort, wo sie hingehören! Wenn du zum Beispiel gerade von der Arbeit den Übergang in den Dank gegangen bist, solltest du nicht das nächste Projekt planen oder anschließend in der Phase der Erholung noch drei Mails schreiben und schon die ersten Dinge wieder vorbereiten. Lebe die Dinge dort, wo sie hingehören, dann bleibst du immer in deiner Kraft! Und so solltest du es auch mit deinen vier Agreements machen. Wenn du arbeitest, dann arbeite. Wenn du Zeit mit deinen Kindern verbringst, dann verbringe Zeit mit deinen Kindern. Wenn du dir Zeit für dich nimmst, dann sei ganz bei dir, und wenn du dich um die Natur kümmerst, dann kümmere dich um die Natur – jeweils in den vier Phasen Frühjahr, Sommer, Herbst und Winter."

Leif trank einen Schluck Kaffee und ließ seinen Blick wandern. Am Horizont überquerte ein weiterer Schwarm von Zugvögeln die Ostsee, und ich war seit Urzeiten wieder an einem Punkt in meinem Leben angekommen, an dem es nichts mehr zu fragen, sondern nur noch zu leben und umzusetzen gab – ein wunderbares Gefühl.

„Wie nennt man eigentlich eine Person, die überwiegend im Winter unterwegs ist?", fiel mir plötzlich ein.

„Schlafmütze! Oder Couch-Potato!", lachte Leif und hielt mir jetzt seinen Ditschstein vor die Nase.

Die Zeit war gekommen, meine Drohung wahr zu machen. „Also, jeder hat zehn Versuche. Der Verlierer trägt den Gewinner huckepack zum Lagerfeuerplatz!", gab ich die Regeln vor.

Die nächste Viertelstunde wurden Ditschsteine gesucht und gefunden. Leif machte zwischendurch schon mal den einen oder anderen Trainingswurf und probierte dabei unterschiedliche Wurfpositionen aus. Überzeugend sah das alles nicht aus und in Gedanken sah ich mich schon auf dem Rücken des alten Mannes.

Wie schon beim ersten Duell war es ein Wettkampf auf Augenhöhe und bis zum siebten Versuch war noch nichts Entscheidendes passiert. Die jeweils besten Steine ditschten elfmal auf die Wasseroberfläche, und jeder von uns tat so, als sei das alles nur das Aufwärmprogramm für den alles entscheidenden Wurf – nur die Steine wurden immer weniger.

Leif änderte plötzlich seine Taktik. Hatte er die ersten sieben Steine noch aus dem Stand geworfen, ging er jetzt plötzlich zwanzig Meter den Strand hinauf und nahm einen kräftigen Anlauf. Eine Taktik mit fatalen Folgen, denn er vergaß vor lauter Konzentration auf den Abwurf, rechtzeitig anzuhalten, und rannte direkt ins Wasser!

„Wow!", sagte ich. „Das war aber viel Aufwand für sechs Sprünge!"

„Das ist der eigentliche Grund, warum man die Wathose erfunden hat!", lachte er. „Sie bügelt Anlaufschwierigkeiten beim Ditschen perfekt aus!"

Die restlichen Versuche verliefen bei uns beiden ähnlich kläglich und so blieb es bei einem ausgeglichenen 11:11.

Jeder ging auf seinen eigenen Beinen zurück zum Lagerfeuerplatz und wir ließen das Rad der Jagd im Sand zurück. Leif erzählte mir, dass er die Steinkreise immer liegen ließ. Wenn der Wind und die Wellen sich die Räder wieder zurückholten, war es doch viel stimmiger, als wenn wir sie auflösen würden, fand er.

Dann sah er mich mit einem auffordernden Blick an. „Und, gehen wir noch eine Runde angeln?"

„Wenn ich ehrlich bin, würde ich jetzt gern ins Ferienhaus zurückfahren und den Rest des Tages dafür nutzen, das Rad der Jagd in meinem Tagebuch festzuhalten, solange alles noch frisch ist. Und dann möchte ich mich in aller Ruhe auf meine Abreise vorbereiten."

„Das klingt gut! So machen wir das!", sah mich ein zufriedener Guide an.

≈

Beim Einsteigen in den Landrover kam mir das perfekte Übergangsritual in den Sinn. „Lass uns Van Morrison hören!“

„Yes! Es ist die C90-Kassette mit dem Fisch drauf!“

In einem Berg von Kassetten ohne Hüllen suchte ich nach einem Fisch auf orangefarbenem Untergrund. Denn das war es, was alle Kassetten von Leif gemeinsam hatten – einen orangen Aufkleber mit schwarzen Linien für die Beschriftung. Leif hatte sich auf den Flächen mit einem breiten schwarzen Stift wahrlich ausgetobt. Zwischen diversen Kassetten mit einer Sonne, einem Ball, einem Baum, drei Smileys und einem Blitz fand ich endlich auch die mit dem Fisch.

„B-Seite!“, sagte Leif. „Und du musst etwas vorspulen!“

„Du bist ja ein echter Künstler!“, grinste ich.

„Das mit den Malereien waren meine Enkel. Sie hatten einfach keine Lust mehr, mühsam in jede Kassette reinzuhören, um ihre Lieblingskassette zu finden – das ist übrigens die mit dem Blitz!“

Wir fuhren auf der Küstenstraße dem Abendhimmel entgegen und sangen lauthals mit Van Morrison. Draußen auf dem Meer kreisten ein paar Raubmöwen über einem Fischschwarm. Fisch für Fisch entrissen sie dem Meer – lauter Fische, die ihrem Schicksal auf einfachste Art und Weise hätten entkommen können, wenn sie sich nur dazu entschlossen hätten, nicht so dicht unter der Wasseroberfläche zu schwimmen …

Zu den letzten Klängen von *„It's a man's world“* fuhren wir auf den Parkplatz vor dem Ferienhaus.

Ich umarmte voll tiefer Dankbarkeit den weisen alten Mann, der ein zutiefst zufriedenes Grinsen im Gesicht hatte.

„Mann, es war eine tolle Zeit mit dir! Herzlichen Dank! Und für deine weitere Reise möchte ich dir etwas mit auf den Weg geben!“, sagte Leif, und es dauerte einen Augenblick, bis er aus seiner Watjacke eine zigarettenschachtelgroße Box gezaubert hatte.

„Die ist für dich, aber du darfst sie frühestens morgen auf der Fähre öffnen! Vorher bist du ja noch nicht richtig auf Reisen!“

Er überreichte mir sein Geschenk, umarmte mich noch einmal, stieg in seinen Landrover, drückte Van Morrison zurück in die Abgründe seines Rekorders und gleichzeitig auf die Hupe ... und fuhr winkend davon.

„Alles Gute!“, rief ich ihm nach. „Und irgendwann tauche ich bestimmt auch wieder auf dieser Insel auf!“

Ich nahm meine Sachen und machte mich auf den Weg ins Ferienhaus. Bevor ich überhaupt einen Gedanken ans Packen verschwenden wollte, gab es zunächst ein paar Dinge, auf die ich mich richtig freute: ein Feuer im Ofen, ein heißer Tee und mein Tagebuch.

≈

Ich skizzierte das Rad der Jagd und all die wichtigen Zusammenhänge und Erkenntnisse dazu in mein Tagebuch. Zum Abschluss meiner Eintragungen fiel mein Blick noch einmal auf das aufgezeichnete Rad der Jagd, und mit einem kleinen Lächeln stellte ich fest, dass zur Erholung jetzt mit Sicherheit nicht das Packen meiner Siebensachen passte. Deshalb stellte ich den Wecker einfach für den nächsten Tag eine halbe Stunde früher – so war es stimmig.

Ich schlief tief und fest.

Am nächsten Morgen hätte ich beim Packen beinahe mein Handy und 247 Blinker in einer Nachttischschublade vergessen. Ja, ich hatte die Blinker tatsächlich zu dem Handy gelegt, weil sie jetzt irgendwie für mich zusammengehörten: Sie symbolisierten den unnötigen Ballast, den ich tagtäglich mit mir rumschleppte. Natürlich würde es auch weiterhin ein Handy in meinem Leben geben – aber auch einen viel bewussteren Umgang damit.

≈

Als die Fähre den Hafen verließ, zeigte sich das Wetter, wie schon am Vortag, von seiner schönsten Seite. Ich zog meine Jacke an und ging hinaus auf das Sonnendeck.

Das Meer war bezaubernd still, und eingetaucht in die milden Farben der Morgenröte, stieg über der immer kleiner werdenden Insel langsam eine strahlende und wärmende Sonne in den Himmel

Ich öffnete die kleine Holzbox von Leif und fand darin einen aus Holz geschnitzten Tiger und einen Zettel, auf dem stand:

Hör auf die Tiger in deinem Leben!
Dicke Umarmung ☺
Leif

Das werde ich tun!, dachte ich im Stillen und schaute die Insel noch so lange an, bis sie ganz hinter dem Horizont verschwunden war.

Der Weg vom Sonnendeck führte mich direkt an das Frühstücksbüfett im Salondeck. Zur Vorbereitung auf einen guten Tag gehörte schließlich ein stärkendes Frühstück …

Über den Autor
Udo Schroeter

1963 in Preetz/Holstein geboren, habe ich stets die Nähe zum Meer gesucht und gefunden. Schon in frühester Kindheit fing ich Fische mit der Angel und verbrachte jede freie Minute am Wasser. Nach dem Abitur und einem Studium an der Evangelischen Fachschule in Rickling bestimmte das Wasser auch meine diakonische Arbeit: Kanutouren, Segelfreizeiten, Zeltfreizeiten für Jugendliche und Erwachsene nach Korsika, in die Bretagne, die Normandie, nach Südfrankreich, nach Schweden und nach Norwegen. Das Erleben von lebendiger Gemeinschaft war immer geknüpft an die Weite und den Naturraum Meer. Nach meiner diakonischen Arbeit gründete ich Mitte der 90-er Jahre auf der Insel Fehmarn mit meiner Frau den Verlag „Die Rapsbande".

Das Kindermagazin „Scholli" war eines unserer Herzensprojekte. Kindern Geschichten vom Meer zu erzählen war eine erfüllende und abenteuerliche Aufgabe. Daneben habe ich 18 Angelbücher publiziert.

Im Jahr 2006 sind wir mit unseren beiden Söhnen von der Insel Fehmarn auf die dänische Ostseeinsel Bornholm ausgewandert. Wir sind am Meer zu Hause. Ich liebe das nächtliche Huschen des Leuchtturmlichts über unser Grundstück genauso wie das ewige Anbranden der Wellen auf dem breiten Sandstrand. Das Meer inspiriert mich und meine Arbeit, egal, ob als Coach, Berater, Fotograf oder Autor. Das Meer stiftet und trägt meine Ideen von einem ursprünglichen und selbstbestimmten Leben in und mit der Natur.

Alle, die neugierig geworden sind und eine Woche mit mir am Meer verbringen wollen, lade ich ein, mein Seminarangebot wahrzunehmen.
Mehr Informationen dazu auf www.udoschroeter.com
Unsere Fotogalerie auf Bornholm ist in den Sommermonaten geöffnet.
www.fotogalleri-bornholm.de

Quellenangaben:

1 Mit freundlicher Genehmigung des Kosmos Verlags entnommen aus:
Susanne Fischer-Rizzi, Mit der Wildnis verbunden, © 2007,
Franckh-Kosmos Verlags-GmbH & Co. KG, Stuttgart

2 Oriah Mountain Dreamer, Die Einladung
© 2000 Arkana Verlag, München, in der Verlagsgruppe Random House GmbH
Übersetzung: Ulla Rahn-Huber

MIX
Papier aus verantwortungsvollen Quellen
FSC® C014496
FSC
www.fsc.org

Verlagsgruppe Random House FSC® N001967
Das für dieses Buch verwendete FSC®-Papier *UPM Fine*
liefert Kymene, Augsburg.

5. Auflage September 2014
6. Auflage Januar 2015
Bestell-Nr. 814271
ISBN 978-3-942208-71-0

Umschlaggestaltung: Gute Botschafter GmbH, Haltern am See
Fotos: Stefan Nölting (1), Udo Schroeter, Bornholm
Gestaltung: Stefan Wiesner
Satz: Daniel Eschner
Druck: GGP Media GmbH, Pößneck
Printed in Germany